乡村振兴的广州实践

郭艳华　主编

广州新华出版发行集团
广州出版社

图书在版编目（CIP）数据

乡村振兴的广州实践／郭艳华主编. —广州：广州出版社，2019.5

ISBN 978-7-5462-2870-9

Ⅰ. ①乡… Ⅱ. ①郭… Ⅲ. ①农村—社会主义建设—成就—广东 Ⅳ. ①F327.65

中国版本图书馆CIP数据核字（2018）第295728号

书　　名　乡村振兴的广州实践
Xiangcun Zhenxing de Guangzhou Shijian
出版发行　广州出版社
（地址：广州市天河区天润路87号9楼、10楼　邮政编码：510635
网址：www.gzcbs.com.cn）
责任编辑　卢凯婷
责任校对　龚莉莎　李少芳　叶　枫　蒋美秀
封面设计　舒　巧
印刷单位　佛山市华禹彩印有限公司
（地址：佛山市南海区罗村联和工业区西二区三路1-1号　邮政编码：528226）
规　　格　787毫米×1092毫米　16开
字　　数　372千
印　　张　27.75
版　　次　2019年5月第1版
印　　次　2019年5月第1次
书　　号　ISBN 978-7-5462-2870-9
定　　价　78.00元

《乡村振兴的广州实践》
编委会

前　言*

1978年12月，中国开启了改革开放伟大征程。从安徽凤阳县小岗村家庭联产承包责任制开始的乡村改革席卷中国大地，使中国乡村发生了巨大变化。广州作为中国改革开放的前沿城市，始终坚持把农村、农业和农民“三农”问题放在重要议事日程，不断加大城乡统筹力度，加快构建城乡一体化新格局，全面推进美丽乡村、特色小镇建设，实施乡村振兴战略，农村工业化、城镇化、现代化建设取得长足进展。编撰出版本书的主要目的，就是要回顾总结改革开放40年来特别是党的十八大以来的广州乡村振兴之路，生动再现广州农村建设、农业发展、农民致富的发展历程，总结其成功经验，激励广州人民在乡村振兴道路上再立新功。

广州市共辖11个区，行政区划面积7434平方公里，村域面积约5827平方公里，占全市的78.4%，有建制镇36个，行政村1144个，村组两级集体经济组织12 301个。广州农村主要分布在白云、黄埔、番禺、南沙、花都、增城、从化等区。2017年，广

---

*前言数据来源为《广州统计年鉴》、广州农业信息网、广州市国民经济和社会发展统计公报等。

州市都市农业总收入1912.7亿元，都市农业总产值1387.8亿元，农民人均可支配收入23 484元，同比增长9.5%，增速连续十年超过城镇居民人均可支配收入。

改革开放40年来，在市委、市政府的正确领导下，一系列兴农、惠农、富农政策的实施使广州乡村发生了深刻变化，广大农民实实在在享受到了改革发展的成果。改革开放40年，广州农民人均可支配收入增长了94倍，农村贫困人口大幅减少，广州农业现代化步伐越来越快，农村城镇化进程越来越深入，农村基层治理取得了长足进步，广大农民通过依法行使民主选举、民主决策、民主管理和民主监督的权利，积极参与农村公共事务，共建共治共享格局初步形成。

事实胜于雄辩，数字体现发展，图片见证变迁。本书在白云、黄埔、番禺、南沙、花都、增城、从化七个区，选取在集体经济、基层治理、乡村更新改造、精神文明建设、历史文化遗产保护传承等方面各具特色的41个行政村，围绕都市农业、空心村改造、人居环境整治、文化保护、基层治理等不同主线，把事实、数据、图片有机结合，通过凸显每个村最有特色的发展成就，力求全面展现广州在经济、社会、文化、教育、基础设施建设等方面所走过的乡村振兴之路。

例如，集体经济发展有特色的槎龙村、方石村、文冲村、马岗村、旧水坑村、义山村、西南村、西境村、横沙村、柯子岭村、小布村；休闲农业发展有特色的寮采村、红山村、蒙花布村、西和村、米村、莲麻村、大稔村；美丽乡村建设有特色的坑头村、大埔围村、宣星村、朱村村、子沙村、新水坑村、禾丰村；文化建设有特色的玉树村、长洲村、莲溪村、大岭村、沙湾北村、瓜岭村、钱岗村、步云村；社会和谐发展有特色的下围村、西塘村、联安村、甘棠村、马岗村、鹿颈村、北村村、冯马三村。

总的来看，改革开放特别是党的十八大以来广州乡村振兴所取得的成就，为改革开放与现代化建设的成功实践提供了历史的证明，为坚定中国特色社会主义道路自信、理论自信、制度自信和文化自信提供了现实的支撑，为把乡村振兴战略进一步落到实处，夺取新时代中国特色社会主义伟大胜利奠定了坚实的基础。

习近平总书记指出，改革开放是当代中国发展进步的必由之路，是实现中国梦的必由之路。以时间为轴，以历史为距，重新出发，才能行稳致远。广州农村发展虽取得一定成效，但与决胜全面建成小康社会的目标还有差距，2018年是全面贯彻落实十九大精神的开局之年，更是决胜全面建成小康社会、实施乡村振兴战略的关键一年。希望本书的编撰出版，能激励广大读者以习近平新时代中国特色社会主义思想为指导，全面把握改革开放以来广州乡村振兴的成就与经验，深刻认识新时代广州乡村振兴的难点与挑战，深入贯彻落实中央关于乡村振兴以及“三农”工作的战略部署，以壮士断腕的决心与勇气，将广州农村改革进行到底，用改革的双手再创辉煌，用开放的情怀托起广州新农村的美好明天，为广州决胜全面建成小康社会提供有力支撑。

目　录

第一章

壮大农村集体经济
发展都市农业

壮大村级集体经济，共同富裕奔小康

——白云区松洲街槎龙村

广州市白云区松洲街槎龙村地处广清高速公路（107国道的组成部分之一）、广佛高速公路出口处，由自然村槎头村和聚龙村组成，是2002年转制的城中村，经济组织实体为槎龙村，地域面积为4.5平方公里，有11个经济社，30多家村社企业，还有多个颇具规模的专业批发市场。2017年，全村户籍人口4000多人，外来人口2万多人，经济总收入24 228万元，纯收入19 663万元。

改革开放以来，槎龙村坚持以毛泽东思想、邓小平理论、“三个代表”重要思想、科学发展观和习近平新时代中国特色社会主义思想为指导，因地制宜，求真务实，不断开拓进取，以发展经

济、改善民生、保持稳定、促进和谐、共同富裕、建设幸福社区为目标，推动经济建设、政治建设、社会建设、文化建设与生态文明建设“五位一体”发展，集体经济不断发展壮大，环境不断改善，民生不断进步，社会和谐稳定，居民安居乐业。槎龙村（社区）先后荣获“广东省文明村镇”“广州市文明示范村”“广州市充分就业社区”“广东省‘六好’（注：即自治好、管理好、服务好、治安好、环境好、风尚好）平安和谐社区”“白云区维护稳定及社会治安综合治理先进集体”“白云区捐资兴教先进集体”“中国特色经济村”等荣誉称号，其党总支获“广州市先进基层党组织”称号。

一、集体经济发展历程简要回顾

改革开放前，槎龙村生产形式以种田为主，经济基础比较薄弱，农民还要承担国家统购粮任务。为提高农民收入，槎龙村在抓好农业生产的同时，组织劳动力搞副业生产，在20世纪70年代中期先后办起了经营布匹、冲压、磨光、散装水泥包装、运输等业务的小企业，由村社（自然村和经济联社）统一安排社员进厂做工。这一时期，企业谈不上规模，属于手工作坊，主要是为国营企业加工一些零配件，当时正是这些小企业，使集体经济收入有了增长，社员的分配所得也不断增加。

（一）发展起步阶段：1978—1988年

改革开放以后，槎龙村抓住机遇，实行农工商同步，大力发展集体经济，先后办起了经营风罩生产、压铸、塑料生产、电镀、喷漆、橡胶生产、机械加工、车辆配件生产、汽车维修、发泡胶生产、纸箱生产、餐饮、商场等的村社企业，劳动力由务农逐步转向务工。当时每户基本上都有劳动力在村社企业工作，每个经济合作社（简称“经济社”）都有自己的小加工厂，以工促农、以工补农，农业和工副业逐步趋向协调发展。集体经济的发展，使社员收入得到提高。本村社员大多数从事工业及第三产业（农业、工业、服务业依次为第一、第二、第三产业），农田也逐步租给外来人员耕种。

（二）经济腾飞阶段：1989—2001年

随着社会主义市场经济不断深入发展，槎龙村充分利用和发挥地处107国道和广佛高速公路出口的区位优势和集体土地资源的优势，在20世纪90年代初期大力开发第三产业，以集贸市场为龙头，带动村集体经济发展。一是以出租土地的形式，兴办了江南蔬果批发市场（旧称）、越秀蔬菜批发市场、东旺粮油农副产品批发市场（旧称，简称“东旺市场”）、新源粮油批发市场（旧称，简称“新源市场”）、冻品禽畜市场、果品市场、酒城、物流货运场、五金城、家私城等。二是以村集体自主开发的形式，先后建起了江南大楼、天枢大楼、员工生活区、华南综合楼、龙溪大酒楼、蛋品批发市场、电器城、停车场以及江南、东旺、新源等市场内的配套功能生活区、冷库等设施。建立市场，促进企业引领一方群众致富，也带动了当地饮食业、服务业、运输业的发展，同时还带旺了村民的出租屋业务，为村民开辟了更多致富门路。

（三）第三产业迅速发展阶段：2002—2010年

2002年，槎龙村由村转制成为社区，洗脚上田的农民全部在村社企业就业。20世纪90年代初，槎龙村“两委”（即村中国共产党支部委员会和村民自治委员会，分别简称为“村党支部”和“村委会”）深谋远虑，积极争取政策支持，储备了一些集体建设用地，2000年前后，又回购部分原来被企业征用的地块，为日后槎龙村集体经济发展奠定了坚实的基础。2002年转制后，按照城市社区的发展要求，槎龙村对十多个层次低、规模小、效益差、污染严重的工厂企业进行“关、停、并、转”的整改，重新整合资源，调整生产布局，并充分利用“三旧”改造（“三旧”指旧城镇、旧厂房、旧村庄，“三旧”改造是广东特有的旧城改造办法）政策，逐步对旧厂房进行升级改造，建起了工业园区、耀亿国际茶叶批发城等。

（四）步入转型升级发展新阶段：2011年至今

2011年以后，为了更好地发展集体经济，槎龙村把原来电器城地块的工业用地申请转为商业用地，于2013年建成了集饮食、旅业、购物、影剧院及其他娱乐功能等于一体的龙骏广场和睿城国际大厦，使之成为集体经济发展的又一亮点。此外，对新源、东旺等市场，同德家私城，华南综合楼等进行转型升级，同时不断加强农村集体“三资”（即农村集体资金、农村集体资产和农村集体资源）管理改革工作，加强制度建设，使槎龙村经济由单一向多元化方向发展，集体经济不断发展壮大，逐渐形成了以厂房出租、土地出租、物业管理、经营批发市场为主的经济结构，集体经济分配所得逐年增长，不断朝着健康、可持续发展的方向稳步迈进。

二、槎龙村取得的主要发展成就

改革开放40年来，槎龙村集体经济不断发展壮大，基础设施、社区环境、民生事业等得到逐步改善。

（一）不断完善社区基础设施建设

20世纪70年末80年代初，为改变村社环境，全村实行总动员，大搞卫生村建设。当时由村集体统一代购水泥分到各家各户，各户负责铺好门前屋后的街巷，实行道路、排水渠硬底化，村内环境得到初步改善。80年代中后期，全村用上了自来水。90年代起，大力整治村内主要道路，封盖了旧市头臭水涌，建设水泥路，先后铺建了天枢大园街路、天枢北路、万龙二街路、聚龙二街路、聚龙河边路、槎溪大道、槎溪南路等环村路，交通环境不断改善。2000年后，村投入资金进行改水、改电工程，更换了全村主要的给排水管道，新建了公变房，用水用电得到改善。村内公共设施不断完善与美化，先后兴建了槎龙公园、天枢公园、聚龙公园、彭加木公园，3个足球场、4个篮球场、1个游泳场，还建设了老人活动中心、卫生站、小学、幼儿园、仙乐楼等公共设施。

（二）居住环境大为改善

为了让村民有一个更舒适、优美、祥和、安定的生活环境，槎龙村于2004年向上级有关部门申请自筹资金建设村民公寓，经过报建审批程序，于2009年正式动工。槎龙村分别于2015年和2016年建成聚龙小区和万龙小区，并以公平、公正、公开为原则，在广州白云产权经纪有限公司的主持下，通过股民亲自摇珠的方式为其分配序号。1100户村民从此住上了电梯楼。2016年由经济联合社（简称“经济联社”）投资兴建的槎龙老人公寓占地面积2500平方米，共480个套间，于2018年投入使用。槎龙老人公寓的建成，为长者安享晚年提供了舒适的环境。

（三）居民福利待遇不断改善

经济是民生的基础，随着槎龙村集体经济发展，村民的福利待遇不断改善，形成了老有所养、壮有所用、劳有所得、少有所教、幼有所管、婴有所托、病有所医、残有所助的良好局面。一是经济联社实行男60周岁、女55周岁退勤制度，退勤费逐年增长。2006年7月，槎龙村出资1100万元为1087名“农转居”（农业户口转居民户口）的村民办理了社会基本养老保险。目前，退勤社员在领到社会基本养老金的同时还可领槎龙村每月发放的1000～1200元的退勤补贴。二是坚持实行合作医疗制度。凡参加经济联社合作医疗的社员，在经济联社卫生站就医，每次只交一元钱挂号费，医疗费全免；在市内医院住院，凭住院单据回槎龙村报销60%。2011年起，槎龙村为经济联社673名退勤人员购买了老人医保，使他们在享受医保的同时享受经济联社合作医疗待遇。三是建立就业保障制度。槎龙村每年下达劳动力就业指标到各经济社、乡镇企业，将该指标与经济发展挂钩，保证就业人数，同时要求租用经济联社土地、物业的用人单位必须优先安置村民就业。做好残疾人就业安置工作，对没有工作能力的残疾社员给予适当生活补助。到2017年底，槎龙村共安排就业1300多人。

（四）社会综合治理不断加强

牢固树立“安全第一、预防为主”的思想，切实做到守土有责，确保一方平安；落实消防、安全生产责任制，经常组织检查，发现安全隐患及时整改；社会治安常抓不懈，槎龙村成立了一支由130名治安员组成的治保队和义务消防队，实行24小时值班巡逻；建有11个治安亭和智能闸口，实行封闭式管理；街巷道路安装了电子监控系统，不断完善出租屋管理制度；全村安装智能门禁，不断完善群防群治网络；协助公安部门打击违法犯罪，妥善处理常规性和突发性事件，使社区治安保持稳定。

（五）文化体育活动丰富多彩

充分利用文化体育设施和宣传阵地，开展丰富多彩的群众性文体活动，营造社区先进文化氛围，增强团队精神，打造和谐社区。社区组建了合唱团、妇女健身舞蹈队、篮球队、足球队、拔河队、龙舟队、腰鼓队等多个业余文体队伍，经常开展活动。每年社区组织举办一次篮球赛、足球赛、“三八”妇女节拔河赛、端午节划龙舟活动等，并组队参加市、区、街组织的各种比赛。其中，合唱团三次参加广州市群众歌咏比赛，两次获得金奖，一次获得银奖；妇女健身舞蹈队参加广州市第二届广场舞大赛获得一等奖；舞蹈队参加广州市第二届街镇文化站会演获银奖；男子篮球队、女子篮球队参加白云区区际比赛曾分别获得第一名、第二名；龙舟队参加2013年广州国际龙舟邀请赛获彩龙一等奖；足球队参加“广州农商银行杯”第一届千村足球锦标赛获得季军；2017年槎龙村参加白云区第七届运动会，在接力赛获得第一名，拔河赛获得第二名。

三、发展启示与借鉴

经过改革开放40年的发展，槎龙村走出了一条大力发展集体经济，实现共同富裕的独具特色的发展路子，生动地展现了改革开放给基层社区发展带来的巨大变化。

（一）充分发挥党组织的领导核心作用

槎龙村40年的发展历程说明，提高基层党组织治理能力和治理水平是可持续发展的根本保障。槎龙村党委不断加强组织建设、思想建设、作风建设和制度建设，经济联社班子团结一心，开拓进取，大胆创新，党组织的战斗力和凝聚力不断提高，充分发挥党员的先锋模范作用。槎龙村“两委”抱着“为官一任造福一方”的使命感和责任感，严格要求班子成员不能“一心二用”，不能“脚踏两船”——既领工资又搞私人生意，假公济私。不断加强班子成员服务意识、工作能力和驾驭能力，始终坚持把广大人民群众利益放在首位，做广大人民群众的主心骨，永远站在改革前列，迎接各种挑战，起到强大的领导核心作用，为集体经济发展、

社会和谐稳定作出贡献。

（二）以改革创新推动集体经济做大做强

改革开放40年来，槎龙村一直把发展壮大集体经济列入重要议事日程，抢抓机遇，大胆改革创新。改革开放初期，利用村自有土地资源，兴办了一些简单的加工工业，集体经济有了初步积累和发展。2000年前后，槎龙村“两委”领导紧紧抓住广州市大力发展第三产业的机遇，利用槎龙村地处国道和高速公路出口的区位优势，大力发展以专业批发市场为主的第三产业，集体经济由以第二产业为主转向以第三产业为主，第二、第三产业比重也逐渐调整为18∶82，形成了以物业管理、专业批发市场等第三产业为主的经济结构。随着经济发展进入新常态，由高速度向高质量发展转型，槎龙村也在不断谋划产业转型升级，借“三旧”改造机遇，对村社原有物业进行升级改造，引导第三产业朝着出租、娱乐、餐饮、购物等多元化方向发展。

（三）树立可持续发展的长远观

村“两委”领导在推动槎龙村发展过程中，始终坚持可持续发展的长远观。一是不断加强土地资源储备。为了发挥土地资源的集聚和规模效益，尽量使土地资源集中在村集体，便于谋划大项目。从长远发展出发和考虑，2000年前后，槎龙村回购了部分原来被征用的土地，为日后长远发展打下了基础。二是虽然集体经济收入每年都有不同程度的增长，但没有吃光分光。槎龙村按照章程每年给股民分配后，把其余部分投资谋划长远发展项目，用于社区治安、环境卫生综合整治、改善村民的福利等，让集体经济发展的阳光普照每一个村民。

（四）始终抓紧抓实促进居民充分就业的工作

槎龙村始终把促进再就业、充分就业作为重要的中心工作，对原居民失业人员做到“三清楚、三做到”（即对下岗职工底数清楚，生活状况清楚，就业意向清楚；做到下岗失业人员登记、培训、安置一条龙服务）。积极与租用槎龙村物业的公司商谈，要求其接纳社区人员就业。多年来，槎龙村基本解决了“零就业”家庭和特困家庭的就业问题，消除了社会不稳定、不和谐因素。党的十八大以来，更是坚持奉行“以人民为中心”的发展理念，努力实现经济社会发展的良性循环。

（五）在实现共同富裕的道路上不断深耕

发展的最终目的是实现共同富裕，不让一个人掉队，发展成果为广大居民所共享。秉承这种发展理念，槎龙村“两委”领导始终把村民实现共同富裕作为发展的出发点和归宿点：集体经济收入按照股份制分配章程分给股民，每年保持适当的增长态势；想办法促进就业，使村民有稳定的收入来源；利用集体经济收入，不断提高村民的福利待遇，解决村民的后顾之忧；建立政务公开制度、社务公开制度、财务公开制度、社员代表会议制度，以及监事会、“三资”管理制度等，保障集体经济发展，使村民利益得到保护，社会和谐安定。

（六）致力于打造良好的生态宜居环境

在大力发展集体经济的基础上，槎龙村把打造良好的生态宜居环境作为村民的最大福利抓紧、落实。现在呈现在人们眼前的槎龙村拥有整齐划一的道路、宽敞亮丽的居民住宅楼，生动地展现了改革开放给一个小小社区带来的天翻地覆的变化。槎龙村作为一个正在发展中的社区，在基本没有市、区财政投入的基础上，依靠集体经济发展，不断改造和完善社区环境，修建社区内街道，进行改水、改电工程，修建了四个公园，是广州市内拥有较多公园的社区之一。现在的槎龙村到处鸟语花香、绿树成荫、湖光粼粼，好一派社会主义新社区的模样。集体经济出资建成了聚龙、万龙两个居民小区以及槎龙老人公寓，使居民安居乐业，老有所养，是习近平新时代中国特色社会主义思想在基层的生动实践。

四、未来发展设想

发展没有终点站，只有继续前行。槎龙村将继续乘着改革开放的春风，不断总结经验，站在更高的起点，谋划新的发展，不忘初心，砥砺前行。

（一）对现有物业进行升级改造

充分利用槎龙村地处地铁8号线、13号线和12号线换乘站的地理区位优势，对地铁沿线可以改造的物业进行升级改造，在增加经济效益的同时进一步凸显社会效益；根据国家、省、市、区经济发展的要求及战略部署，借助和运用“互联网+”、新一代信息技术、人工智能等现代科技，对专业批发市场进行改造升级，包括同德家私大广场地块等改造，加强营销设计，争创区域品牌，增加展示、展贸功能，协助搞好专业市场周边环境整治；对龙骏广场、双龙大厦、睿城国际大厦等物业积极引进新业态，培育新的消费热点，不断探索新的经营模式，以新业态引领物业转型升级。

（二）继续推进环境综合整治

良好的环境既是实现可持续发展的重要资本，也是让广大人民群众受惠的福利。一是对槎溪大道路段的环境进行综合整治和道路升级改造。二是建设一个标准的市内停车场。目前，居民生活水平不断提高，车辆越来越多，有必要通过建设停车场，改变目前槎龙村内车辆乱停乱放，挤占道路空间的现状。三是建设一所达到省级标准的幼儿园。随着“二孩”政策的落实，新生儿逐渐增多，槎龙村现有幼儿园学位不能满足需要，因此计划在现槎龙村办公大楼地块，建设一所高标准的幼儿园，为下一代提供良好的教育设施与环境。四是继续做好社区安全防范工作，完善治安亭和智能闸口设施更新与管理，确保社区长治久安。

发展都市农业，力促乡村振兴

——白云区人和镇方石村

古老的流溪河水，世代佑护滋养了方石村一方民众。远离城市的喧闹与嘈杂，时光凝结成一片美丽迷人的农田风光。漫步方石村，人们可以感受到村民平静悠闲的生活，更有“人和自然”融合共生的感受。村风淳朴，乡邻和睦，敦宗睦族，让人生羡。人杰地灵，和煦的阳光洒满这岭南古村，方石村犹如一幅气韵生动的水墨画，“居仁由义”精神赋予了画作永不消散的生命和意境。

方石村历史悠久，始建于宋朝末

期，属千年古村。新建的高楼与古老的砖瓦房相互交错，至今还保留着的明清建筑散布在村里。方石村得名于村里的一块石头。这块石头天然而成，方方正正，各边均大约长83.3厘米，深埋地里，只有部分露出地面。村民世代敬畏它，并以它为依据，把这片可供人居住的地方取名为方石村。在石头旁边，村民建立了一座建筑并取名为方石居。方石村有曹、沈、林、植等姓氏，其中曹姓源于山东，后来迁徙广东南雄珠玑巷，南宋末年开始迁徙到方石村。方石村内物质文化遗产十分丰富，有颇具修复价值的曹氏大宗祠。曹氏大宗祠成为村民慎终追远，联结宗族血脉，传承古训遗风的重要场地。

方石村位于人和镇西南部，106国道以西。机场高速、北二环高速、方华路、江人路、流溪河贯穿方石村全境，使方石村拥有水陆交通区域优势。全村面积5平方公里，辖下17个经济社，共1270户，总人口4501人（其中劳动力3000人，中共党员87人）。方石村是有名的侨乡，海外华侨众多，遍及世界各国，人数多达3000人。全村以农业种养为主，现有耕地面积接近3000亩。2017年人均收入17 143元，村集体收入293万元。方石村2012年被评为“广州市白云区社会主义新农村建设示范村”，2014年被评为“广州市观光休闲农业示范村”，2017年被评为“广州市文明示范村”、“广州市卫生村”、广东省“民主法治村（社区）”等。

改革开放40年来，方石村在经济、政治等领域都取得了较大的发展。方石村人用坚实的双脚、勤劳的双手、勇于开拓的精神创造出一个个改革创新的奇迹，茂盛的庄稼拔地而起，丰收之季喜庆而来，现代化农业生机勃勃。新屋林立，道路畅通，村民安居乐业，一派繁荣兴盛的景象，是广州地区农业生产的榜样。

一、方石村以改革促发展，都市农业实现大飞跃

方石村是农业大村，20世纪初耕地面积4000多亩，以水稻生产为主。20世纪中后期，方石村是广州远郊粮食高产模范村。在“以粮为纲，全面发展”的农村工作中心思想的指引下，方石村人发扬“一不怕苦，二不怕死”的革命精神，在农业生产上创造一个又一个奇迹。

（一）高度集中劳动力，大搞农田水利基本建设

解放初期，方石村的耕地高低不平，灌溉排涝条件极差，严重影响耕作，粮食及其他农产品产量一直很低，需要大搞农田水利基本建设，改善耕作条件。20世纪70年代后期到80年代中期，方石村每逢冬季都高度集中劳动力，每次组织1000多人，由村统一安排、统一规划，对每一块土地进行平整，使之变成整齐的方块，重新规划灌溉渠道、排水沟道和适合机械化耕作的路网。方石村人凭借吃苦耐劳的精神奋斗了七八个冬季，组织了30多万人次，硬是将方石村4000多亩耕地变成条件优越、高标准的农业生产示范区，为发展现代化农业生产打下坚实良好的基础。20世纪70年代后期，方石村水稻单产平均不足300千克/亩，1983年开始承包到户，水稻单产增加到平均400千克/亩。随着耕作条件越来越好，承包到户后农民的积极性越来越高。20世纪80年代中期到90年代，水稻单产平均增加到450~500千克/亩，相当一部分田块产量高达700千克/亩，方石村因此成为改革开放后远近闻名的粮食高产示范村。

（二）乘改革开放之风，全面发展工副业

方石村除了以粮为纲，创粮食高产外，还乘农村改革开放之风，全力发展工副业，增加经济收入，提高农民生活水平。在工业方面，有

服装厂、制伞厂、乳胶制品厂、砖厂、沙厂、农机站的汽车运输队等工业设施及生产项目，它们每年为方石村集体经济增加几百万元的收入。改革开放初期，方石村人均年收入从1980年的180元增加到1985年的700多元。在当时的广州市远郊，基本属于高水平。副业发展迅速，特别是“三鸟”（鸡、鹅、鸭）养殖业。20世纪80年代到90年代，在村的鼓励和支持下，方石村涌现出40多户养殖专业户，每年向市场出售“三鸟”多达100万只，出售各种活鲜鱼类30多万斤（1斤=0.5千克），为提高农民经济收入，发展农产品市场经济作出巨大贡献。

（三）促进农业产业结构调整，打造集约化、高效益的农业经济

中国的改革开放是从广大农村开始，农村改革开放的重点是从原来的社会主义计划经济转变为社会主义市场经济。20世纪80年代初承包到户，实行土地承包责任制，农村大批剩余劳动力“洗脚上田”到城市去务工、经商等。如何经营农村的大片耕田，这是摆在每个农民面前的问题。传统的农业生产模式已不能满足社会主义市场经济发展需要。方石村从2000年开始以经济社为主要组织形式，村统一规划，加快土地流转，实行土地连片承包，并根据市场的需求，促进农业产业结构的调整，从以粮食生产为主转变为以经济作物生产为主，成立了霸王花生产基地，创建了丰华果蔬加工厂，采用“企业+基地+农户”生产模式，打造有地方特色的农业新产品。各种新鲜菜类每天源源不断流向市场，经济效益是传统农业生产的数倍，土地资源的经济收入大

幅度提高。方石村不断加快农村改革开放的步伐，科学调整农业生产结构，着力发展大规模、集约、高效的农业，走出一条安全、可持续的现代农业发展道路。

（四）勇于创新，发展都市农业

方石村科学地调整农业生产结构后，农业生产呈现出生机勃勃的发展势头。在农业生产的发展过程中为避免市场经济出现的风险，需要创造出更加科学的发展路子。方石村人认清形势，依靠勇于创新的精神，在广州市政府和白云区政府打造建设流溪湾现代农业观光带的战略构思影响下，大力发展都市农业。

1. 走农耕文明康庄大道，做恬静乡间“都市农夫”

方石村回归田园，开辟农村新天地，突出特色闯新路，在“争当农业现代化建设排头兵”中先行一步，大力发展都市农业，着力发展规模效益型的大农业，走出了一条集约、高效、安全、可持续的现代农业发展路线。2003年成立广州市丰华农产品有限公司，开拓现代农业园区，发展农业观光旅游以及农产品加工和销售，每年为社会提供800多个就业岗位，种植基地带动200多户农户共1000多人致富。

2. 观光休闲农业和乡村旅游特色

流溪湾丰华园是方石村发展观光休闲农业项目的主要园区之一，紧靠机场高速和北二环高速交会点——蚌湖出入口，占地面积500多亩，总投资4500多万元。2014年11月，流溪湾丰华园建成并对外营业，充分利用流溪河段沿岸农业优势，建有体验观赏区域、花海区域、亲水区域、农家乐区域、特色农产品展销区和藤木长廊等多个各具特色的区域；6万平方米的温室种植大棚拥有现代化喷淋设施；数千米休闲路径、绿道穿越园区。流溪湾丰华园以“质量求生存，创新求发展”为原则，致力于

把高品质的观光休闲农业和乡村旅游带给群众，打造乡村体验游路线图，把休闲农庄、乡村主体庄园、精品乡村、特色农产品等美景、美食串联起来，让更多的市民和外地游客在“无处不田园，无处不风情”中感受方石村的农耕文化。

整个园区表现了现代农业的特色，同时更结合了鲜明的休闲观光旅游特色：有色彩缤纷的七彩花田区，每逢花开季节吸引游客尽情拍摄留影；占地共250多亩的葡萄园及温室种植大棚，方便游客采摘、购买农产品；亲水区域设有亲子水上捉鱼体验池，拓展区域有亲子水上滑梯，为家庭游客增添乐趣，丰富了园区的游乐项目；丰华园美食广场聚集了流溪河畔的各种特色农家菜和其他美食，让游客在游玩的过程中品尝；在长廊的两侧设置木质长凳，种植瓜果、藤木等绿色植物，让游客在游玩过程中既得到休息，又观赏到瓜果等农作物的生长。

此外，园区还建有350平方米的科普画廊，为广大市民提供相关科普学习场地，开阔视野。为了创建科普示范点，推动“科技兴农”战略的深入实施，广泛普及科技知识，园区大胆地试验种植优质水果、无公害蔬菜等，并建科普宣传专栏18个，定期更换各类科普图片内容，受到了广大群众的青睐。

二、改革开放带来的变化

我国的改革开放率先在农村开始，各项政策的实施给农村创造了很多发展机会。方石村在政治、经济发展取得突破的情况下，想方设法改变农村原有的落后状况，提高老百姓的生活水平与生活质量，努力打造社会主义新农村，加快社会主义新农村的建设步伐，40年来取得可喜成绩，硕果累累。

（一）村民的居住环境大大改善

20世纪70年代以前，村民住的房屋以泥砖墙、木瓦屋面构成的平房为主，住房条件极差，加上年代已久，出现很多危房，一到台风、雨季来临就出现很多安全隐患。为了改变这一落后状况，方石村在上级政府的支持下，由村统一规划，从1980年到2010年，用了30年的时间对房屋进行深度改造，把平房、危房变成钢筋水泥框架、四至六层高的楼房。房屋改造率为80%，建筑面积高达50.87万平方米，参与改造的户数有10 000户之多，村民居住条件实现了质的提升，80%的村民住上美丽、漂亮、舒适、安全的新楼宇。

（二）生活基础设施更加完备

以前，方石村将祖先留下的旧祠堂作为学校，办学条件恶劣。20世纪80年代末90年代初，方石村投入几百万元，加上村民集资的部分资金，新建了一幢教育大楼，教育设施齐备，彻底改变了原有落后的教育状况，学龄儿童入学率达到100%。2010年，方石村出资200多万元新建了占地面积2100平方米，建筑面积1500平方米，楼高四层的幼儿园，彻底解决了方石村儿童就读幼儿园难的问题。

家家户户用上干净、卫生、安全的自来水。随着农村的工业比重不断增加，环境污染日趋严重。村民长期饮用的表层地下水源受到不同程度的污染，人们的健康也受到不同程度的伤害。根据村民的要求，2000年方石村总投入300多万元对全村进行自来水网建设，并对接人和镇水厂，使家家户户都能喝上自来水。村民食用的自来水达到国家卫生标准，村民的身体健康有了安全保障。

彻底整治村内的排污系统。随着社会的进步，经济越来越发达，人们吃得好、住得好、穿得好，日常生活用品多种多样，势必造成排放污染。超过6000人（包括外来人口）居住的村庄，每天排放的生活污水量非常大。原来村内的排水设施浅、窄、小，排放速度慢，排放量小，导致一到雨天全村污水横溢，满天臭气。2002年开始，方石村分三次整治村内的排污系统：第一次整治中，村社二级共投资200多万元，将村内排水渠重新挖深扩大，全部盖面硬底化；第二次整治从北面到东面再到南面的环村生活污水排放主渠；第三次整治从北面到西面再到南面的环村生活污水排放主渠。所有生活污水排放设施全部硬底化，具备承受连续暴雨后不出现积水内涝现象的排放能力。

交通道路建设方面，20世纪90年代初至2010年，方石村总投资400多万元，将村内2米以上的村道铺设水泥混凝土，全村六大出口接通江人路、方华路，道路建设总长度超过10公里。自此，大小车辆出入方便，公交车直达方石村。村民拥有小汽车300多辆，家庭拥有率占40%。方石村的交通变得十分便利。

加大对环境卫生及医疗卫生方面的投入，方石村十分重视环境卫生建设，建立了一支清洁卫生队伍，每天清扫村辖内的主要道路，到每家每户收集生活垃圾，使村内环境清新干净。村内建有村级卫生站一间，做到“小病不出村”。集体出资，使每个村民每年参加新型农村合作医疗（简称“新农合”），并联系镇级医院，每季度为60周岁以上的村民免费检查身体。

（三）文化生活、娱乐设施建设

随着村民越来越富有，村民对文化生活、娱乐的追求越来越突出。方石村十分重视关心村民的文化生活，加大文化、娱乐设施的投入，先后建造4个篮球场、2个老人活动中心、7处村民休闲健身活动场所、1间文化图书室，成立3支舞狮队、1支龙舟队、4支篮球队、1支足球队、1个粤曲私伙局、1支舞蹈队等。这些队伍在节假日经常进行表演和比赛，如端午节龙舟比赛、闹元宵做大戏、春节舞狮、足球赛、篮球赛、广场舞、健身操等，弘扬了中华民族的传统文化，丰富了村民的文化生活。

（四）治安管理、社区稳定效果显著

改革开放40年，农村发展迅速，经济发展极快，村民的生活得到很大的改善，村民对社区平稳安定的要求越来越高。随着改革开放的步伐不断加快，外来人口流动日趋频繁，社区的治安管理受到严重挑战。吸毒、贩毒、抢劫、入室盗窃等犯罪行为对村民造成极大的伤害。为此，方石村建立了一支强有力的治安管理队伍和社区矛盾调解机构，加强治安布控，特别是加强对吸毒人员的监控，加强对社会流动人员的管理，合理化解村民之间的各种矛盾。投资100多万元，全村安装监控设备，24小时全天候监控，使方石村的吸毒人员逐步减少，抢劫、入室盗窃等案件的案发率逐年下降。纠纷、家庭矛盾基本得到合理解决，创造出一个安定、和平、文明的生活环境。

三、方石村取得成功的原因

改革开放40年，方石村发生了巨大变化，取得了巨大的成就，夺取改革开放一个个丰硕成果，靠的是：

（一）建设强有力的领导班子，打造强有力的组织保证

40年来，方石村村社二级班子经历了十几次换届，每次换届选举，方石村党支部都能发挥领导核心和战斗堡垒作用，确保每次换届选举依规依法有序地进行。经常组织村社二级班子成员、其他党员干部进行系统的培训学习：学习党和国家关于农村的路线、方针、政策；学习关于农村的各项法律法规，提高党员干部的政治觉悟，增强村社干部执行党

的路线、方针、政策的自觉性，增强干部队伍遵纪守法、依法办事、执政为民的自觉性；学习如何在农村开展工作，如何处理各种问题，提高干部队伍的综合素质，提高执政能力。通过不断的培训学习，打造了一支坚强有力、团结一致、作风正派、有理想、有抱负、办事能力强、执政为民、百姓拥护的干部队伍，为改革开放40年的各项工作进展提供坚强有力的组织保障。

（二）依法治村，按制度管人管事

40年来，方石村的各项工作有序地推进，上级党委、政府在各时期下达的各项工作任务能有条不紊地完成，除了依靠村党支部的战斗力，村社二级干部的工作能力外，还依靠“民主管理”“民主监督”“民主决策”，在村民代表大会表决通过《村民自治章程》及农村各领域的各项规章制度。方石村建立的村“两委”联席会议制度是正确处理村党支部与村委会关系的可靠办法，被白云区党委纳入《关于加强农村基层组织建设的决定》中。各种法律法规、各种规章制度的实施，为方石村40年来的改革开放提供坚实的保障。

四、今后发展设想

方石村人在村“两委”带领下，坚持走中国特色社会主义道路，走过了40年改革开放的光辉历程，物质生活、精神生活取得了巨大的丰收。党的十九大胜利召开，吹响了为夺取新时代中国特色社会主义的伟大胜利、实现中华民族伟大复兴的中国梦、实现人们对美好生活的向往而继续奋斗的号角。方石村人必须紧跟改革开放的步伐，今后的发展思路是每个党员干部、全体村民都应深思熟虑、严谨计划的议题。

2018年初，广州市人民政府将方石村纳入城中村改造计划，改造范围为流溪河以北约3.5平方公里的土地，意味着方石村除了流溪河以南约0.4平方公里的土地以外，其余全部土地被划入改造范围，并宣布方石村已被纳入空港经济区的范围，这是方石村面临的巨大的发展机遇和挑战。未来，方石村人要确立大局意识，相信上级党委、政府，努力创造一切有利条件，完成上级党委、政府交给方石村的各项工作任务，迎接方石村即将来临的伟大变革，为夺取新时代中国特色社会主义伟大胜利建功勋；为实现中华民族伟大复兴的中国梦创业绩；为实现人们对美好生活的向往继续奋斗奏凯歌。

改革集体产权制度，发展壮大农村集体经济

——黄埔区文冲街文冲村

1978年党的十一届三中全会开启了我国改革开放波澜壮阔的历程。40年来，文冲社区始终坚持认真贯彻国家改革开放重大战略部署，开发了一系列壮大农村集体经济的项目，将发展成果惠及村民个体，村民生活水平显著提升。同时，积累了诸多宝贵经验，为下一步继续深化改革开放、建设新时代转制社区奠定了坚实的基础。

一、文冲概况

文冲社区的前身是文冲村，素有“江南春色早，鱼米分外香，水果满山岗”的美誉，位于广州市东部、珠江北岸，地处原黄埔区政府的东面、广深铁路的南面，地理位置优越，是中国石油化工股份有限公司广州分公司（简称“广州石化”）、广州文冲船厂有限责任公司（简称“文冲船厂”）和广东中外运黄埔仓码有限公司等省、市重点企业的驻地。文冲村占地约10.03平方公里，常住人口约25 000人，下辖东坊、西

坊、文园、江北、渡头等5个自然村，有22个经济社。2017年文冲集体经济全年总收入达1.1亿元，股东人均分红25 627元，收入显著提升，文冲村是周边有名的经济强村。

文冲于唐宋年间建村，有近千年的历史，具有光荣的爱国传统。1841年鸦片战争期间，文冲地区的1600多名守军，在乌涌、牛山等一带英勇抗击英军，阵亡将士446人，乌涌炮台失守，史称“乌涌战役”。目前，辖区内仍有众多历史遗址，例如广州市文物保护单位陆氏大宗祠、古碉楼、陆泰泉墓、庄有恭状元墓、乌涌清官兵合葬墓、万人坑等，黄埔区文物保护单位玉虚宫、达松陆公祠、东溪陆公祠等。

二、文冲集体经济发展历程和成就

回顾文冲不平凡的改革开放历程，历经改革开放的起步、全面展开、社会主义市场经济形成、全面建设小康社会四个阶段后，硕果累累，实现了由封闭走向开放，由贫穷走向温饱，再迈进小康的历史性跨越。

（一）改革开放的起步阶段（1979—1984年）

1978年以前，文冲村利用南部属于珠江冲积平原的围田区种植水稻、甘蔗、蔬菜、香蕉、柑橙等作物，利用北部丘陵区种植荔枝、青梅、乌榄、白榄、菠萝等果树，其中荔枝、青梅、乌榄、白榄、菠萝年产量都超过250吨，是有名的岭南佳果生产基地。

1978年党的十一届三中全会后，改革开放的春风吹向全国各地，农村也开展一系列经济体制改革。1984年，文冲村开始分田到户，实行家庭联产承包责任制，推广承包合同制，明确一定15年不变；按人口和劳动力的比例把土地适当分级，分到各户经营，并根据土地种植的品种、各户所需口粮，定出每年承包额，上缴30%产物给国家及集体，其余70%归承包户所有。同时，对当时村内既有的果树等采用“宜分则分，宜统则统”的原则，由生产队组织统一招投标，由符合资格的村民进行竞投，价高者得，以实现公平公正分配。

“人增干劲，地增产。”实行上述家庭联产承包责任制后，不搞平均分配，推崇多劳多得的正确价值观，文冲村民积极性高涨，增加种植柑橙660多亩，年产量超过500吨，成为文冲继荔枝、青梅、乌榄、白榄、菠萝后第六个年产量超过250吨的水果品种。

（二）改革开放全面展开阶段（1985—1991年）

1985年1月，中共中央、国务院发布《关于进一步活跃农村经济的十项政策》，要求大力发展适销对路、效益高的经济作物，加快林牧副渔的发展速度，坚持开放搞活的方针，扩大农产品市场，支持农民进入流

通领域等。农村经济开始向专业化、商品化、社会化方向发展，大批剩余劳动力逐渐从农业向工业转移。

文冲村紧随党中央政策，在继续巩固家庭联产承包责任制的基础上，发挥自身的资源优势，培养出一批成绩突出的养奶牛、养猪、养鸡、养蜂等养殖专业户。部分村民还利用水乡的优势，大力发展鱼类养殖，鱼塘总面积达到8.25万平方米，村里呈现一片欣欣向荣的景象。

除个体经济快速发展外，文冲村集体也在历史潮流中勇立潮头。1982年，文冲村建设2000平方米厂房，兴办塑料编织袋厂，为广州石化供应编织袋；1983年，利用广州石化的废油，租用山地重建土炉和大油池炼油，办起炼油厂；1986年，与大沙镇经济发展总公司合办公司，建设一批标准厂房、黄埔新邨商住楼及商铺等项目，引进台商企业欣锠鞋业有限公司；1986年，与广州开发区中穗燃气有限公司、中国石化广东石油分公司合作经营，先后在黄埔东路两侧建成中穗加油站和华德加油站；1990年，兴建文冲沙围货运码头，场内设仓库、堆场，主要承接石化厂化肥及有关单位的散装货物，通过水路运往省内各地。这些村办企业实行固定工资制，设有超产奖励，形式新颖，调动了村民的积极性，取得较好的经济效益。

该阶段是文冲村个体户“洗脚上田”的关键一步，培养了一批“万元户”养殖专业户，也推动了村集体经济的发展，迈出了村办企业的第一步，基本解决了村民的温饱问题。

（三）市场经济形成阶段（1992—2001年）

以邓小平视察南方发表重要谈话为标志，我国改革开放和现代化建设事业进入了新的发展阶段。1993年，党的十四届三中全会通过了《中共中央关于建立社会主义市场经济体制若干问题的决定》，要求必须坚持以公有制为主体、多种所有制经济共同发展的方针，进一步转换国有企业经营机制，建立适应社会主义市场经济要求，产权清晰、权责明确、政企分开、管理科学的现代企业制度；建立全国统一开放的市场体系，实现城乡市场紧密结合，国内市场与国际市场相互衔接，促进资源优化配置；转变政府管理经济的职能，建立以间接手段为主的完善的宏观调控体系，保证国民经济的健康运行；建立以按劳分配为主体，效率优先、兼顾公平的收入分配制度，鼓励一部分地区一部分人先富起来，走共同富裕的道路；建立多层次的社会保障制度，为城乡居民提供和中国国情相适应的社会保障，促进经济发展和社会稳定等。

这一时期，文冲村民个体经济得到进一步发展，出现了一批个体运输队，丰富了村民的致富途径。村内有大小汽车70多辆、泥头车50辆、大平板车拖头19辆，还开办汽车修理厂及汽配店，文冲村因此成为周边有名的运输大村。

村民个体逐渐富裕起来直接表现在房屋建设方面。1987—2001年，全村兴建房屋1572套，总面积超过24万平方米，平均每户有2～3套。新建的房屋大部分以社为

单位，规划成片给村民，外墙贴马赛克、洗石米或瓷砖，布置讲究、装修豪华。电视、洗衣机、冰箱等高档家电甚至汽车陆续进入村民家庭。有些房屋还有小花园、亭台楼阁、停车库等，形成了“香园”“北街”“南园”等具有时代特色的新型农村住宅群。同时，随着城市化发展，村内开始出现大量外来工租住村民房屋，出租房屋逐渐成为村民致富的重要途径。

文冲村集体也迎来历史性跨越。1992年，黄埔区开展农村经济体制改革，文冲村成为黄埔区农村股份合作制改革的试点村之一，又一次成为改革的排头兵。股份合作制改革坚持以家庭联产承包经营为主的双层经营制度不变；原有的村社承包合同不变；原集体和社员财产、资金不变；现有村社规模不变；干部报酬不变；整合全村资产总额16 373万元、经济社资产总额15 998万元、固定资产5064万元、流动资产8372万元（其中货币资金3814万元），按“年龄定股，以级定股”折算成股份分配到人，再根据集体年终收益，按股份分配到人。个人持有股份的时间为三年，满三年后调整一次。通过上述改革，文冲村集体资产进一步整合壮大，为日后参与市场经济竞争奠定了雄厚的经济基础。

除体制改革外，文冲村集体还通过继续解放思想，千方百计发展经济项目，特别是房地产开发项目，进一步增加集体收入。1990年初，文冲村先后与合作方建成“力均公寓”“康都楼”“康达楼”“十七社大楼”等新型农民公寓；1992年，与陆日东等港商签订“百鲜酒楼”合作项目，同年，与外商合作，在黄埔东路以南征地20亩，兴建文苑花园，建成公寓2.8万平方米、商铺23间，开始进入房地产开发领域；1994年，与大沙镇骏达房地产公司合作，在黄埔东路南侧征地150亩，双方投入2800万元，开发房地产；1995年，与大沙镇骏鸿房地产公司合作建设的文冲商贸大厦竣工，对外出售，一到三层由村集体出租给台商，于2001年开设了黄埔区第一家超市——“好又多”超市，每年租金收入400多万元；2001年，在黄埔怡港花园小区购买临街商铺约800平方米，派专人负责出租等。经过上述一系列房地产商业开发，截至2001年，文冲村建成商业大厦、厂房等集体物业超过29万平方米，逐步成为周边的商业中心。特别是第三产业取得了长足的发展，先后开办的百鲜酒楼、南洋酒楼、云龙酒楼、云香酒楼、文华夜总会，与广州市中心城区的饮食、娱乐设施基本无异，深受周边居民的欢迎。文冲地区的服务业出现了繁荣兴旺景象。

与势头良好的房地产开发新项目相比，文冲村办企业由于生产设备不断老化、耗能高，开始出现亏损。党的十四届三中全会提出建立适应市场经济要求、产权清晰、权责明确、政企分开、管理科学的现代企业制度。文冲村集体通过改革，将企业改为由村民承包，村集体不再参与经营，承包者每年向村集体上缴固定收益后，剩余收益归其所有的管理方式，进一步提升了承包者的积极性。为了创收，这些承包者出资购置新机器，对工人进行现代化管理，部分企业开始转亏为盈，改革成果显著。经过上述一系列成功的市场经济项目运作，文冲村取得了喜人的经济成就。

（四）全面建设小康社会阶段（2002年至今）

党的十六大以来，我国的改革开放进入新的阶段，从寻求温饱向全面建设小康社会转变。如何改善村民的生活环境、提升村集体经济，成为文冲村在该阶段需要解决的首要问题。文冲村坚定发展为第一要务不动摇，创造性地打破常规、深化改革，继续勇当改革先锋，综合经济实力进一步增强。

一是村民收入持续增加，且途径多元化。随着城市化发展，原有的养殖经济退出历史舞台，村民开始兴建大量出租屋，主要从事的行业从农业转为服务业，不仅收入翻倍，也改善了居住环境。村内率先实现了道路全硬底化，供水、供电、垃圾处理等系统与城市无异。新一代的村民开始接受优质教育，并向城区、外地就业发展，也为家庭带来可观的收入增长。

二是村集体经济体制进一步改革。为解决集体积累股股权空置，股份合作细则个别条款与法律相抵触，股权设置存在局限性和封闭性、未能体现“风险共担”原则，股份制不规范，监督机制不健全等问题，黄埔区在文冲村试点，从建立股权配置、股权界定、股权流转三大机制入手，完善农村股份合作制，将原来福利型的股份制转为经营型、发展型、福利型相结合的股份制。2002年“撤村建居”时，采用“生不增、死不减，进不增、出不减”的原则，文冲社区将原村资产以股份形式全部量化到当时在册村民，明晰股权，总股数1 201 295股，股东4295人。同时，根据身份，股东可分为“社区股”和“社会股”。社区股是指户籍一直在农村的股东，社会股是指因各种情况迁出户口的原村民股东。社区股享受表决、选举、分红权，社会股只享受分红权。利用上述办法固化股份，进一步整合了村集体资产，既解决了迁出户口的原村民身份问题，也有利于进一步壮大村集体经济，增强其参与市场经济运作的竞争力。

三是村集体经济不断升级。2008年，建成超过2万平方米的步东商业大楼；2010年，启动石化路以西的城中村改造、状元谷产业园等重大项目，实现了由低端商铺向专业商场、由简易厂房向国家级产业园的经济模式跨越，为文冲集体经济有效持续发展开了好头。

三、深化改革开放，设想未来发展

文冲紧随中央政策，遵循市场经济的一般规律，尊重民主表决，借鉴有益经验，勇当改革先锋，敢于创新模式，不断探索社会主义和市场经济相结合的有效途径和方式，走出了一条颇具特色的新型农村改革道路，也积累了许多宝贵的经验，为未来发展奠定了理论基础。

未来五到十年，文冲将继续解放思想，深化改革开放，围绕“新文冲，新农村，新生活”的构想，着力推进城市化建设，提升居民幸福感，为实现新时代中国梦而努力。

一是加快推进自主创新，转变经济发展方式。近年来，文冲根据广州市新农村建设发展总体部署，提出了“新文冲，新农村，新生活”的建设构想，建设文冲水乡和城市现代化小区特色相结合的新型农村转制社区。石化路以西的城中村改造后，文冲及时总结改造经验，提出文园、渡头、江北等石化路以东的城中村改造计划，停止建设简易厂房、“握手楼”出租屋等低端业态，进一步改善居民生活环境，增加村集体可出租的大型商业物业，为推动文冲科学发展、和谐发展增添了强劲动力。

二是以深化改革经营模式，推进社区管理体制改革。近年来，文冲尝试与合作方合作联营不同的项目，参与经营、分红，但由于集体经济固有的缺点，合作方往往利用自身的市场优势，垄断管理，缺乏透明，未能实现村集体参与经营的初衷。下一步，文冲将回归“房东”本位，坚持“产权不变，固定收益”的原则，经营管理好自有产业。同时，建立标准经营模式，完善社区管理体制，引导下属各经济社发展经济，降低村集体经营风险。在上述举措的基础上，充分发挥市场机制的作用，积极拓展其他经营模式，探索新农村建设中安全的投融资新机制，充分发挥村集体自有资金的作用。

三是以增强市场竞争力为重点，继续探讨和完善农村转制社区股份合作制。着眼于提高管理效率和市场竞争力，在政府的指导下，继续深化农村转制社区股份合作制，促进股权合理化，完善法人治理结构及运行机制，完善自有物业管理服务体系，推动自有物业经营业态升级，以适应城市化发展。进一步整合村集体资源，提升自身的整体素质和竞争能力。建立人才库，培养更多优秀的新一代文冲村集体资产管理人。

四是加强以保障民生、促进和谐为重点的社区管理和建设。随着城中村改造的开展，未来几年，文冲社区将全面进入管理城市化、现代化小区的时代。届时，将着力培养一批具备现代化物业管理能力的优秀人才，不断加大物业管理投入，为辖区内居民提供优质、专业、到家的物业管理服务。同时，继续加大对辖区内老人、儿童的帮扶力度，设立更多敬老爱老项目，加大对幼儿园、小学、中学教育的资金扶持，让文冲老一辈老有所养，为文冲下一代提供更加优质的教育资源。

四十载风雨征程，数千亩厂房林立

——番禺区大龙街旧水坑村

旧水坑村位于广州市番禺区大龙街，面积约为1.79平方公里。2017年，常住人口600户2430人，流动人口50 000多人；村集体经济总收入4.8亿元，拥有83万多平方米的厂房、宿舍和公共福利建设，有12家外资企业驻厂生产；农民年人均收入49 530元。

自改革开放以来，在村党组织的带领下，旧水坑村人凭借“敢为人先”的精神，积极发展集体经济，使村民福利逐年提高。从1989年开始，村民就有股份分红，每人每月都有股东工资发放，至今分配给村民的股份分红总额超过6亿元。

如今的旧水坑村已经成为番禺区乃至广州市远近闻名的富裕村，村容村貌焕然一新，成为一个宜居宜商的社会主义新农村。

一、从村办企业走上集体经济繁荣之路

改革开放前，旧水坑村以农业经济为主，只有1200亩丘陵坡地和600亩农田。1979年，村民人均收入仅有250元。党的十一届三中全会后，旧水坑村党支部积极响应号召，充分利用国家改革开放政策，在抓好农业生产的同时，大力发展村办企业，投资兴建简易厂房，积极寻找各种来料加工企业进驻。经过40年的艰苦奋斗，昔日贫穷落后的旧水坑村，已经从以农业经济为主，逐步走上以外向型经济为主、工农业并进发展的道路。

（一）从小五金加工起家，初尝工业经济甜头

1975年，旧水坑村领导带领村民进行农田改造，支持村民发展副业、外出务工等，逐渐壮大集体经济，为村办企业的发展提供了经济基础。为改变旧水坑村贫穷落后的状态，村干部租用一间40平方米的私人房屋办小五金厂。当时厂里只有10人，年收入3万元。1976年后，旧水坑村陆续与国内的一些大企业合作办起来料加工厂，走上工业化的道路。

引进企业的主要目的是解决村民的就业问题，企业规模相对较小。村办企业的发展使得工业产值在旧水坑村总产值所占比例大幅提升，积累了一定的资本，且接收了大量的剩余劳动力。村民依靠非农生产有了较为稳定的收入，减弱了他们对土地的依赖性，也消除了统合分散的土地承包权用以建厂的阻力。

从1976年到1983年，旧水坑村开始承接国内的来料加工业务。加工的项目是汽车配件氧化、电饭煲内胆硬质氧化、电风扇外罩电镀，业务来自广州、佛山、顺德等地。当时旧水坑村就有工人几百人，集体年收入过百万元，在周边小有名气。通过加工生产的实践，旧水坑村培养了一批熟练的工人，为接下来承接更多外来加工业务奠定了基础。

村办工业的发展，为改善村的农业生产创造了条件。旧水坑村从1975年起，改变农耕模式、调整生产布局，把原来种植番薯等经济效益较低的作物的1000亩旱地改种荔枝、龙眼、青李等果树，提高了村民收入水平。至1987年，村集体在农业方面投资100多万元，进一步搞好农田基本建设，使水稻年亩产量超过800千克，比1979年增加了125千克。走出一条“以农促工，以工补农”的成功之路。

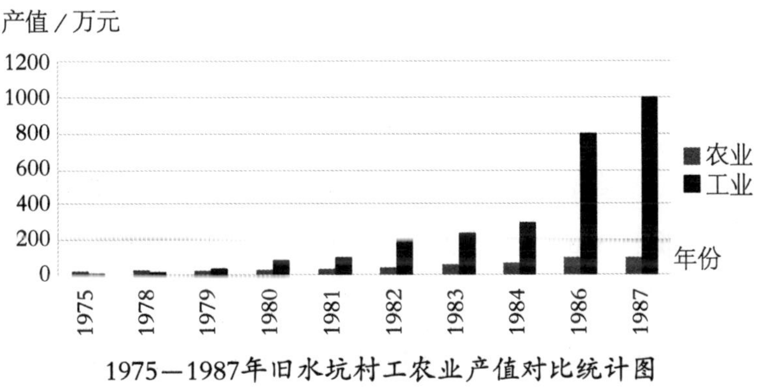

1975—1987年旧水坑村工农业产值对比统计图

从上图可见1975年至1987年间，旧水坑村农业产值、工业产值和总产值的对比。图中直观地反映出村集体经济的繁荣腾飞，同时充分验证了“以农促工，以工补农”的成功。

（二）招商引资、合作办厂，奠定集体经济基础

1984年，旧水坑村开始接触外商。外资的引进促使旧水坑村经济

进入持续快速发展阶段。当时，旧水坑村管理干部获悉，国际市场上电子玩具销路好，加上日元升值，不少日商和港商都想把一些劳动力密集型产业转移到内地。旧水坑村便迅速抓住这一机遇，争取日商和港商的来料加工业务，办起了玩具服装厂，小五金厂也日益发展壮大为五金综合总厂。旧水坑村与外商以联合办厂的方式共同推进工业的发展。不同于珠江三角洲地区普遍的土地出租形式，旧水坑村的合作模式是：村提供厂房和劳动力，企业提供技术和设备，共同成立董事会，共同管理工厂。其中旧水坑村主要负责员工招聘、员工工资发放和员工社保的购买，外商专注于生产和销售。随着旧水坑村的发展，进入村庄的企业数量逐渐增多。工业用地不断扩大，形成丰达工业园区、胜美达工业园区、村南工业园区三个主要工业园区。

五金综合总厂的成立，是旧水坑村集体经济改革发展的重要标志和里程碑，该厂更成为改革开放初期旧水坑村的重要经济支柱。1980年以来，该厂每年产值均占全村总产值95%以上，并以近一倍的增速逐年递增。几年后，五金综合总厂从一间仅有100多人的小工厂发展成为一个拥有8间分厂、职工4300多人（含从外地招收的3000多人）的大型综合性来料加工企业；产值从1979年的25万元增加到1987年的1003万元，其中纯利润200万元、创汇2000万港元。1987年的产值、纯利润、创汇分别比上年增加62.5%、66%和100%；厂房面积从1979年的300平方米增加到1987年的6万平方米；固定资产由1979年的15万元增加到1987年的1500万元。

发展初期，五金综合总厂业务主要以来料加工项目为主，加工项目计有：电饭煲胆硬质氧化、铝型材着色、商标铭牌晒蚀，生产中周线圈、玩具、玩具服装等。随着改革的深入，旧水坑村开创性地提出“借船出海”的理念，在8间分厂中，胜美达电机厂、历来玩具厂、至上玩具服装厂、特旺玩具车仔厂是与外商合办的企业。

旧水坑村在与外商的合作中，坚持互惠互利，信守合同，维护企业信誉，让外商放心做生意，使五金综合总厂增资创收。加工装配业务越做越兴旺，产品远销港澳地区和海外。1987年，外向型企业的工缴费收入占村办工业总收入的80%以上。其中，发展较快的胜美达电机厂新建厂房面积1.5万平方米，员工宿舍大楼6500平方米，加上配套的饭堂、单车房等共3万平方米，基建费用近900万元。胜美达电机厂全部设备都是20世纪80年代时从日本等地引进的最新产品，折合港币3500万元。

1987年，旧水坑村的工农业产值达1053万元，其中工业总产值1003万元，工业收入约占全村经济收入的95%。1988年，五金综合总厂8间分厂都是对外加工企业，厂房面积共10万平方米，固定资产共8000多万元，加工费收入共2800多万元。1992年，村办企业年收入达1.5亿元，固定资产1.1亿元。

1993年至1996年三年间，旧水坑村通过引进潜力巨大的外商企业，全面落实来料加工业务。从1993年至2008年，村内占地面积大于1万平方米的大中型外资企业就有数十家，工业聚集效应已经显现。2006年，旧水坑村加工费收入超过6亿元。其中胜美达电机厂作为广州市第二家、番禺第一家外资企业，发展至2008年，占地面积13万平方米，员工超过1万人，产品远销海内外。此外，丰达电机厂占地24万平方米，员工超过2.4万人，每月生产的非主营产品扬声机就有数千万台；日立、曼科、卡西欧、牛尾、技华、东高志等企业，厂房平均占地面积超过1.6万平方米，员工均不少于1000人。2008年，旧水坑村工业发展处于顶峰时期，这片面积仅有1.92平方公里的土地上生活着10万名外来务工人员及其家属。

旧水坑村五金综合总厂和胜美达公司、丰达公司、牛尾公司、日立公司、技华公司、东高志公司、曼科公司及新加坡富利电子厂等8间外资企业合作办厂，员工人数共约2万人。全村已形成计算机、电路板、耳机耳塞、扬声器、掌上电脑等特色产业集群，年加工费收入近7亿元。

（三）“腾笼换鸟”转型，以体制改革促进经济发展

早在1994年，旧水坑村五金综合总厂就曾荣获广州地区100家最大乡镇企业排行的第三名。

加工贸易作为旧水坑村的主要经济收入来源，也是旧水坑村发展外向型经济的重要方面，为促进旧水坑村经济社会发展作出了重大的贡献。随着2008年全球金融危机爆发，工业化进程的不断深入，传统加工贸易产业所代表的劳动密集型、资源粗放型的发展模式，其外向依存度高、附加值低、环境代价大等弊端日益凸显，旧水坑村经济的进一步发展受到严重冲击，卡西欧等外资企业迫于人力成本上涨等原因，纷纷从旧水坑村撤离。

因此，旧水坑村产业转型迫在眉睫。

从可持续发展的观念出发，旧水坑村提出了“腾笼换鸟”的概念，将因外商退出而空置的厂房土地重新盘活出租，以保证集体经济的稳定发展。一方面，通过实施管理体制改革，对旧水坑村五金综合总厂改组，成立旧水坑村经济合作社，以经济合作社出租厂房的形式来管理闲置厂房。同时成立了经济合作社物业管理办公室和土地资产管理办公室两个机构行使物业管理职能，物业管理办公室主要负责厂房出租、水电及消防安全管理等，土地资产管理办公室主要负责建筑物图纸、房产证等档案资料的管理。另一方面，通过制定严格的招租标准，大力引进拥有自主知识产权的企业单位、中海达等上市公司以及其他类型的中小企业和养老院等。短期内，有效地稳定了旧水坑村的经济收入。从长远来说，村的电子工业生产的集聚效应被逐步削弱，但这是转型的必经之路。随着改革开放的深入发展，这些举措都是为旧水坑村走向全新的产

业集聚打下更好的基础。

二、加大民生工程建设，改善投资营商环境

2000年之后，旧水坑村根据自身发展需要，开始实施一系列措施推动生产和生活质量的提升。如从2002年开始，旧水坑村开始对引进企业的技术含量、投资强度等设置门槛，积极引进企业研发机构入驻，推动产业升级，确保企业在村里的长久运营。此外，旧水坑村加强了公共服务设施的建设，着力于改善居住环境和提高生活质量。

2008年全球金融危机爆发，世界经济不景气，国内经济出现大波动，使以劳动密集型工业为特点的旧水坑村面临重重困难。在这种复杂的环境下，村领导密切关注上级政府的政策和经济形势、市场动态的各种走向，以确保村的企业向前发展，以稳定村民的收入为首要任务。通过出租厂房的形式，盘活闲置厂房，并且以清洁、环保、无污染生产为招商标准，确保旧水坑村工业经济的可持续发展。与此同时，旧水坑村加强基础设施等民生工程建设，积极改善投资营商环境，努力建设美丽新农村。

为了更好地发展对外加工业务，旧水坑村投资了300多万元，修筑了一条长3.2公里、连接市桥至莲花山干线的水泥路；铺设了从市桥至旧水坑村的自来水管；安

装程控电话以及兴建员工饭堂、宿舍（可安排5000多名职工住宿）和娱乐中心，使工业区的水电、厂房等生活设施实现全面配套，满足了3000多名外地职工的生活所需。

在经济发展的同时，旧水坑村还致力于民生工程建设，努力做到村容整洁、村风文明、管理民主。在民生工程方面，旧水坑村大力改造村容村貌，完善基础设施建设，改造生态环境。将旧水坑村内所有道路硬底化，建设了村民员工体能锻炼中心、北帝广场、图书馆、文化中心、酒堂，为村民提供休闲娱乐的场所；重修北帝古庙、南枝堂、广声陈公祠等，使旧水坑村的历史文化得以更好地保存；建成了政务服务中心，增加了5条交通线路，为村民提供一体化便民设施。

2014年，旧水坑村全村集体年总收入为7.5亿元，年人均收入为30 297元，村民股东工资分红超过4亿元，是广州为数不多的“亿元村”之一。

三、旧水坑村发展集体经济的成功之道

改革开放前，旧水坑村以传统农业为主，每年的经济排名都处于当时番禺县各村中的倒数位置，属于经济落后的贫困地区。1978年后，通过改革，村集体和村民兴建工厂，引进外资，自发地推动村庄的工业化和城市化，是典型的自下而上的城市化发展模式。今天的旧水坑村已摆脱了贫穷，走向了富裕。其成功之道，可以从以下方面概括。

（一）思变图强，把握先机

从客观条件来看，旧水坑村只不过是一个地处丘陵的偏僻小村。当年，旧水坑村仅有的道路，不过是农田边上的羊肠小道。而周边的其他村庄无论是地理环境，还是经济基础都比旧水坑村好得多。旧水坑村既

无优越的地理环境，交通也不发达，更没有特殊的政策支持。俗话说：“穷则思变。”今天旧水坑村成功的重要原因，是村领导班子较早确立了“思变图强”的观念，在改革开放浪潮的推动下，紧紧把握住各种发展机遇，以振兴集体经济、确保村民的利益为己任，敢想敢干，坚定不移地推动集体经济发展。正是集体经济的发展为旧水坑村建设富裕的社会主义新农村提供了重要的支撑。

当初，在改革开放的号角尚未在全国吹响时，旧水坑村人就开始了思变图强的行动。成立了五金组，开始积极地改造农耕模式和适当引进工业加工产业。虽然，这个时期的经济不是突飞猛进，但基本实现“以农促工，以工补农”的目标，同时使得旧水坑村逐步学习了解工业生产，为接下来的经济腾飞储备资金与相关经验。

（二）前瞻思维，“借船出海”

在旧水坑村的发展过程中，起推动作用的除了村领导层和全体村民的不懈努力，还有不同发展时期，各级政府的大力支持。党的十一届三

中全会后，旧水坑村以具有前瞻性的战略目光，不懈地探索集体经济的发展之路。在改革开放政策的指引下，旧水坑村人迅速紧跟时代步伐，创造性地提出“借船出海”的理念，积极开展招商引资。所谓“借船出海”，即旧水坑村无偿提供厂房，负责发放工人工资和解决部分管理人员的住宿问题，吸引不远千里而来的外商，让他们带着资金、设备和技术，在旧水坑村“安家落户”；而旧水坑村就是借助外商这艘拥有先进设备和技术的“大船”，驶入商海。随着发展势头日益猛进，旧水坑村有了选择厂商的底气。为了长远的发展，旧水坑村选择清洁生产型、具有可持续发展特点的新型工业企业为合作对象，逐步聚集了数十家优秀的电子工业企业，使工业集聚效应凸显。

（三）维护民权，关注民生

1982年，旧水坑村确立并实施集体土地股份合作制，以股份的形式对土地所有权进行了确权，村民成为土地所有权的主体，拥有了基于土地开发的强大控制力，并以合法的“股权”获得“分红”利益。旧水坑村为此成立了股份合作公司，所有在籍村民皆为股东。在定期召开的股东大会中，村民参会率均超过90%。在籍村民利用股权参与企业发展项目的表决，掌握企业法人代表的任免权，决定村庄公共服务设施的选址、建设等。这一机制的形成意味着村集体和村民切实地掌握了旧水坑村的管理权。

在村集体经济获得了飞跃发展的基础上，旧水坑村还致力于社会民生建设，努力实现共同富裕，让改革开放的成果不但惠及本村村民，还惠及在当地务工的外来人员。

按照村里的规定，16岁以上的村民每月可领1230元的固定“工资”（即固定分红），16岁以下的也可领到1030元，这种福利连刚出生的婴儿也能享受。旧水坑村里组建了村级集体经济合作组织，全体在册村民都是股东。从1989年开始到2015年1月，分配给村民的股东分红已达61 380万元，现每人一年可分红15 000元。

旧水坑村的村容村貌和公共设施也随着村经济的发展而升级，用“五步一棵树，十步一公园”来形容该村的生态环境一点都不夸张。近年来，旧水坑村投资了1000多万元，在村内建起了多个公园。另外，投资225万元建成幼儿园，投资145万元建成敬老院，投资445万元建成村卫生院。旧水坑小学占地88亩，投资2800万元建成，教学环境媲美大中院校。投资2900万元建成的恒丰酒堂和裕丰酒堂，可以筵开338席，容纳4000多人同时就餐。村民逢结婚、满月等喜庆之日，均可免费使用。投资1000万元建成村民员工体能锻炼中心，中心有一个标准足球场，有一个约21 000平方米的观光湖，种植了14 300多棵树，还有诸多运动休闲设施。村民员工体能锻炼中心所在地原是一片叫南坑岗的荒山野岭，占地15万多平方米，本可以发展成工业用地，但村“两委”宁愿放弃可观的经济效益，也要从村民、员工的身体健康和环境保护的角度出发，把它建成供村民、员工运动、休憩、娱乐和游览的大公园。此外，旧水坑村还投入700多万元，自购10辆消防车，配备专职消防队员46人，还为外商建设了舒适的宿舍。

擦亮乡村金名片，花都皮革第一村
——花都区狮岭镇义山村

地处广州市花都区狮岭镇西南方的义山村，享有“花都皮革皮具业发源地”的盛名。改革开放40年来，义山村坚持率先发展、科学发展，努力实现农村工业化、城镇化和现代化，率先创立皮具皮革自主品牌，并将其发展壮大为著名商标。改革开放40年，义山村在产业升级、新农村建设等方面的工作具有一定的代表性，彰显广州改革开放时期花都农业农村的历史变迁和建设成就，具有独特的借鉴意义。

一、义山村概况

义山村位于广州市花都区狮岭镇西南部，是一个远郊村，面积为6.38平方公里。1987年3月成立义山村经济合作联社，下设11个生产队，生产队设“村民小组管理委员会”。截至2017年12月，义山村户籍人口4000人，外来人口8000多人。义山村是一个多姓（共12宗姓）村民共居的和谐大村。义山村农业生态资源丰富，农业种养面积3600多亩，山林面积3947

亩。皮具产业继续发展和壮大，义山村现已形成皮革、农业、旅游三大产业。2017年村集体收入144.4万元，居民生活质量不断提高，居民幸福感大大增强。

义山村于1670年建村，至今已有348年历史。在这漫长的历史演变中，义山村经历了艰难、开拓、曲折和前进。义山村有着光荣的历史，曾是中共地下党组织和游击队活动所在地，又是狮岭皮革皮具业的发祥地，为花都狮岭成为国际皮革皮具之都作出积极贡献。从1978年到2018年，在历届村“两委”的带领下，义山村人努力发扬“艰苦奋斗，团结归口，服务分配，实绩到位”的精神，走出一条以工业化致富农民、以城镇化发展农村、以产业化提升农业的义山村特色发展之路，为社会主义新农村建设作出了示范和表率。

二、义山村经济发展历程

（一）做大做强做精皮革产业

1. 崛起阶段（1978—1985年）：皮革业在这里创业成功

1979年，义山村二队队员从广州把皮革业引进义山村，做起皮革皮具加工生意，并在银信部门和大队干部的支持下，解决了资金和技术人员问题，健全供销、生产、质检、仓储等各项管理制度，成立公司并创立“环球牌”商标，生产皮袋。“环球牌”皮革制品销往全国各地，获得产销的成功。

1982年冬，实施土地承包到户，社员劳动积极性和效率极大提高，各生产队都有剩余劳动力加入皮袋加工业。随着体制改革，农业生产由集体经营转为家庭联产承包责任制后，皮革加工业也实行改革，由集体生产下放给个体户承包，这大大发挥社员积极性。到1983年，全大队的皮袋加工行业迅速发展，并带动全村其他十个生产队的皮革加工业发展，五金、商标印刷、包装、机修等行业应运而生，也推动了技术革新。“环球牌”产品每年实现产值40万～50万元，1985年义山村出现大批万元户。随着义山村皮革加工业的蓬勃发展，村民与时俱进，到广州桂花岗开辟营销市场，在狮岭军田铁路旁租房设商铺经营原材料销售。

2. 腾飞阶段（1985—2000年）：皮革业在这里辐射并蓬勃发展

1985年，义山村万元户开始扩建工厂，雇佣大量外来工发展皮革制品生产，义山村的皮革皮具加工业已辐射邻村、邻镇乃至外县、外省，产品销售冲出国门，销往亚洲各地，新推出的“长城牌”“上海牌”公文包，“深圳牌”猪笼袋、太阳帽等十多种产品销往香港、澳门以及东南亚地区，每年产值80万～100万元。1994年8月，义山村党支部和村委会提前换届选举。新班子上任后，大力支持发展个体企业和私人办厂。1995年2月28日，义山村委在广州北园召开“义山招商会”，前来参加的广州企业代表有100多人。

1995—2000年，义山村的皮革加工业发展到鼎盛时期，全村有262家私人作坊和工厂，按每户每年收入2万元计，全村皮革加工业收入524万元，产品销往东南亚、欧洲、南美洲等地。

3. 淘金阶段（2000—2017年）：皮革业转型升级

2000年开始，义山村的皮革制品销售竞争越趋激烈，生产受到冲击。大浪淘沙，原有的60家皮具生产大户逐步转型转行，经营皮革原材料、五金销售，但同时仍有部分生产商逆风壮大，发展成有规模的皮革制品厂，如锦圣伦皮具厂、飞龙皮具公司等。产品注册商标有凤雀牌、星龙牌，从业人员400多人，每年产值2500万元，产品销往全国各地和印度尼西亚、越南、非洲、欧洲等国家或地区。2004年，村划出60亩土地建立工业园，建筑面积达20 000平方米。2006年工业园建成后，皮具个体户、企业增加了20家，从业人员1700多人，比1985年增加1倍多，年收入3000万元，比1985年增加10倍。据统计，2014年义山村有大型皮革企业30多家，在军田皮革市场、雄狮路皮革街、狮岭皮革城、广州桂花岗专业交易市场经营的皮袋、皮革商户170多家。

2010—2017年，在皮具产业继续发展和壮大的同时，义山

村人也意识到现代农业、皮革业、乡村旅游等第一、第二、第三产业综合发展，才能实现可持续发展。于是义山村部分村民转型专做皮革业商务工作，在狮岭皮革城购有35间铺位出售皮革、人造革、尼龙带、平台车等商品和生产工具，年收入3亿；同时引进种植樱花，建设一条樱花路，全程1.5公里，每年樱花盛开时吸引众多外地游客到义山村游玩参观；另外还建设有义山公园，是广州最大的村级公园，供村民和游客游览；还引进千亩鳗鱼养殖场（台资企业），既产生效益又带动村民发展水产养殖业，实现农村第一、第二、第三产业融合发展。

（二）建立健全农村经济体制

1. 联产承包阶段（1978—1985年）

1978年底，第七生产队实行联产承包到户，这一改革大大提高社员的生产积极性，使农业生产效率大幅度提升。1979年冬，义山大队所有生产队都学习第七生产队，联产承包到户；1980年，义山大队逐步实行各种形式的农业生产责任制。水稻单造每亩由150千克提高到225千克，全年每亩增加100～120千克，改变了以往年年吃返销粮的状况。1983年初，义山大队在体制改革的大势推动下，全大队评产分田到户。1985年冬，分田承包到户有所调整，各生产队按总面积提留15%作为集体经济田，其收入用于清理水圳、抽水灌田、支付生产队队长工资等。1985年开始，生产队与各农户签15年的承包合同，并发放承包土地使用证，有效期至2000年12月底，旱地可延长20年至30年不等。义山大队的集体企业转为个人投标承包，大队只收承包款，每年年终按合同缴清款项，合同至2000年期满，集体企业解体。

2. 股份制阶段（1985—2010年）

从1985年实行联产承包至2000年的合同期满后，2001年，义山村把所有土地收归集体经营和流转、出租。各生产队成立经济社，实施股份制，全村11个生产队改制为11个经济社。经济社每年按户籍人口（以户口入籍为准）平均分红，到2006年为止。

2007年起，年终分红有所变动，一共分为6个档次：1～49岁分1股，每股按人口平均分红；50～60岁分2股，每人加100元；61～69岁分3股，每人加200元；70～79岁分4股，每人加300元；80～89岁分5股，每人加400元；90岁以上分6股，每人加500元。以后分红逐年增加。

2010年，义山村集体山林有4900亩，村划出4040亩山林，按总股份4533股分红，其中集体占1365股，村民每人1股共3168股（村民按2010年户籍人口计）。2011年按收入每股分红35元。

三、主要成就

改革开放40年来，义山村坚持率先发展、科学发展，努力实现农村工业化、城镇化和现代化，现拥有龙头农业养殖基地、工业企业（以小作坊为主）400多家，年旅游人次超过10万人次。全村985户家家住上了建筑面积100平方米以上的多层小楼房。全村实行农村养老、医疗保障和免费义务教育等制度和措施。改革开放40年，义山村先后获得“广州市文明示范村”“广州市美丽乡村”“狮岭皮革皮具产业创新发展特别贡献奖”等荣誉称号和奖项。

（一）经济建设成就

义山村的经济产业主要以农业、工业加工为主，主要从事种植业、养殖业，皮具、五金和织造加工。义山村坚持以经济建设为中心，以实现村民增收为目标，抓住美丽乡村建设的有利契机，努力打造义山村宜居宜商的优良环境，大力促进村经济又好又快地发展。2017年村集体收入144.4万元，社集体收入378.95万元，同比增长40%。

党的十二大后，义山大队的经济体制改革迅速在各生产队展开。1988年后取得显著成果，突出表现在如下三点：

1. 坚持以公有制为主体，发展多种经济成分

集体、个人、私营经济以及“三资”企业（即在中国境内设立的中外合资经营企业、中外合作经营企业、外商独资经营企业三类外商投资企业）有了很大发展。1985—1988年，全村柑橙种植面积600亩，淡水鱼养殖面积400亩，由外地人承包的猪场2家，编织袋加工企业有21家，全大队有个体手袋小作坊、五金配件商、小商店等共400家（户）。每年总产增值占比由15%提高到20%。

2. 引进外资，发展私人企业

1992年，邓小平视察南方并发表重要谈话后，义山村的思路是引进外资，发展私营企业。之后陆续引进了丰美织造、台湾某个体电子厂、广州大隆公司养殖场、广州芳村4家花卉场、2家无公害蔬菜场等多家企业。

3. 改革小户型作坊

1980—2000年，义山村集体经济和个体经济持续发展，由原来的家庭式小作坊转为大投入的经营方式。如长城织造厂初办时只有3台织带机、共8个工人，后来发展到厂房2300平方米，织带机300台，工人400人；又如“环球牌”皮具厂，原先只有6台旧式脚踏缝纫机，工人8人，后来发展到厂房1000平方米，先进生产工具平台车80台，高台车10台，工人220人，实现生产、销售“一条龙”。

2004年，义山村在各级政府和国土局的支持下，划出50亩工业园区用地，园区内有织造厂、皮具厂、五金配件厂，都是大型个体企业或“三资”企业。

义山村2014—2016年产业发展情况表

年份	种植业收入/万元	林业收入/万元	牧业收入/万元	渔业收入/万元	工业收入/万元	建筑业收入/万元	运输业收入/万元	餐饮业收入/万元
2014	5210	1249	2000	5000	77 500	5860	6300	670
2015	5700	1549	3500	5800	80 000	6300	7300	720
2016	7200	3049	5000	7300	81 500	7800	8800	9055

（二）社会建设成就

1. 美丽乡村基本建成

义山村从建村到2018年，村中的公共设施不断发展变化。尤其是我国实行改革开放后，随着经济发展，义山村实施美丽乡村建设，村内市政设施和村容村貌改变更大。昔日的乡间小道，已改建成能通汽车的宽敞水泥硬底公路。木桥、石板桥、拱桥已改建成坚固的钢筋混凝土桥梁。原高低不平、生活污水横流、泥泞的巷道已全部改为水泥路面、水泥渠道，美观又清洁卫生。村中的交通、水电、通信、医疗等设施也日益完善。

2012年义山村被纳入区级美丽乡村建设试点村之一，2014年被纳入市级美丽乡村建设试点村之一。义山村自成为区、市级美丽乡村建设试点村以来，重点围绕建设现代化美丽乡村的总体要求，编制了美丽乡村建设实施计划，创新思路，多渠道筹资，全力推进基层组织建设和村庄环境综合整治，完善基础设施和公共服务设施，开展绿化美化环境建设，重点培植特色生态农业，挖掘皮革皮具产业文化内涵，发展特色乡村休闲旅游，促进农民增收，增强村民幸福感，将义山村建设成为村容美、生活美、乡风美、特色生态美的新农村。

一是建造一个占地238亩的村级公园——义山公园。该公园于2016年被纳入区级森林公园管理。园内建有总长2500米的步行绿道，绿化面积200亩。文体广场面积4000平方米，配套有篮球场、羽毛球场等体育健身

设施。

二是改造村道绿化。义山大道是出入义山村的主干道，长1.3公里。义山村对该村道中间及两旁进行绿化升级改造，建总长2500米的主干道绿化带，致力将之打造成错落有致、色彩斑斓、层次鲜明的村道。

三是完善公共服务设施。优化综合服务中心功能，实现维护稳定、健康、计划生育、文化一站式服务，提升文化室功能和公共管理服务水平。

四是完善生活垃圾收运处置体系。新建8个垃圾中转站，开展6个改厕工程，实现村内主道、巷道和居民屋前屋后无暴露垃圾和积存垃圾，村庄保洁常态化。

五是完成全村的村道、巷道硬底化总长8000米，提升村庄整洁水平。

六是兴建狮岭皮革皮具起源博物馆，以弘扬创业精神，彰显皮革皮具产业的文化魅力。

七是完成中共杨义山支部旧址景观改造工程。对中共杨义山支部旧址（钟氏祠堂）门前池塘进行石基砌筑、塘基绿化，开设休闲路径，增设休闲椅和路灯，提升整体景观。

八是完成污水处理项目，污水管网覆盖全村各家各户。

九是完成泥砖房和危破房改造。2014—2016年义山村共改造泥砖房和危破房70座，为村民争取改造资金合计200多万元，切实解决村民住房困难。

2. 村民生活明显改善

（1）村道。1978年前，义山村民到田间劳作，走的都是窄小弯曲，高低不平，两边长满绊手绊脚的杂草，宽不足一米的小道。稍不留神，人畜都会滑下路基。1994年8月，村新领导班子上任，充分意识到“路通财通”的道理，随即召开村民代表和私企业主会议，商议扩修从冯村中学（与杨赤线交接口）至第二经济社楼的双向车道公路，得到与会者赞助。同年10月，再次召开村民代表和私企业主会议，筹集资金30万元。同月，狮岭镇政府帮助义山村，西头村、中心村转让土地，解决筑路所需用地不足的问题。1995年4月，扩宽路基后，动工铺水泥。全长900米，宽14米（道中宽2米，为花基及安装路灯处）。因场地所限，其中有70米路段为14米宽，200米路段为6米宽。6月，路面水泥铺设完工后验收通过。7月1日，新华至义山的公交车通车。此路段是出入义山村的主干道，被称为“义山大道”。

2014年，义山大道花基上的路灯和流溪河边村道上的路灯已换上省电、光亮度高的LED（发光二极管）灯。每当夜幕降临，路灯开启，照亮夜空和大地，给行人和车辆带来光明和安全感。

（2）房屋。20世纪80年代起，逐渐有村民拆除和改建旧屋或危房，多为一层至二层半。

20世纪90年代初，部分村民按狮岭镇城

市建设管理办公室的规划，在狮岭圩买地建楼房，多数建4层至6层，楼下做商铺或工场，2楼以上为村民自住房或出租房。90年代后期，随着义山大道的扩建和修缮，不同经济社的村民在村道两旁购地建5～6层的楼房，在下井村道东面的工业区建厂房。

2000—2009年，村民主要在规划用地上建楼房，也有在自己的宅基地上建楼房，低层的多数为商铺或工场，各楼层设有卫生间。

2012年，义山村被定为花都区美丽乡村建设试点村，正式实施美丽乡村建设规划，放宽旧房改造政策，优先“拆旧建新”。对拆除旧房建新房的村民，政府还给予一定的经济补贴。义山村因此迎来建楼房的热潮。这时期兴建的楼房相当讲究布局规划和质量。大部分采用条形基础，部分高楼层的房子地基通常挖有1米多深，全部铺上钢筋混凝土，称为“满堂红”。

随着改革开放不断深化，义山村经济迅速发展，外来人口急剧增加。至2013年，全村的外来人口有6000多人。很多村民把原来的一层平房改建为多层的楼房，出租多余的房屋，既满足了外来人员的居住需求，也增加了房主的经济收入。至2017年，村民的生活水平提高较快，全部村民已把原住的泥砖瓦房改建成新楼房，居住条件大为改善。

（三）文化建设成就

20世纪90年代，卡拉OK兴起，义山村人（尤其年轻人）喜欢唱卡拉OK和跳舞。个别家庭购置卡拉OK影音设备，一家人一起唱卡拉OK。2000年后，老年人较注重保健，除了爬山和打太极外，爱上了跳健身舞。村委会妇女主任组织爱好者，开展现代舞和广场舞的学习和训练，参加区、镇的比赛时获得好评和奖项。2012年，义山村在狮岭镇第三届群体活动暨“华盛皮革杯”广场舞大赛决赛中获二等奖。义山公园建成

后，村民和外来工在休闲时，除了游览公园，还经常在公园的广场上跳舞，在园内的球场打篮球、羽毛球，在园内健身设备上锻炼。2009年，义山村文化综合服务中心建成，有文化室、老人活动室、图书室、卫生站等配套设施，三楼为狮岭皮革皮具起源博物馆，展馆内陈列各时期生产皮革、皮具的设备和成品样式，详细介绍义山村皮革产业从创办到兴起，再到带动全狮岭镇皮革产业的发展，使狮岭镇成为国际皮革皮具之都的历程。

四、基本经验

改革开放40年以来，义山村形成了自己的发展特色，经济社会发展的基本经验有以下几个方面：

一是始终高扬率先发展、科学发展的大旗。在党、政府、村“两委”的带领下，义山村人始终坚持发展这个第一要务，做到困难面前，迎难而上；顺境面前，顺势而上；机遇面前，大干快上。尤其是近几年来，义山村以科学发展观为指导，坚持率先发展、科学发展、和谐发展，走出了一条第一、第二、第三产业协调发展，多种所有制共同发展，经济社会可持续发展的新路子，使义山村不但经济强，而且村民生活富、村庄环境美。义山村经验，就是要牢固树立和落实科学发展观，始终致力于率先发展、科学发展、和谐发展。

二是始终保持解放思想、开拓创新的锐气。义山村人始终坚持解放思想、实事求是、与时俱进，将贯彻党的路线方针政策与因地制宜发展义山村高度统一，表现出敢为人先、敢于超越的创新胆识。依靠创新，义山村积极发展合资、合作、股份制和私营经济，走出了一条以集体经济为主，多种经济成分并存的多元化、混合型经济发展新路子；依靠创新，义山村率先创立皮具皮革自主品牌，并使之发展壮大，成为著名商标；依靠创新，义山村积极推行企业合作制、厂长负责制、经理监管制、工代议事制，获得了源源不断的发展动力和活力。义山村经验，就是要始终保持与时俱进的思想活力和实事求是的科学态度，走别人没有走过的路，创前人没有创过的业。

三是始终树立自强不息、勇攀新高的志向。自强不息、勇攀新高，是一种志向，是一股锐气，更是一种奋勇争先、敢于超越的境界。义山村从一个贫穷落后的小村，发展成广州地区皮革皮具产业的发源地、带头者，同时也是美丽乡村，靠的就是锐意进取、追求卓越的远大志向。面对改革开放40年取得的成就，义山村人没有停步，而是冲破瓶颈，继续发展，开始了产业发展转型升级，汰劣留良，同时把资金投放在村里的基础设施建设，更加注重新农村建设、人居环境整治。义山村经验，就是从一味追求产业的最大经济利益转变成为村民创造最完善最美丽的居住环境，既造福了村民，又实现了带动乡村旅游业，增加第三产业利润的良好循环。

四是始终牢记以人为本、共同富裕的宗旨。“有福民享，共同富裕”是义山村历届领导班子成员的行为准则。义山村历届领导班子成员始终把服务群众、造福百姓作为自己毕生的追求，倾心尽力为群众办好事、谋利益。义山村经验，就是要坚持以人为本、富民优先，善于凝聚人心，集聚民智，促进民富，为加快发展、率先发展营造强大合力。

五、未来设想

从放开手、大胆干开始，义山村就从没有停止追求的脚步，从最开始专注于皮革皮具等产业利润最大化，到现在注重民生的改善和基础设施的建设，修路、建桥梁、改巷道，极大地方便了居民的出行。拆旧屋、建楼房、设供水站、接入国家电网、引进煤气，以及邮政和通信快速发展、电视和电脑的普及、交通工具的更新换代，直接改善了居民的生活，加强了居民的幸福感。环境整治和保护等项目为居民提供了良好的生活环境。

未来的义山村将继续走中国特色社会主义道路，坚持党的领导，结合居民的实际情况，解决居民最迫切的问题，满足最广大人民的需求。义山村将在十九大报告提出的乡村振兴战略的引领下，继续奋发前进，实现产业兴旺、生态宜居、乡风文明、治理有效、生活富裕的目标：一是建立健全城乡融合发展体制机制和政策体系，加快推进农业农村现代化，发展现代农业，引进大型专业化、产业化龙头企业；二是构建现代农业产业体系、生产体系、经营体系，完善农业支持保护制度，发展多种形式适度规模经营，培育新型农业经营主体，健全农业社会化服务体系，实现小农户和现代农业发展有机衔接；三是经济结构转型，促进农村第一、第二、第三产业融合发展，支持和鼓励农民就业创业，拓宽增收渠道，带动村工业、农业发展；四是继续建设美丽乡村，搞好新农村建设，以此发展第三产业，带动休闲观光农业，以花会友、以景会友，走可持续发展的道路；五是加强义山村基层基础工作，健全自治、法治、德治相结合的乡村治理体系。

集体经济旺起来，乡村振兴活起来

——增城区仙村镇西南村

西南村位于广州市增城区南部、仙村镇西南部，荔新公路从村域北部经过，南临广园快速路，交通便利，区位条件比较优越。西南村现有面积2.06平方公里，辖5个农民专业合作社（简称“合作社”），户籍人口1400多人，其中党员32人。主要发展农业和工业。2017年村集体收入1413万元，村民人均分红7300元。

西南村因地制宜，以旧村改造为载体，规划建设新村、整治旧村，深入推进新农村建设和美丽乡村建设。西南村像一颗美丽的翡翠，镶嵌在南国荔乡广州增城。

一、村集体经济的发展历程

“阡陌交通，鸡犬相闻”，陶渊明笔下的世外桃源在西南村似乎可以找到对应的景象。经过20多年的发展，西南村已成为增城新农村建设的一张靓丽名片，展示着增城新农村建设的风采。清澈的池塘倒映着婆娑的树影，精巧的农舍点缀着葱茏的田野，欢乐的笑声回荡在宁静的村落……好一幅美丽和谐的画卷。很难想象20多年前，这里是个著名的“脏乱差”村，村集体年收入不到5万元。一个集体经济薄弱的破旧村子，是怎样实现华丽蜕变的呢?

（一）集体经济规划发展期：1995—1999年

1995年，按上级要求，西南自然村从沙头村划分出来，成立西南行政村。成立之初，西南村村容村貌破旧，猪栏、牛栏、旱厕、柴房遍地，小水泥厂随处乱建，环境污染相当严重。只消一顿饭的时间，桌上的灰尘就厚得可用手指写出清晰的文字；村集体年收入不足5万元，连村“两委”干部的工资都不能正常发放，村民生活水平比较低。面对当时的现状，村“两委”班子没有气馁，想方设法壮大集体经济，带动农民脱贫致富。村“两委”干部反复开会研究，顶着寒风酷暑实地考察，最终确定了“以工促农、工业反哺农业”的工作思路，并先后修订了全村土地利用和建设规划方案，明确了居住区、工业区和农业种养区三大功能区，制订了西南村工业园区土地发展规划实施方案。三大功能区的划定，形成了良好的村庄布局，为促进村庄经济社会全面协调可持续发展打下了良好基础。

（二）集体经济稳步发展期：2000年至今

1999年启动的西南村工业园区项目，2000年正式投入运作，标志着集体经济步入稳步发展期。经过村“两委”的带领和努力，2010年5月，西南村实行了村级集体经济组织股份制，切实解决了分红中的难点问题，这一事件成为村经济发展的里程碑。

二、村集体主要成就

经过多年来的发展，西南村按照“规划先行、分步实施、重点突破、稳步推进”的工作思路，全面推进社会主义新农村建设和美丽乡村建设，取得了可喜的成果，使广大群众真正得到了实惠。村“两委”的工作让群众满意，得到更广泛的拥护。因此，西南村收获了许多荣誉，先后荣获“增城市（即现增城区）美丽乡村建设示范村”、“广州市文明示范村”、“广东省卫生村”、“广东省文明村镇”、“广东省宜居示范村庄”、广东省“民主法治村（社区）”、全国“绿色小康村”、

“全国民主法治示范村（社区）”、“全国妇联基层组织建设示范村（社区）”、“全国文明村镇”等称号。

（一）集体经济发展，村民收入增加

西南村通过出租土地、建设厂房出租等获得经济收益，在支付各项经营费用后，其余可支配的租金盈余则用于向村民发放股份分红，壮大了集体经济，在保障村集体经济收入的同时，也为村民提供了就业岗位，促进了村民增收。村里设立了相关专业合作社，引导村民连片种植优质应季蔬菜等特色作物，引导村民进行科学养殖，促进增产增收。西南村工业园区吸引20多家投资落户企业不断发展壮大，不仅解决了就业问题，还增加了村民的收入。到2017年为止，村集体年收入比成立村委会当年增长数百倍，村民每年都能从村里获得稳定的集体分红，而且村民的集体分红呈现逐年增长的态势，西南村成为当地的富裕村。

（二）配套逐步改善，环境宜居

在新农村建设过程中，聘请华南理工大学建筑设计研究院对居住区进行整治和建设规划，以旧村改造为载体，规划建设新村、整治旧村，大力实施绿化、美化、亮化工程。全村居住区道路、园林绿化生活空间达到82 000多平方米，村庄绿化覆盖率超过50%，自来水普及率达100%。同时紧密结合文明示范村创建活动，先后修建了绿化公园、景观鱼塘、灯光篮球场、水泥村道、停车场、蔬菜批发市场、农民公寓等设施，全方位营造宜居环境。此外，村里还建成了村级生活污水净化处理站和雨污分流管网，生活污水和雨水实现分流。该污水净化处理设施的建成和运作保护和改善了当地生态环境，提高了村民的生活质量，促进了农村经济与环境建设的和谐发展。

三、基本经验

（一）依靠工业发展的辐射作用，科学规划西南村发展之路

为了更好地利用土地资源，西南村贯彻“以工促农、工业反哺农业”的发展思路，结合广深铁路由西向东在西南村中部穿过的客观情况，把铁路以北的土地（主要为山地、园地）定位划分为工业区，把铁路以南的土地（主要为水田、旱地）定位划分为农业种养区和居住区，三大功能区互相促进、协调发展。在工业区采取“统一规划、集中开发”的模式，先后引进了电子、家私、印刷、模具、制衣等企业20多家；在农业种养区做好耕作道路和水利设施的建设，引导农民发展种植业和养殖业；对居住区进行全面整治和建设规划。与此同时，对具体实施方案作出原则规定，例如修旧如旧、保持自然生态、保持岭南特色的原则，因地制宜、不大拆大建的原则，不急于求成、量力而行、分步实施的原则，住房统一层高和统一外墙装饰的原则，等等。

（二）土地统一由村集体管理和开发，使土地实现更大效益

为了整合利用各合作社的土地，便于土地的整体规划和开发使用，提高土地利用效率，避免各社只顾自身利益各自为政、甚至出现恶性竞争的局面，针对发展观念落后的问题，于1998年制订了《关于西南村工业园区土地发展规划的实施方案》，各合作社的土地交由村统筹开发经

营，实行统一规划办证、统一开发建设、统一招商引资。为改善投资环境，先后拆除小水泥厂23家，腾出土地。

西南村工业园区经过规划、动迁、“三通一平”（通水、通电、通路和场地平整）、招商引资等阶段的艰苦工作，如今，区内各项设施正逐步得到完善，企业集聚效应初步显现，电子、家具、彩印、模具、纸品包装、制衣等投资落户企业发展势头愈来愈好。土地的统一开发利用，在保障各合作社和群众利益的前提下，又极大地壮大了村集体经济，使西南村土地实现了更大效益。

（三）发展特色农业，抓好创业就业，促进村民增收

发展特色农业，增加村民经营性收入。按照适应社会主义市场经济的发展思路，引导农民及时调整种植方向，大力种植优质应季蔬菜，并实行精细化耕作，有效增加了农民收入。建有村级蔬菜批发市场1个，在提供农产品销售平台的同时，为加强村民的商品经济意识创建了载体。同时，村里专门成立了蔬菜专业合作社，该合作社围绕服务“三农”、为社员和周边农户提供产前、产中、产后服务，引导社员和周边农户科学种植、规范管理，提高种植产品的品质，增加村民经济收入。

抓好创业就业，增加村民的工资性收入和财产性收入。针对农业用地不足造成富余劳动力增多的现状，村“两委”提出了50岁以下具有劳动能力的村民外出务工或自行创业的思路，组织青壮年村民参加区、镇的免费职业培训，提高他们的劳动技能，加大推荐村民到

村工业园区进厂就业的工作力度，引导村民外出务工或自主创业，使村民的工资性收入和财产性收入大幅提升。

（四）注重营造宜居环境，一手抓整治，一手抓建设

一手抓整治。为了改善和提升村庄的环境面貌，西南村多年来采取“集体和农户各出一点”的办法筹集整治资金，先后三次进行大规模整治，重点拆除牛栏、猪舍、柴房、旱厕、塘厕以及其他不符合村庄规划的建筑，拆除面积12 000多平方米。在整治过程中，因大量的“拆”涉及“迁”的问题，村民的思想观念和生活习性一时转变不过来，对整治成功持怀疑态度，部分村民以拆迁补贴价格偏低为由不予配合。对此，一方面村“两委”大力宣传，另一方面村干部和党员以身作则发挥模范作用。在涉及切身利益的情况下，党员干部带头拆除自家应拆迁的建筑

来建设绿化公园或整治环境，让普通群众看到了实实在在的整治效果，从而消除了疑虑。这种以点带面和示范带动的措施，使整个旧村整治工作得以顺利推进。

为了提高群众卫生水平，同时考虑到拆除旱厕、塘厕后解决群众上厕所的问题，对旧村原来未建、后已新建无害化卫生厕所的住户，经村验收合格后给予每户补助1000元。这一措施极大提高了无害化卫生厕所的普及率，使之超过99%，群众卫生水平大大提高。同时，把禽畜统一迁移到圈养区，彻底消灭人与禽畜混合居住的现象；全村下水道实施密闭式改造，下水道管网覆盖率达98%，下水道进水口采用U形管无臭设计，有效防止了蚊虫滋生，十分卫生、实用。

一手抓建设。结合村庄规划和新农村建设要求，按照示范村“八通十有”（“八通”指通电、通水、通路、通电话/通手机、通有线电视、通硬底化封闭排污渠、通公共汽车、通互联网；“十有”指有无害化卫生厕所、有集中牲畜饲养栏、有室外垃圾屋、有清洁自来水、有硬底化路到户、有文化宣传栏、有读书阅览室、有文娱体育场地、有绿化小公园、有新村建设规划）的标准和“分步推进”的原则进行深入改造，先后完成了鱼塘岸线石堤新砌工程和鱼塘全面清淤工程、建筑立面装修改造和古旧建筑的维护修复工程。何氏宗祠、象震祠、西园祠、应忠祠、石泉祠、粤心祠、节孝祠、包公庙等一批古旧建筑得到有效保护，并被用作村委会、议事厅、卫生站、阅览室、展览室、曲艺社等公共事务场地，得到充分利用。村内修建了硬底化村道、小公园、

停车场、灯光球场，安装了路灯，并对一批古树进行重点保护。同时改造了自来水管网，建造了垃圾转运站，公共配套设施全面优化。

（五）强化基层治理，提供四项保障，创建文明新农村

一是加强班子建设，为经济发展提供组织保障。西南村的“两委”班子，是团结、务实、廉洁、战斗力强的班子。村“两委”干部和其他党员处处以身作则，起模范带头作用，严于律己，齐心协力为群众办事。

二是加强制度建设，为民主管理提供机制保障。建立健全了村务公开、民主管理和村民议事等一系列制度，完善了各种村规民约。建成村民议事厅，推广“一事一议”，村集体的事情大家参与，共同商讨，共同决策，减少分歧和误解，使得农村治理更加高效，更好地维护村民权益。制订了《卫生基础设施建设规划》和环卫管理制度，使全村保洁覆盖率达100%，垃圾无害化处理达100%。同时抓好治安管理，建立治保队，实行居住区夜间封闭式管理和全村夜间巡逻，并建立了村口岗亭管理、车辆出入登记管理、外来人口服务管理等制度。充分发挥村民调解委员会的作用，化解村民矛盾、调解邻里纠纷，确保了全村和谐稳定，未发生一例集体越级上访事件、群体治安事件和重大犯罪案件。

三是加强福利建设，为民生福祉提供基本保障。在农村居民最低生活保障（简称“农村低保”）、农村五保［即保吃、保穿、保住、保医、保葬（或孤儿保教）］供养、农村医疗救助和农村社会养老保险等各项保障上做到应保尽保的同时，每年村里还由集体出资为全体村民购买城乡居民基本医疗保险（简称“城乡居民医保”）。现时西南村实行股份制分红，60周岁以上的老人比18～59周岁的成年人及未成年人分别多1股、2股，股数越多分红就越多，充分体现了西南村对老人老年生活的重视和关怀。另外，西南村还创建了一套完整的奖学激励机制。对所

有刻苦学习、成绩优秀的学生，从小学到大学，一律给予奖励，村里每年举行一次优秀学生表彰大会。奖学制度的持续实施，使全村学生发奋读书蔚然成风，每年考上大学的学生均能保持一定的人数，为推动西南村的文化建设打下了坚实的基础。

四是加强文体建设，为纯洁民风提供公共保障。一方面，建立文化设施。除了建设公园、灯光球场，增加健身设备外，还建有农家书屋、绿色网园、文化室、展览厅、老人娱乐中心、广播站、室外露天大电视等公共文化设施，图书、报刊、远程教育资料齐全，为村民文化娱乐和创业就业全面提供服务。卫生站、社区服务中心等设施，为本村村民和外来务工人员提供综合服务。另一方面，组建队伍，成立曲艺社、舞蹈队、篮球队、乒乓球队等文体组织，持续开展篮球、乒乓球、广场舞、文艺晚会和电影下乡等文体活动，村民生活文化元素普遍增多，幸福指数普遍提升。

四、未来发展设想

当前，围绕“产业兴旺、生态宜居、乡风文明、治理有效、生活富裕”的总目标，西南村正大力实施乡村振兴战略，结合广州市新农村建设发展总体部署和本村实际情况，统筹整合各类资源要素，改善农村环境，发展特色农业，促进第一、第二、第三产业融合，加快推进农业农村现代化。

（一）围绕开发区仙村园区建设发展，整合盘活西南村工业园区土地，推动工商业发展

坚持以产业兴旺为乡村振兴的首要任务，围绕促进农村产业发展，

灵活整合土地资源，促进土地集约节约利用。目前，加快对条件成熟的西南村剩余可开发的连片土地的高效利用，积极推动西南村工业园区转型升级，适度给予政策倾斜，推进大型优质投资项目落户，发展壮大集体经济，促进农民增收，争取三年内将村民年人均分红提高到2万～4万元，村民年人均收入提高到5万～7万元。

（二）做精做优现代农业，促进农业丰收、农民致富

通过加大农业水利建设力度、积极发展农产品精深加工、提高农产品知名度和附加值，打造农产品特色品牌，扶持特色农业生产基地适度规模经营，促进农业品牌化发展，提升农业产业化经营水平。积极引导村民走向规模化、专业化的农业生产，大力发展观光农业和都市农业，实现特色集约化经营。

（三）全面推动村内基础设施升级改造，建设绿色生态宜居村庄

突出人居环境整治，坚持全域规划、全域整治、全域美化、全面提升，高标准、高质量推进乡村人居环境综合整治。西南村在多年前率先开展新农村建设，村内很多基础设施已经显得陈旧和落后，不适应当前的社会发展需要。要全面开展对水、电、路、桥、渠、管线等基础设施的查漏补缺、升级改造，完善运行维护机制。

农业产业集约化，助力脱贫致富

——增城区小楼镇西境村

西境村位于广州市增城区小楼镇中部，地处小楼人家农民集约创业农业园核心区，现有总面积3.7平方公里，辖1个自然村，由5个经济合作社452户组成，总人口1946人，耕地面积1618亩，鱼塘720亩。主要产业为现代都市农业，盛产黑皮冬瓜、迟菜心、马铃薯等经济作物，是远近闻名的“冬瓜村”“菜心村”。2017年，该村集体收入约为138万元，农业总收入约为70万元，农民人均收入约为12 000元。

改革开放40年来，西境村在上级党委、政府的正确

领导和历届村级班子的坚强带领下，不断探索农业发展新模式，开辟增收致富新路径，由昔日贫穷落后的传统种养殖业小山村逐步演变成今日“走在前列”的现代都市农业示范村。走过了从“寻求温饱”到“带头致富”的艰难历程。

一、发展历程

高大雄伟的牌坊、干净整洁的村道、整齐划一的楼房、连片肥沃的农田、皮黑肉嫩的冬瓜、美味清甜的菜心……这是许多人对西境村的第一印象。但是，却很少有人知道，20世纪60年代末70年代初的西境村还只是一个贫穷落后的小山村。当时村里的交通十分闭塞，连一条稍微平坦宽敞的道路都没有。村里家家户户都很穷，平均每人每天收入不到三毛钱，连温饱都成问题，自行车、拖拉机等交通工具对于村民而言更是遥不可及的奢侈品。村民出行全靠步行，偶尔有多余的农副产品要拿到集市上卖，也只能靠一副挑子。据村里上了年纪的村民回忆，当时西境村到处脏乱差，村里人穿的是麻布，吃的是粗粮，睡的是硬板床，住的是泥砖房。在这样一个衣、食、住、行都极其落后的年代，留在老一辈人记忆里的就只剩一个“苦”字。

（一）经济发展起步阶段：20世纪80年代至21世纪初

二十世纪八九十年代，随着改革开放的不断深入和土地承包到户政策的广泛实施，西境村各家各户分到了土地，农民有了更多的自主权，可以自由耕种经营，积极性大大提高。同时，社会主义市场经济的不断发展也吸引着农民的目光。农民通过观察市场需求，有选择地种植农作物，并不断改良品种，农作物产量得以稳步提升，销量一年胜过一年，农民的收入较改革开放前也翻了好几番。农民口袋有了更多的钱，温饱问题逐步得到了解决，于是一批头脑灵活、思想前卫、敢闯敢拼的年轻人开始放下锄头，走出田间地头到增城城区乃至北京、上海、广州经商，从事加工业、服务业等，其中最有名、最多人从事的是汽配业。经过几年的发展，最早进城经商的一批人生意越做越大，实力越来越雄厚，还牵头成立了增城汽配行业协会。于是一批又一批的西境村民到城里打拼，村民的就业问题由此得到了解决。当然，西境村也有一批有志之士自愿扎根基层、服务群众，并在推动农村发展、农业增效、农民增收的舞台上实现了自己的理想和抱负。

（二）都市农业创新与快速发展阶段：21世纪初至今

21世纪初，现代都市农业和生态旅游业成为推动乡村发展的主流产业，也成为小楼镇乃至增城北部经济发展的两大支撑产业。西境村“两委”干部从中得到了启发，逐步带领村民走上了农业集约化、规模化、专业化的路子。2003年，西境村确立了“冬瓜立村”“菜心兴村”的发展思路，成立了冬瓜菜心行业协会，鼓励和指导农民种植黑皮冬瓜和增城迟菜心，协会会员达到168人，西境村逐步由传统农业村变为远近闻名的冬瓜和菜心品牌村，以开展“一强双带”（即强班子、带头致富、带领致富）活动为重点，把发展现代农业作为提高农业集约化水平、改善人居环境和让农民得到实惠的突破口，努力探索都市型农业现代化新路子。2010年前后，西境村的黑皮冬瓜种植陷入瓶颈。由于土地肥力下降，冬瓜开始大幅度减产。经过与农业专家的交流探讨，村民再次改进技术，引进了一批荷兰马铃薯，实行轮耕，改善土壤质量和综合生产能力。2011年，小楼镇正式启动了“增城市北部山区推广扶贫冬种马铃薯”项目，推动马铃薯种植向规模化和专业化方向发展。同年，成立广

州增城绿篮子蔬菜专业合作社，积极探索“合作社+农户”模式。2012年，小楼镇创建了小楼人家农民集约创业农业园，占地面积48.4平方公里，包括西境村、东境村、腊圃村等12个行政村，依托黑皮冬瓜、迟菜心、马铃薯、番薯、淮山等优势农产品大力推广“公司+基地+农户”和“合作社+基地+农户”的发展模式。西境村主动对接小楼镇党委、政府的发展部署，结合本村实际，通过“支部+基地+协会+农民”的模式，大力发展现代都市农业。在小楼镇党委、政府的大力支持下，西境村及周边连片3200亩农田全部实现标准化、规模化、专业化种植，黑皮冬瓜、迟菜心、马铃薯三大品种三茬轮作种植模式也逐步得到优化。西境村的冬瓜种植还辐射到附近的腊圃村、东境村、庙潭村，以及正果镇、派潭镇的部分村。

近年来，凭借着乡村旅游的热潮和社会主义新农村建设的有利时机，西境村大力推进美丽乡村建设，打造了后龙山森林公园、百年老街等特色景点，在发展现代都市农业的同时，着力发展生态旅游，把农产品超市开在家门口，产业再次实现转型升级，“冬瓜村”“菜心村”“旅游村”齐头并进，大大提升了产业附加值，为小楼镇推动生态旅游和现代都市农业融合发展作出了贡献。

二、主要成就

“小楼小楼，家家户户建小楼”，小楼人民心中美好的愿景在西境村得到了充分的体现。通过改革开发40年的发展，西境村在经济、社会等方方面面均发生了天翻地覆的变化，昔日贫穷落后的小山村早已不见踪影，“走在前列”的现代都市农业示范村当之无愧。

（一）村貌整洁，村风和谐

来到西境村，村口高大雄伟的牌坊上“周溢村・西境”五个大字清晰映入眼帘，走过宽敞的水泥村道，是一幢幢装饰淳朴的3～4层的小洋楼，空调、电视机、洗衣机等家用电器一应俱全，家门前随处可见停放着小汽车。村中有一个公园，园内绿荫覆盖，清幽宁静，村里的小孩都喜欢到这里玩耍，而老人则喜欢沏上一壶茶，约上三五好友谈笑风生。公园里的和谐氛围是西境村良好村风的一个缩影，西境村能够保持连续24年无青少年犯罪的纪录，得益于良好村风促家风带民风。每到过年的时候，外出务工、求学的人都回来了，家家户户贴上了春联，挂上了灯笼，燃起了鞭炮。家人团聚，走亲访友，到处一片欢庆祥和的景象。

（二）农业经济发展产业化、绿色化

走上西境村冬瓜行业协会大楼的楼顶，登高远眺，眼前除了整齐的楼房，还有一望无际的万亩良田。田里四季都种着黑皮冬瓜、迟菜心、马铃薯等经济作物，常年都是绿油油的，于是有人把西境村比作绿色的海洋。40年来，通过不断的探索尝试和转型升级，西境村的农业已由过去的粗放型农业发展成为集约化、规模化、专业化、精细化农业。目

前，西境村黑皮冬瓜年亩产量已达到7.5吨，迟菜心和马铃薯年亩产量均达到3吨。通过西境村的辐射带动，小楼镇黑皮冬瓜的常年种植面积达到13 000亩，直接带动农户增收6500多万元。在提高农作物产量的同时，农产品的质量也得到了更多的保障。小楼镇通过大力推广农产品无公害种植技术，强化产前、产中、产后服务，种植面积为5.3平方公里的黑皮冬瓜、增城迟菜心两大农产品获无公害农产品认证。小楼镇还组建了“无公害蔬菜种植诚信联盟”，推行蔬菜安全种植六大承诺，建立蔬菜质量安全监测站点。西境村每年抽检近400个样品，实现蔬菜品种全覆盖，抽检率约为10%。稳定的产量、优质的产品、安全的保障，让西境村种植的农产品得到市场的广泛认可。近年来，通过树立“仙境牌”名优农产品品牌，西境村的黑皮冬瓜远销山东、浙江等地，迟菜心销售到珠江三角洲、港澳、东南亚等地区。

（三）党建、法治建设等多方面齐头并进

西境村40年来的发展有目共睹，也在各类评先创优中拿下了许多荣誉。西境村村党支部于2003年6月被中共广州市委授予“广州市先进基层党组织”称号；2004年3月，被中共广东省委组织部、广东省科学技术协会授予“广东省农村党员基层干部科技素质培训工作先进单位”称号；2007年7月，被中共广东省委授予“‘五个好’村党支部”称号。西境村于2007年1月被广州市爱国卫生运动委员会授予“广州市卫生村”称号；

2007年12月，被广东省爱国卫生村运动委员会授予“广东省卫生村”称号；2009年1月，被中央精神文明建设指导委员会办公室授予“全国创建文明村镇工作先进村镇”称号；2007年12月，被中共广东省委、广东省人民政府授予“广东省文明村镇”称号；2008年，被广东省旅游局授予“广东省旅游特色村”称号；2008年1月，被广东省科学技术协会、广东省财政厅授予“广东省科普惠农兴村先进单位”称号；2009年9月，被广东省司法厅、广东省民政厅授予广东省“民主法治村（社区）”称号；2010年2月，被全国妇联、全国妇女“双学双比”活动领导小组授予“全国城乡妇女岗位建功先进集体”称号；2010年7月，被全国妇联、全国妇女“双学双比”活动领导小组授予“巾帼示范村”称号，同月被中共广州市委农办、广州市农业局授予“广州市观光休闲农业示范村”称号；2010年8月，被广东省档案局授予“广东省村民委员会档案工作目标管理省特级单位”称号。

三、经验借鉴

“雄关漫步真如铁，而今迈步从头越。”回首发展历程，西境村能取得今日辉煌的成就，主要有四个“离不开”。

（一）离不开党组织的坚强领导

西境村40年来的发展史也是在中国共产党坚强领导下开疆辟土、披荆斩棘的奋斗史。可以说，没有中国共产党的领导，就没有西境村今天富裕的生活。西境村民从穷到富、从无到有、从苦到甜的蜕变一方面要得益于上级党委、政府的利好政策；另一方面也离不开西境村党支部积极主动的行动。长期以来，在村党支部的领导下，村“两委”班子精诚合作，互相配合，形成了良好的干事创业氛围，带领村民谱写了一篇又一篇的辉煌乐章。近年来，为了进一步把党员干部群众的思想统一到推动西境村科学发展上来，党支部针对部分村民小富则安的思想，从转变群众观念入手，帮助群众算好“三笔账”，即发展现代都市农业和生态旅游业到底有多少人受益、受多少益、是否长期受益。通过科学算账，村民逐步意识到劳动力日益老化、日后收入难有保障的问题，只有通过产业升级转型才可以分享发展的成果，进一步获得经营性、租金性、工资性等多重收入，切实提高农村的生活质量和水平。西境村党支部通过对科学发展观和习近平新时代中国特色社会主义思想的学习实践，很好地发挥了党支部的引领作用，推动产业不断转型发展，使西境村成为小楼镇的“带富先锋”村。

（二）离不开能人志士的探索实践

昔日的西境村一穷二白，无人问津，若不是有一批能人志士带头探索实践，是不可能取得今天的辉煌成就的。在贫穷落后的山沟里，一批“生意人”敢于探索实践，能够及时赶上市场化经济的列车，先人一步洞察到加工业和服务业里隐藏的庞大商机，并通过自身努力在汽车装饰和维修业上开辟了一片天地，才有了后来成百上千的西境村人进城发展；在效益低下的水田里，一批“土专家”敢于探索实践，紧跟时代发展形势和政策步伐，不断整合有效资源，推动产业转型升级，才有了后来土地亩产值过万的经济收入。“穷则变，变则通，通则久”这句话在西境村的能人志士身上得到了充分的体现。

（三）离不开互帮互助的优良传统

先富帮带后富是实现共同富裕的必要途径。在西境村几十年来良好的村风、民风、家风的影响下，西境村人互帮互助的优良品质得以代代传承。外出谋生的西境村人取得成功后，把更多的年轻后辈带到了城里，扶持培养；在家发展的西境村人探索出新的发展路子后，没有藏着掖着，带领村民发展产业，共享成果，一同致富。长久以来，无论是外出谋生还是在家发展，西境村人始终把家乡的建设摆在心中的重要位置，可谓“有钱出钱、有力出力”，齐心协力、全力以赴推动家乡发展，帮带村民致富。

（四）离不开胜不骄败不馁的精神

西境村人在过去40年的发展中，遇到了许多困难和挫折，可贵的是，在失败面前他们没有气馁：村民在首次种植冬瓜失败后，大胆重整旗鼓，主动找农业专家拜师学艺，最终种出了远近闻名的西境黑皮冬瓜。在战胜困难和挫折的同时，也取得了许多丰硕的成果。可喜的是，在成功面前他们没有骄傲，西境村党支部能够从转变群众观念入手，通过科学算账的方式，改变部分村民小富则安的思想，把西境村打造成贯彻落实科学发展的排头兵。

四、未来构想

党的十九大提出要实施乡村振兴战略，对广大基层农村而言，未来一个时期必定是可以大有作为的时期。西境村“两委”干部通过深入学习研究党的十九大精神和上级党委、政府的会议文件精神后，结合过去的发展经验和本村的发展实际，谋划了一幅未来的发展蓝图。

乡村振兴战略的实施对于广大农村的发展是极大的利好，西境村一定会紧紧抓住这一重大历史性机遇，争取百尺竿头，更进一步。下一个阶段，西境村重点是要走好“三条路子”。

（一）要走好紧扣时代改革创新的路子

西境村的成功很大程度上是因为能够紧跟时代步伐，洞察形势，抢抓先机，通过一次又一次的改革把农业和生态产业逐步发展壮大起来。下一阶段，西境村将牢牢把握国家全面实施乡村振兴战略的有利时机，结合市场的动向和消费者的需求，开启新一轮的改革：一方面是建立村级乃至片区电子商务销售平台，通过统一的窗口对西境村及其周边地区的优质农产品进行包装，并销售到全国各地；另一方面是引进农副产品深加工企业，通过深加工提高农副产品的附加值，同时也有利于解决农副产品滞销的问题。

（二）要走好集约发展规模推进的路子

通过多年的发展，西境村农业集约化规模化水平已日趋成熟，在冬瓜行业协会和专业合作社的统一组织下，通过连片的种植、规模的生产，农民的抗风险能力得到极大的提高，收益也大大增加。下一阶段，西境村在现代都市农业和生态旅游领域依旧坚持集约发展规模推进。一方面是配合上级党委、政府做好连片农业用地的整合流转工作，为下一步引进农业龙头企业和农副产品深加工企业储备空间；另一方面是配合上级党委、政府做好张山岗地块的招商工作，力争能够尽早引进超大型农旅龙头项目，同时尽可能腾空一批旧村场、旧民居，为上级党委、政府整合资源，发展精品旅游业做好准备。

（三）要走好互帮互助共同富裕的路子

互帮互助，先富帮带后富是西境村人代代传承的致富“法宝”，也是西境村不断发展壮大并在未来实现共同富裕的有效途径。下一阶段，西境村将继续深入开展“一强双带”活动，推动乡村振兴。一方面是进一步发挥党支部的引领作用，由村干部带头做致富“引路人”，最大力度整合农业和生态资源，引领农民发展规模产业；另一方面是继续弘扬良好村风民风，培育好家风，探索成立互助组织，鼓励有资金、有技术、有能力的村民帮助生活较困难，尤其是就业难的中青年人走上致富之路。

“路漫漫其修远兮，吾将上下而求索”，相信在国家全面实施乡村振兴战略的历史机遇面前，在各级党委、政府的坚强领导和西境村全体党员干部群众的共同努力下，西境村的明天一定会更加不一样。

发展集体经济，建设富民新村

——黄埔区大沙街横沙村

一、横沙村概况

横沙位于广州中心市区以东，珠江以北，比邻黄埔港，交通便利，地理位置优越。村东与文冲村接壤，南与下沙村相连，西与茅岗村为邻，北与姬堂村、岐山相望。四周有丰乐路、大沙东路、港湾路、护林路等主要交通干道。横沙村内地势西北高、东南低。后背山屹立在村西北，与其相连的雷峰岗、石背岗、隔田岗次第分布，均为半丘陵地带，东南则为平原。横沙村属亚热带季风气候，又靠近南海，因此夏无酷暑，冬无严寒，四季宜耕，物产丰富。

横沙开村于北宋庆历年间，村民主要是南雄珠玑巷南迁而来的移民。据《广州地名志》所载，“横沙”一名，在明朝初期就已经存在了，从开村到中华人民共和国成立前，横沙全村主要有罗、莫、朱、黎、叶、冯、梁、邝八个姓氏。2002年8月1日，横沙村民委员会撤销，成立横沙居民委员会。

横沙村是具有发展种植业条件的自然村落。广九铁路以北，土地以沙质土壤为主，土质贫瘠；广九铁路以南，土地肥沃，是良好的农田。1970年以前，横沙村基本以种植水稻为主，20世纪70年代以后逐渐过渡到蔬菜种植。此外，由于耕地绝大部分为丘陵地带，种植果树是村民每年除稻谷、蔬菜之外主要的经济收入来源。种植面积较大的农作物主要有水稻、蔬菜、甘蔗、花生、花卉。20世纪80年代初期，原来种植水稻的村民大部分改为种植蔬菜，果树种植面积亦逐年减少，养殖业方面则涌现一批种养专业户。

随着农村不断深化改革，横沙村在家庭联产承包责任制的基础上，推进双层经营体制，集体经营和社员生产经营同时发展，村社经济合作组织成立后，商业、运输业得到了跨越式发展。1993年以后，丰乐路、港湾路、石化路、大沙地等路段，开发了商业铺位，促进了商业、饮食业、银行业等各行各业的全面发展。由于地处黄埔港，水陆交通便利，有利于发展交通运输业。改革开放后，运输业发展迅速，村民都争相购车从事运输业。村社并举，出现以个体经营为主、以货运为主的发展格局。

二、经济发展历程

从改革开放至今，横沙村的经济发展历程可划分为四个阶段：

（一）农副产业创先机（1978—1988年）

1978年党的十一届三中全会以后，政府加强对农业的支援力度，横沙大队进入改革开放新时期，建立和巩固适合农业生产发展的各种生产责任制。横沙通过调整产业结构，发展多种经营，引进和扩大优良品种；实行科学种养，农、林、牧、副、渔全面发展；经过土地改革，农民耕者有其田，极大地解放了生产力。1983年国家实行包干到户，农民有了生产自主权，打破了分配上的“大锅饭”，农业实现了增产增收。由于耕地面积不断减小，发展多种经营迫在眉睫，此阶段横沙村突出发展“三高”（高产、高质、高经济效益的农产品或项目）农业，从新途径创收。同时，发展乡镇企业。横沙村经济从过去以农业为主，发展为农、林、牧、副、渔全面发展，第一、第二、第三产业同时并举的局面，个体经济和集体经济协调发展，尤其是乡镇企业迅速发展。

（二）村企分离促改革（1989—2001年）

随着农村不断深化改革，横沙村在家庭联产承包责任制基础上，推进双层经营体制，集体经营和社员生产经营同时发展。同时，调整经营策略，加大管理力度，推动工商业发展。这一时期出现村企业与私营企业合作的全新模式。村社进行经济合作，成立农工商经济开发总公司（简称“农工商公司”），国有、私营企业蓬勃发展，规模进一步扩大。随着商业、服务业的发展，1993年以后，开发商业铺位，促进了第三产业的全面发展。20世纪90年代，农工商公司进一步加强汽车运输业的管理，完善服务体系和安全管理体系，汽车运输业务不断发展壮大，成为横沙村的龙头企业之一。

为进一步推进村务与企业管理分离，横沙村成立了横沙农工商董事会，实行董事会制度。全面完成挂靠企业锐钩工作，理顺了相关管理制度，推动了各项工作发展。各经济社在完善双层经营体制、健全经济合作组织的基础上，实行了股份合作制。1990年，16个经济社全部实行股份制。随着集体经济的发展，每年股份分配收入不断提高。

1990年底，横沙村按照黄埔区、大沙镇关于在农村设立合作经济组织的要求，完成了村社机构变更。全村设立16个经济社，每个经济社设立正、副社长各一名，以及5～7人组成的社委会。横沙村实行村、社、股东多层次的经济联合模式，极大地调动了村民的积极性。

（三）撤村改居定股权（2002—2010年）

随着集体经济的不断发展，横沙村城市化进程不断加快。2001年，黄埔区出台了《黄埔区撤镇设街总体工作方案》，大沙镇属7个行政村的建制随即陆续改为社区居民委员会。2002年“撤村改居”后，由于土地产权未能明晰，社区存量土地少，第三产业收入减少，集体收益一度下降。面对困难，社区不断创新发展理念，转变经济发展方式，以股份制推动村集体经济发展。

（四）社区集体经济立规范（2011—2018年）

此阶段，横沙经济迎来规范性发展。2011年，横沙为规范集体资产交易和财务收支行为，促进转制社区集体经济发展，全面开展清产核资工作，成立横沙集体经济组织交易站，设立电子套账。2011年11月，在区集体资产管理交易中心进行了第一次面向社会、公平、公开、公正的集体物业招标竞投工作。2017年，社区集体资产通过横沙集体经济组织交易平台成功交易99宗，涉及成交价首年租金1470.48万元，成交合同总金额约11 153.14万元。

这一时期，横沙经济联社充分发挥财政支撑作用，积极投入人力、物力、财力用于城中村改造工作，致力于打造一个宜业、宜居的社区环境。2007年，黄埔区横沙社区被正式纳入广州市城中村全面改造的范畴。2015年，安置区一期顺利入住，翔昀物业服务中心正式投入运作。2017年，政府颁发《广州市黄埔区人民政府关于横沙城中村二期项目改造的通告》，城中村改造二期项目全面动工。

三、主要成就

（一）经济建设成就

1. 基础产业稳步增长

20世纪90年代，在农业方面继续抓好农田水利和农田保护区建设，确保保护区农田种植规划面积445.05亩，引导社员利用经济作物田和山坡地改种或间种蔬菜，落实各项农村政策和管理措施；调整农业结构和产业布局，发展“三高”农业；依靠科技进步，组织蔬菜种植户到省市蔬菜研究所引进新品种蔬菜种植，对经济效益好的品种进行推广种植，抓好“菜篮子工程”。2000年农业收入535万元，2017年农业收入630万元，农业收入呈现稳态化趋势。

2. 多产业全面发展

随着家庭联产承包责任制的推行和发展，涌现出一批新经济联合体。2002年开始，社区通过盘活闲置地块，引进优质项目，拓宽社区集体经济发展道路。截至2017年，十六冶已纳入黄埔区“三旧”改造试点，相关项目在整治工作后成为社区经济新的增长点。

2009年，广州地铁5号线开通，社区利用这一良好时机，建成大沙西“地王商业大厦”，进行招商。2010年，广州亚运会举办前，横沙社区结合亚运场馆整治，统一了横沙商业街、饮食街整体形象，吸引不少商家进驻投资。2016年底，大沙西商铺升级改造工程全部完工，租金较改造前提高了3倍，实现百分百出租，有力壮大了社区集体经济。

经过多年的发展，2010年社区工农业总值达2.03亿元。其中第一产业收入1583万元，第二产业收入1380万元，第三产业收入1.8亿元；16个经济社总收入4009.07万元。2017年，横沙村经济总产值达21 502亿元。其中第一产业收入620万元，第二产业收入852万元，第三产业收入1.99亿元，16个经济社总收入6987万元，全村人均收入50 387元。

改革开放后，由于集体经济和个体经济的迅速发展，横沙人均股份分红额呈现总体上升的趋势（如下图），股份制改革后，人均分红额呈现快速增长。2017年人均股份分红23 830元，大约是2005年的5.9倍。

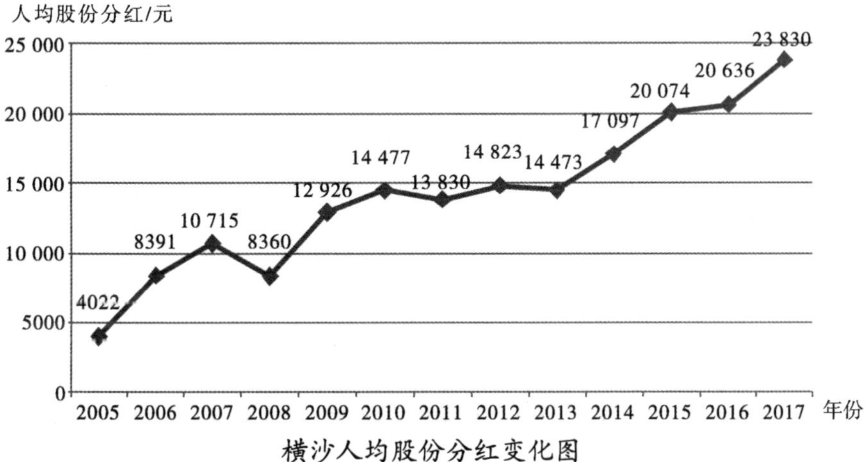

横沙人均股份分红变化图

3. 村办企业蓄势待发

由于传统农业收入占比逐年下降，乡镇企业经济收入占比不断提高。村社进行经济合作之后，国有、私营企业蓬勃发展，经济规模进一步扩大。改革开放后横沙村成立农工商公司，与经济联社合作兴建横沙工业区，建成港湾北市场、大沙东市场、横沙商贸城、四六社仓库、三社仓库、联营仓库、五社仓库。横沙村以外引内联的方式相继开办村属工业企业，如广州黄埔纸制品厂、嘉服装有限公司、德诚手袋厂、联兴铸造厂、黄埔汽车改装厂、兴发水洗厂等，涉及行业包括仓储、运输、家具、水泥构件、五金铸造、塑料、制衣、制漆、汽车改装、服务等。

（二）农村综合改革

1. 管理制度

历史上横沙村的管理机构经历几次调整，直到1987年，横沙村成立村民委员会，进入相对稳定的管理时期。1999年8月20日，横沙村第五次村民代表会议通过了《广州市黄埔区横沙村村务公开民主管理制度》（简称《管理制度》），进一步健全了各项管理制度和监督机制。2002年，横沙“村改居”，居委会基本沿用1999年《管理制度》，推行政务公开、民主管理制度。

2. 医疗改革

1966年，横沙村设立卫生站，村民可凭就医册子到卫生站免费看病。1986年，卫生站被赤脚医生承包后，村里每年补贴村民24元/人。现今，横沙经济联社社区股股东就医，除社保报销之外，还可在社区内享受医疗报销服务：凭住院发票及住院清单等，剔除不予以报销的项目后，属于自行购买广州市职工社保和城乡居民医保的部分，按个人出资金额的80%报销；属于经济联社利用集体资金为其购买城乡居民社保、医保的部分，按个人出资金额的50%报销。

3. 社会治安

1978年党的十一届三中全会召开后，随着农村经济体制改革，人民生活水平有所提高，社会治安趋于安定。1990年起，村委会开始严抓禁毒工作。2000年以来，横沙村依然保留民兵营队伍。2002年“农转居”以来，居委会建立健全了治保队伍，加强群防群治和重要地段时段的巡逻防范。2005年开始，横沙配合上级部门开展出租屋综合治理，加强流动人口管理，并积极配合派出所开展隐患排查与治安伏击工作，维护社区平安稳定。2016年10月开始，根据广州市辅警队伍建设的要求，横沙治保会开展“村改居”社区治安联防队伍的改制，2017年2月已完成改制建设。

（三）文化教育

自古以来，横沙都是文化之乡，“横沙会”“摆七娘”“横沙醒狮”等传统文化活动传承至今。每年农历正月二十四日的“横沙会”，是自清朝以来横沙地区最重要、最隆重的民间传统节日活动。1986年，“横沙会”民俗传统活动得以恢复。2008年，横沙社区把原来的“横沙会”提升为“横沙书香文化节”，开展群众性的文化体育活动，培育出一批喜闻乐见、质量较高的优秀文艺、文化作品，使其内容更丰富，更具群众性和广泛性。乞巧节“摆七娘”是黄埔横沙、双沙和茅岗等地盛行的传统节日活动。每年农历七月初七，横沙村四大主要姓氏（罗、朱、黎、莫）的妇女们，都在各自的宗祠里举行“摆七娘”的活动，展示各姓氏“巧姐”的手工作品。

在推进公共基础设施建设的同时，横沙积极抓好精神文明建设，大办公益事业，兴建文化室、幼

儿园、小学、敬老院、老人活动中心等。社区每年都投入专项的资金建设文化事业。群众体育活动开展活跃，横沙健身队屡次获得荣誉。1979—1993年，横沙村委会投资72.7万元，在沙煲咀兴建小学校舍、教工宿舍。1993年以来，设立“成绩优秀奖”“三好学生奖”“学习进步奖”，教学所需费用于年终统一由村委支付。2000年以来，经济联社出资不断改善校园建设和教学设备，并开展全面的奖教奖学专项活动，大力促进了教育事业发展。2007年，投入80多万元完成了古建筑的修缮，建成广州图书馆书香街分馆、社区文化活动中心，配备图书1.5万册，开辟儿童书画室、老人活动室、棋牌室、健身房等多功能活动室。为改变教学环境，社区投资1000多万元重新选址建设新的幼儿园，并于2007年9月1日正式投入使用。

（四）基础设施

1. 排水治污

中华人民共和国成立前，横沙村基本上没有水利设施，农业生产靠天吃饭。20世纪70年代发展了电灌。80年代，旱地、水田基本解决了排灌问题，保证了旱涝保收。

1982年以前，村民饮用水都是靠挖井取地下水。1983年，横沙乡人民政府牵头，多方共同出资在全村范围内安装居民食用自来水。从此，村民家家户户都能饮用干净、卫生的自来水。

20世纪80年代开始，政府投资对乌涌河东段进行整治，对排洪抗旱起到很大的作用。2003年，社区居委会投资36.24万元分期整治了穿越横沙的河涌，改善泄洪排涝，美化村庄环境。2006年，由市、区投资5亿元对乌涌河进行全面清拆、整治、修建、截污等。截至2017年，经历多次大规模的农田水利建设和乌涌整治，横沙的水利设施已较完善，功能比较齐全，对农业防洪涝、保灌溉，对保护横沙群众的生命财产安全和改善生态环境起到重要的作用。

2. 道路交通

从20世纪60年代开始，人民生活得以改善，横沙村民家庭普遍购置了自行车。70年代，横沙村各生产队已购买汽车和拖拉机进行运输。80年代末期，摩托车开始进入村民家庭。2000年以来，横沙的交通十分方便，除自行车和摩托车，还可乘坐公共汽车等，有些先富起来的村民还购置了小汽车。随着广州城市的东扩，公共交通不断延伸到横沙，2009年，地铁5号线直接到达大沙东，BRT快速公交也直接到达横沙，交通出行更为便捷。

3. 生活设施

随着经济的发展，村民生活不断改善。1987年以来，全村共投资2000多万元，完成全村街巷下水道及道路水泥化以及自来水、管道煤气、有线电视网络等改建工程。20世纪以来，横沙对沙边街整段道路的路面和下水道进行了全面升级改造，抬高了整条沙边街的路面高度，疏通街巷下水道，解决了沙边街、沙边东街路面破损、道路堵塞和下雨水浸等难解决的问题。在村容环境建设上，1986—2006年，横沙大力投入资金，重点整治村内的“三线”（电力线、通信线、广播电视线）、绿化、厕所，并清理卫生死角等，横沙面貌焕然一新。

4. 城中村改造

2007年，横沙社区被列为全市52条全面改造的城中村之一，横沙城中村改造项目采取以整体拆除重建为主的全面改造模式，是广州市目前建筑面积、回迁安置面积最大的“三旧”改造项目之一。项目位于黄埔区核心区域大沙地“回”字形商圈，围绕宜居、宜业、宜商、宜学、宜游的“五宜”总目标，着力打造水秀书香新都市、黄埔城市新名片。改造后，复建总建筑面积为211万平方米，改造容积率≤3.27，绿化率≥35%，建筑密度≥24.5%，公建配套按6%比例配置，有中学、小学、幼儿园、派出所、街道办事处、社区居委会、物业管理办公点、邮政所、卫生服务中心、老年人服务中心、综合文化活动中心、肉菜市场、公交站、变电站等完善的公共配套设施，将成为集居住、商业、文化和教育于一体的大型综合社区，也是高融合性、可持续发展的生活示范区。

（五）党建管理

横沙的党组织不断发展壮大。1969年横沙大队党支部共有正式党员16人，预备党员44人。1992年前，党总支部原下设3个党支部，共有党员54人。其中农工商公司自成1个党支部，16个经济社成立2个党支部。2002年转制以来，横沙社区建立健全激励机制，不定期组织年轻干部参加区政府和街道办举办的各种技术、职能培训、学习，定期组织社区全体党员在每月19日集中学习，让党员、干部开阔视野，提高其综合素质。2018年3月，横沙社区共有党员253人，下设9个党支部。其中本科以上学历61人、大专学历64人，办理预备党员转正手续的有2人，接收2名发展对象为预备党员。

横沙经济联社党委、社区党总支在不同时期，坚持按照上级党委部署，配合村中心工作，发挥了党支部的战斗堡垒作用，为横沙的建设作出了巨大贡献。

四、未来构想

（一）全面贯彻党的十九大精神，加强基层党组织建设

作为基层党组织，横沙社区党组织认真贯彻落实党的十九大精神，结合自身特点，清楚看到新时代党建的严峻性，将党的十九大精神运用到工作当中。在党组织生活中要继续坚持“两学一做”和“三会一课”，并将学习党的十九大精神常态化、制度化，提高党员同志的党性修养，认真组织好每月开展的党员组织生活会议，传达和学习上级的文件精神，加强对党员的管理、教育、监督，增强党员凝聚力。

（二）把握发展机遇，促进经济新一轮大发展

继续完善农村集体资产“两个平台”（资产交易平台和监管平台）建设，做好各项资产交易立项审批和交易审核，确保集体经济组织资产保持增值。在维持现有资产项目的基础上，多渠道招商引资，利用好大沙地商圈和广州市东部CBD（Central Business District，即中央商务区）建设规划，开发新项目，如横沙“岗后底”165亩与雅居乐集团合作开发项目，返还集体物业商业楼的招商引资等。

（三）加大投入，提高社区管治水平，提高居民生活质量

加大社区基础设施投入，启动道路改造、三线改造和改水工程，加快城中村改造进度。对社区内的破损道路进行维修升级，改善居民出行环境。争取区、街财政支持，对社区残旧自来水管网进行整体改造，并将之移交自来水公司管理。局部针对破旧自来水管进行重新铺设改造，

将社区电线、电话线、网线等进行整合改造，升级光纤线路，消除电线乱拉挂导致的各种安全隐患，美化居民生活环境。

继续做好综治信访维稳工作，及时解决群众反映的问题。加强社区文化建设，加大文化基础设施投入，大力开展群众文体活动，让社区居民的业余文化生活更加丰富多彩。

（四）加快城中村改造二期全面建设，完善回迁安置住宅服务

横沙城中村改造项目安置区二期目前已进行全面拆迁，于2018年5月启动安置区二期首期建设工程。此外，2018年底将争取整村签约率达100%，祖光路、港湾路北端签约率达100%，安置区、融资区二期签约率达100%，安置区二期其他地块将全面动工建设。

集体经济健康发展，客家乡村美丽富饶

——白云区景泰街柯子岭村

1978年11月，家庭联产承包责任制的一声春雷拉开了中国改革开放的大幕，全党的工作重心也转移到社会主义现代化的建设上来，我国开始实行对内改革、对外开放的政策。1979年7月15日，中央正式批准广东、福建两省在对外经济活动中实行特殊政策、灵活措施，广东省成为全国最早实行对外开放的省份之一。地处改革开放前沿阵地的柯子岭村迎着这股春风，不断探索和推进，40年来经上级党委、政府的大力扶持和全体村民的努力，从一个贫穷落后的客籍山村摇身变成了一个宜居、宜商、宜乐，集商务接待、客栈、餐饮等多功能于一体，具有浓厚客家文化特色的风情小镇。

一、柯子岭村概况

柯子岭村坐落于国家级旅游景区白云山的西南侧，相传清嘉庆十六年（1811年）建村（现存有嘉庆年间的古井一个），至今已有两百余年

历史。柯子岭一带曾分布着许多诃子树，长势葱茏，树上结满诃子，成为该处一景。“柯（与‘诃’字相近）子岭”之名由此而来。后来，侵华的日军一把火将诃子树林化为灰烬，以至于“柯子岭”只留其名，不见其树。现时柯子岭村内唯一的诃子树是由2011年光孝寺的观月法师和义工志愿者在华南农业大学古炎坤教授的技术指导下，从光孝寺内仅存的一棵诃子树上取种培育出来的。光孝寺内诃子树树龄已超过200年，与柯子岭村历史相当。

现时柯子岭村行政管理权属广州市白云区景泰街道办，占地面积0.6平方公里，位于广州市白云区南端，东与白云山风景名胜区接壤，南临白云区政府，靠近沈海高速路广园出口，西至松柏东街，北至金钟横路，交通十分便利。辖内有长安居委会和平安居委会，常住人口数约1560人，流动人口20 000多人。祖辈们从原来居住的兴宁、五华、梅县、东莞、河源、博罗等地逃生到此，因此，柯子岭村又有“百家姓村”之称。2017年，柯子岭村经济总产值约3624万元，上缴税费306万元，物业租金总收入3509万元，股份分红685万元。

二、柯子岭村主要发展历程

（一）改革开放的第一个十年（1978—1988年）

自党中央吹响改革开放的号角以来，柯子岭村积极响应、迅速行动，按照“放宽政策，搞活经济，服务城市，富裕农村”的方针，根据本村种植蔬菜的特点，动员农民利用单车、摩托车、拖拉机等运输工具把新鲜的蔬菜源源不断地运往附近市场，其中香芋、花生和芥蓝等在当时的广州地区极有名气。个体私营经济也得到了一定的发展，出现了柯子岭第一代个体户。

20世纪80年代以来，柯子岭村先后被国家征用土地314亩，全村有463名青壮年农民，陆续被招工进城。1983年以后，农村实施家庭联产承包责任制，在天时地利人和的带动下，柯子岭村民收入逐年增多，城乡收入差别开始发生变化。从1986年开始，柯子岭村制定对迁出户的村民补贴6000元的“优惠政策”，鼓励富余劳动力向城市流动。20世纪80年代末，柯子岭村已形成以工业生产为主、蔬菜种植为辅的经济结构。

（二）改革开放第二个十年（1989—1998年）

在1990年底，柯子岭村已拥有制衣厂、印花厂、纸品有限公司、五金厂、电子电器厂、肥力高有限公司和盛宝制冷设备厂，工业净收入高达356万元，全村90%以上的村民新建了小楼房，80%以上的村民安装了私人电话。

村集体经济不断壮大，按照过去以人头或承包田亩数进行集体收入分配的方式，留村的村民，无论是刚出生的婴儿，还是新娶的媳妇，都能享受这块集体积累的“大蛋糕”的再分配和福利。而离开村子的人，便失去了原来拥有的那份集体财产。于是征地招工时村民不愿迁出，出嫁女不愿迁户口，连过去跳出“农门”多年的人，也以退工、退居为由，重返农村。同时，由于农村集体财产权属不清，缺乏监督，柯子岭村经济的发展受到限制。

为解决这些矛盾，柯子岭村成立了农村经济股份合作联社（简称“联社”）和股民大会，制定了联社章程，实行“生不增、死不减”股份固化的股份制改革。股份合作联社属独立核算、自负盈亏的集体所有制经济组织，利用股份制将全村用于发展生产的资产合计1093万元全部折为股份。从1966年1月1日起至1989年12月31日止，16周岁至60周岁的男性劳动力，16周岁至55周岁的女性劳动力，参加本村劳动的，按每劳动一年（一年农龄）计一股，计算持股者在集体财产所占有的份额及享受的经济效益。因招工、转居、知青回城、出嫁、出国等原因迁出户口者，符合章程规定的也享有同等权利和待遇。股权允许转让、赠予、继承，也可以在股东中出让。实施股份制改革，较好地解决了集体财产所有权的归属问题，稳定了村民的心，更好地调动村民生产的积极性，有利于集体经济的健康发展。

随着广州现代化国际大都市建设进程不断加快，广州城区日益扩大。受经济利益驱动，村民自发地对自家房屋拆旧建新，建筑从瓦房变成了楼房，房屋租金成了村民的主要收入来源。村内的工厂陆续搬离，企业盈利能力越来越差，甚至出现亏损，依靠他人办企业的路行不通。为合理有效地充分利用自用土地进行经济建设，柯子岭村结合本村情况，实行“依城致富、物业兴村”的战略部署，对产业结构进行重大调整：

一是大力发展第三产业，尤以物业为主。在大金钟路61号建设1座总建筑面积13 000平方米，楼高10层（含地下室）的灿业大酒店；在平安大街十巷兴建1座总建筑面积1052平方米，楼高6层的饭店；在景云路建起7座9层高的商住楼，总面积为25 168平方米，并使之形成一条颇具规模的商业街；在景泰坑口和广园路交界兴建1座总建筑面积1391平方米、5层高的商住楼；在大金钟路89号兴建总面积3600平方米、2层高的上村肉菜市场；在平安西街一号、二号建设总面积3500平方米、3层高的下村肉菜市场。为了方便管理以上物业，于1992年成立广州市白云柯子岭物业发展公司，公司下设7个物业部，由各个物业部管理各自管辖范围内的物业。

二是市政设施的规划与投资。随着村经济的发展，城市化进程不断加快，人口不断增长。中华人民共和国成立初期全村仅120户。1994年，全村总人口已发展到2380户，逾万人。早期的基础设施显然无法满足日益增多的人口需求，必须对旧的供电、供水等基础设施进行升级。为此，1994年对全村自来水管网进行改造，新增、更换水管、开关、水闸；对全村供电系统进行增容改造；对全村的主干道、内街和人行道铺设水泥路面，基本实现水泥硬底化，安装了路灯，使村的面貌焕然一新。

三是重视文化教育。在经济发展过程中，村干部们深刻认识到文化教育的重要性，为此兴建了可容纳250人的蓝天幼儿园、可容纳700人的柯子岭小学（现为省一级小学景泰小学柯子岭校区）。该小学拥有2幢4层高

的教学大楼，1幢3层高的教工宿舍，有篮球场、生物室、教研室、音乐室，占地面积4149平方米，教学设备齐全，教学质量有了较大的提高。为丰富村民的文娱生活和方便村民就医，文化广场、老人活动中心、卫生院的升级项目相继完成，柯子岭村真正做到了老有所养，少有所教。

（三）改革开放第三个十年（1999—2008年）

2000年9月1日，景泰街办事处接管柯子岭村。2002年，柯子岭村正式实行“村改居”，辖内分设长安社区和平安社区。

1999—2009年，因村内土地资源枯竭，无新的项目开展，为了使集体资产增值，只能在外寻求发展，兴办了2家企业。由于人才缺乏、经营不善等，投资不但没有达到增值预期，反而亏损严重，兴办的企业被迫申请破产。此外，由于决策错误等，与白云农村信用合作社的贷款案败诉，最终导致酒店物业被法院强行拍卖，柯子岭村损失近六分之一的资产，柯子岭村经济发展受到重创，面临挑战。

（四）改革开放第四个十年（2009—2018年）

改革开放第四个十年，我国经济快速增长，城市化快速推进，用地供需矛盾日趋凸显。与此同时，城市旧区普遍存在布局混乱、容积率低、土地闲置、低效利用、市政和公共服务设施短缺、环境污染等弊病。在白云区委，景泰街党工委、办事处的引导和支持下，柯子岭村采取市场经营进行城中村改造，既改善居住环境，又通过物业经营来获取改造资金和经济效益。

2010年为迎接广州亚运会，柯子岭村周边物业外立面重新进行了装饰，环境有所改善。2014年，联社通过民主决策程序启动与广东广开源实业投资有限公司共同合作的柯子岭村原制衣厂“三旧”改造项目——

景泰商业大厦，该项目在2018年1月通过白云区产权交易中心公开招租，最终以每月每平方米62元的价格成交，每年为柯子岭村带来400多万元的收入。2015年初，在区委、区政府的统一部署下，柯子岭村党支部整治城中村安全隐患。在推进柯子岭客家风情小镇微改造过程中，既看重外观，又讲求气质。整个改造工程总投资2491万元（其中政府投资1620万元、柯子岭经济联社投资871万元），通过铺设沥青路、改造巷道、铺设雨污分流管道、预埋“三线”套管等措施，解决了村内卫生环境“老大难”问题。除此之外，还为369栋私人物业、15栋集体物业安装门禁系统，新增高清视频监控探头130个，6个出入口安装闸栏，实现了围院式管理，设立了出租屋服务管理工作站，组建了29人的保洁队伍、45人的联防队伍、10人的城管队伍，划分8个小网格，实行精细化管理。实现技防人防全覆盖。270个“三小”（小档口、小作坊、小娱乐）场所全部纳入消防“三色”（红、黄、绿）预警动态管理。

在挖掘社区文化，提升文化软实力方面，柯子岭村依仗白云山这一旅游资源，向内挖掘柯子岭的诃子树林、白云山古泉、百家姓及客家文化内涵，大力开发其休憩及美食功能，形成特色鲜明的客家风情小镇。此外，还整理了“景泰僧归”传说，采写象征多子多福的诃子树的故事，建造展示客家民风民俗的文化长廊；商铺外立面统一整饰为青砖黑瓦白墙、灰色门楼、麻石地砖。通过挖掘和展示客家文化，激励柯子岭居民，特别是年轻一代居民继续发扬传统，奋发有为。

2016年底，客家风情小镇完工。长安社区环境的改善、文化的重塑，令村民喜笑颜开，纷纷赞不绝口。2017年底，柯子岭长安社区被评为广州市容貌示范社区。

三、柯子岭村未来发展设想

回顾柯子岭村的发展史，最主要是借助改革开放的政策，在20世纪90年代实行股份制改革，实行“依城致富、物业兴村”的战略部署，以客家文化为定点，建设有柯子岭特色的客家文化风情小镇，为建成文化旅游特色小镇的伟大目标奋力前行。我们相信，在党的十九大提出的乡村振兴战略大力支持下，柯子岭村结合白云新城产业带规划，深挖“白云山风景区”的商业价值和文化价值，打造具备岭南客家文化特色的村落品牌。通过努力，柯子岭村人一定能把自己的家园建设得更加美好，柯子岭村的前景会更加灿烂辉煌！

调整产业结构，改革创新迎质变

——花都区花山镇小布村

改革开放40年，小布村的经济沿着科学性、协调性、可持续性的方向发展，村容村貌及村民生活迎来了巨大的历史性变化，实现多种产业共同发展，经济实力不断增强，生态人居环境逐年改善，村民生活水平稳步提高。整个行政村朝着建设经济繁荣、设施完善、环境优美、文明和谐的社会主义新农村这一目标迈进，实现了从一个郊区小村变成远近闻名的美丽乡村的成功转型。

一、小布村概况

小布村位于广州市花都区花山镇南部，东与东湖村为邻，南与龙口村相连，西接新和村，北与平山村接壤，村域面积3.5平方公里，距镇政府4.7公里，地势较为平坦。铜鼓坑河是小布村主要的水利资源。小布村建于北宋太平兴国六年（981年），在历史的长河里浮沉了1000多年。中华人民共和国成立前，绝大部分耕地为地主、富农所拥有，村民缺田少地，食不果腹，生活举步维艰。有的村民远走他乡，甚至远涉重洋谋生。中华人民共和国成立后，土地归集体所有，国家走上发展农业合作化道路，促进了生产力发展。1986年，小布村成立村民委员会，下辖西岭、小布旧村、瓦砾巷、小令庄、果园庄、塘下庄、有和庄及桂花庄8个自然村，耕地面积1515亩。截至2017年12月，小布村户籍总人口3980人，共3个经济社，村民大多姓江、黄、马、吕、缪等，其中江氏族群最大。

改革开放后，小布村以推进农村经济体制改革为主线，全面调整产业结构，建立以集约式经营模式为主体的第一产业；引进外资，兴办第二产业；广开渠道，拓展以商业服务为主体的第三产业。从1978年到2018年，小布村经历了巨大的历史性变化，从一个寂寂无闻的郊区小村变成了远近闻名的美丽乡村。同时，小布村多种产业共同发展，经济实力不断加强，生态人居环境逐年改善，村民生活水平稳步提高，整个村正朝着建设经济繁荣、环境优美、文明和谐的社会主义新农村目标不断迈进。

二、发展历程

小布村能取得这样的成就，离不开党的十一届三中全会以来小布村贯彻落实的改革开放政策，也离不开小布村人坚韧不拔、奋勇争先的拼搏精神。改革开放为小布村带来了机遇和挑战，小布村人的不懈努力则是小布村在40年间一步一步地稳定发展的持久动力。

（一）第一阶段（1978—1982年）：改革开放经济复苏的五年

1979年，根据《中共中央关于加快农业发展若干问题的决定（草案）》精神，小布村（当时称小布生产大队）实行经济体制改革，建立农业生产责任制。同年，实行联产到组责任制。随后几年里，小布村实行超产奖励制度，刺激了农民的生产积极性，促进了生产的发展。调整农业布局，在完成粮食征购任务的原则下，按“宜渔则渔”的原则，开始利用低洼低产田改挖鱼塘。其间，按照中央关于“决不放松粮食生产，积极发展多种经营”的方针，组建和完善运输队、建筑队等“互利组”，开展承包运输、工地施工等工作，搞活经济，增加集体收入。1979年，兴办“三来一补”企业，与港商合作办永丰制衣厂，为日后招商引资，发展经济积累了经验。

（二）第二阶段（1983—1987年）：实行家庭联产承包责任制，经济初步发展

1983年，小布村全面实行家庭联产承包责任制，社员除根据合同规定，缴纳国家公粮和定购粮外，其余所得全部由社员自己支配。小布村还逐渐把鱼塘转让给私人承包。家庭联产承包责任制解放了村民的生产力，许多村民开始在完成粮食征购任务后在自家的责任田种植果树，连片种植约300亩，主要品种为龙眼、荔枝等。林区亦统一由花县林业局出资种植桉树，聘用专人管理，收益按“三七”比例分成，村民的收入来源开始朝多元化的方向发展。

1985年与1986年，积极发展“三来一补”企业，先后与港商合办东江制衣厂、天明制衣厂、乳制品厂、合发手袋厂，经营方式均为来料加工。小布村负责建厂房，港商带来生产资金和生产技术，利润五五分成。这些厂企为小布村经济发展作出了重大贡献。

（三）第三阶段（1988—1997年）：百花齐放，多种所有制经济共同发展

1989年，广州市农业局蔬菜办公室设定小布村为广州市蔬菜生产二线基地，种植无公害蔬菜。此后，小布村不仅大力发展蔬菜产业，还开辟果园，种植水果，使村中的农业迅速发展起来。自此，建立了以集约式经营模式为主体的第一产业。

20世纪90年代初，村先后引进台商、港商和其他外地商人到村租赁土地开公司、办工厂，高峰时达38家。1994年开始，合资企业实行转制，村不再负责建厂房，改为收土地出租费，逐步建立了第二产业，为往后十余年里小布村依靠农村土地流转制度实现经济腾飞打下了稳固的基础。

1993年，小布村成立，下辖演澄、西岭和小令庄3个经济社，并随之建立了健全的财务管理制度、民主理财制度和合同管理制度。1994年，随着花都市委、市政府制定《关于推行农村股份合作制的意见》，农村股份合作制也开始在小布村推行。在健全的制度体系指导下，20世纪90年代中期，小布村的个体企业和集体经济均迅速发展壮大，部分村民在106国道小布村路段两侧办摩托车、电动车、家电维修服务部，以及饼铺、百货店、自选商场、五金店、粥粉面店等，小布村的第三产业也开始发展起来。

（四）第四阶段（1998—2013年）：走进新世纪后的经济腾飞

20世纪90年代末期，村开始实行农村土地流转制度，大量商家开始在村租赁土地建厂、办公司。以永大不锈钢有限公司、东成染整机械有限公司、泓宇制衣厂等企业为代表的一众私营企业进入小布村，为村经济发展作出了巨大的贡献。2013年，村有私营企业25家，其中

包括16家公司、8家工厂和1家酒店，从业人员1130人，主要生产（经营）不锈钢型材、染整机械、电子产品、纺织漂染、化学材料、汽车配件、家电等。

在经济飞速发展的同时，村产业结构也开始转变。2000年，村工业总产值41 392万元，占村内生产总值的93.2%；2013年，村工业总产值94 555万元，占村内生产总值的84%。与工业所占比重下降相对的是第三产业的蓬勃发展。2000年，村第三产业总产值998万元，仅占村内生产总值的2.2%；2013年，村第三产业总产值12 298万元，已占村内生产总值的11.5%。

（五）第五阶段（2012—2017年）：共治和谐小布，建设美丽乡村

1. 共识：广州市美丽乡村建设试点村

经历了十余年的经济腾飞，村的工作重心开始从经济建设转向社会主义新农村建设。2012年，村被确定为广州市美丽乡村建设试点后，村委会致力于改造各自然村的巷道，改善卫生环境，方便村民出入。2012—2014年，全村改造巷道50多条，总长5000多米，总投资150万元。

2. 共建：美丽乡村

近年来，小布村围绕着“美丽乡村，和谐小布”的目标进行了不懈的努力和奋斗。经过多年的美丽乡村建设，配备了完善的公共设施，村委会大楼、公园、体育活动场地、文化娱乐空间、商场、卫生站等设施俱全。至2017年，村内建有5个公园、1个多功能文化室、1个文艺舞台、1个百米文化长廊、5个灯光球场、6个羽毛球场、5条健身路径、15个宣传阅报栏等，各经济社均设有文化室供老人休闲娱乐用。村内建有水塔，家家通用自来水。全村主要道路和巷道均安装消防栓，共计50个，可

满足消防需求。排污设施有西岭氧化池，桂花庄和小令庄排污管道与市政排污管连接。截至2017年，小布村村庄基础设施完善，实现道路通达无阻化，农村路灯亮灯化，供水普及化，生活排污无害化，垃圾处理规范化，卫生死角整洁化，通信影视“光网”化，人民生活水平得到极大提高，小布村也成为名副其实的“美丽乡村”。

3. 共治：和谐小布

农村土地流转制度实施后，村出现了许多富余劳动力。为解决富余劳动力的就业问题，村开展了多项举措：设立劳动服务保障站；举办就业培训班；成立环卫队与治安队，通过社区服务解决村民就业问题；大力发展第三产业，促进劳动力向第三产业转移；与村中企业协商，为村民争取企业内的就业岗位。2015年，村劳动力共计2238人，累计转移就业人数1912人（包括自主就业），占全村劳动力的85%，大大增加了村民的收入，为创建和谐富裕的小布村提供有力的保障。

4. 共享：文明乡风

小布村弘扬传统美德，积极开展文明乡风建设。近年来，村与花都区相关部门合作，于村委办公大楼三楼开设了道德广场，每年举办2～3场道德讲座，内容以弘扬传统美德为主，旨在提高村民思想道德修养。

开展尊老敬老活动，将每年12月28日定为“敬老节”；为“五保”老人建设了一座公寓楼，使老人老有所乐，老有所居，安度晚年；向村中80岁以上老人、低保户里的60岁以上老人、

残疾老人发放“平安钟”智能手机，准确监测老人的身体情况，为老人晚年的健康生活保驾护航。以上种种措施，使“敬老爱老”在村干部和群众中蔚然成风。此外，为了培养好学、乐学、尊师重教的良好学风。村党支部、村委会决定，将每年的8月18日定为小布村奖教奖学活动日。对小学优秀教师、学生和各年级学习成绩排前三名的学生，以及村里考上重点中学、大学、硕士研究生、博士研究生的学生给予奖励。

三、主要成就

改革开放40年，小布村经济、社会、文化、教育、基础设施建设等各方面取得了显著的成就。

1. 经济社会发展取得显著成绩

经济方面，2017年，村生产总值比改革开放初期增长了近4倍，全村集体经济总收入7.3亿元，其中农业总收入4979万元，村民人均收入19 000元。同时，村被广州市定为广州市空港区核心区，为将来的经济发展定下了良好的基调。文化教育方面，小布村建立了完善的奖教、奖学、助学制度，大力培养村中勤奋好学的风气，为村庄未来的发展提供了充足的动力。基础设施建设方面，着眼改善道路、供水、排污、保洁、通信等与人民群众生活密切相关的环节，将村庄建设成为环境优美的新农村，为村庄未来的发展提供了良好的环境。

2. 获得国家、省、市、区级多项荣誉称号

自启动美丽乡村创建活动以来，全村积极参与美丽乡村建设，小布村获得了4个国家级荣誉称号，10个省级荣誉称号，市、区级荣誉称号更是数不胜数。获得的荣誉称号有：全国敬老模范村、全国创建文明村镇工作先进村镇、全国妇联基层组织建设示范村（社区）、全国人口和计划生育基

层群众自治示范村居、广东省交通安全村、广东省民主法治示范村、2004年度五四红旗团支部（总支）、广东省生态示范村、广东省卫生村、广东省文明村镇、巾帼示范村、广东省农村集体资产和财务管理示范村、广州名村。

3. 大力弘扬文明乡风传统美德

弘扬传统美德，让文明乡风走进小布村每个人的心头，人人都有“美丽小布是我家，乡风文明靠大家”的思想共识。一是便民务实的文明乡风建设工程，让村民有获得感，更重要的在于激发农村群众向善、向美的内生动力。例如举办道德讲座，提高村民思想道德修养。开展尊老敬老活动，举办敬老节、为“五保”老人建设公寓楼等举措，让老人得到实惠，重要的是使“敬老爱老”在村干部和群众中蔚然成风。二是举行参评宣传、表彰仪式，让村民获得满满荣誉感。正面引导群众，充分调动村民参与评选，强化宣传。

四、发展远景

“明者因时而变，知者随事而制。”时代洪流澎湃向前，以改革创新为核心的时代精神反映了中华民族历来具有的富于进取的思想品格，也是村不断发展的活力源泉和动力保障。展望未来，村党总支部从行政、经济、文化、生态等方面为村庄未来的发展作出了一系列发展设想。

1. 管理继续推行议事“三步工作法”

村党总支部将完善原有的行政制度，力求做到基层组织建设科学化，基层组织建设民主化，基层组织队伍建设清廉化，基层组织建设服务化。落实到具体的工作中，就是继续推行极具小布特色的议事“三步工作法”，积极推行阳光党务村务，规范党员管理教育，完善服务群众制度。

2. 经济做活做强

村规划从土地合理规划、建设空港核心区、发展现代农业、推进产业转型、加强城区建设、转变发展方式等方面入手，将村经济做大、做活。一是对村中土地进行合理的规划利用。掌握村、社土地使用具体情况，坚持由村统一规划，盘活利用好现有土地资源，充分发挥闲置土地的最大效能。严格遵守《广州白云国际机场周围地区整合规划》，以美化广州国际性城市门户地区的形象。二是围绕广州白云国际机场，建设广州市空港核心区。结合机场建设控制要求，积极引进相关产业，重点发展具有临空指向和关联性的高端产业。精心打造空港经济服务区，形成具有城市功能的村经济区。将村建设成为机场管理、机场交通布局及相关产业的重要基地。三是结合机场保护隔离区要求发展现代农业：以发展现代农业为重点，大力发展循环农业、无公害农业，发展“三高”农业，逐步建立起绿色、高效的产业发展新格局。四是推进产业转型。优化投资环境，改善投资条件，吸引先进企业来村建厂。走低能耗、高产出的新型工业化道路。实施产业高端化战略，形成以城区服务功能、临空高端服务业和知识密集型产业为主导的发展格局，成为拉动村经济发展的动力。五是加强城区建设，以花都城区向花山南部推进为契机，将村建设成为花都城区的组成部分，进一步增强服务功能，形成集商业、服务、居住、办公等于一体的新城区。六是转变发展方式，实施发展模式创新战略以村集体经营方式转变为突破口，促进营利模式由出租经济向多元营利模式转变。实施惠农招商战略，拓宽融资渠道，多渠道、多层次、全方位筹集资金，为村产业发展提供资金保证。

3. 文化重人才，强村风

培养人才方面，保持并发扬“小布村奖教奖学活动”，大力营造村中勤奋好学的风气，鼓励村中青少年考取高学历，为村庄未来的发展做好充分的人才储备工作。加强村人才队伍建设力度，大力培养适应村产业发展的实用型人才，为村经济发展提供有力的智力保障。加强村治安队管理，加大巡逻力度，防止恶性治安案件的发生，杜绝入屋盗窃等犯罪，为村民的生产生活营造和谐安全的环境。

4. 生态重点加强各自然村的生态文明建设

一方面做好创建卫生村的工作，加强对各自然村的卫生整治力度，争取在三年内将所有自然村全部创建成区、市卫生村。注重美丽乡村的各项硬件设施建设，继续改善村民生产生活条件。另一方面，下大力气抓好卫生整治工作。主要突出对卫生死角的整治，指定专人负责，由村出资聘请20人组成的专业卫生队实行分段管理，定期检查，不留卫生死角。

小布村今天的成就，是在改革开放40年中逐渐累积的硕果。小布村通过扎实的工作收获了丰富的经验，为今天村的腾飞打好了基础，正是这些一点一滴的量的积累促成了质的飞跃。“时代是出卷人，我们是答卷人，人民是阅卷人”，习近平总书记的话语意味深长，萦绕耳边。未来，小布村“两委”作为答卷人，也定将不忘初心，砥砺前行，努力带领小布村向成为产业兴旺、生态宜居、乡风文明、治理有效、生活富裕的社会主义新农村这一目标前进。

第二章

探索休闲农业
打造田园综合体

花果飘香迎客来，
昔日穷村奔小康

——白云区钟落潭镇寮采村

曾经贫困村，今朝致富路。过去10年间，寮采村集体年收入从不足6万元增加到123万元，村民年人均纯收入从不足5000元增加到11 580元，已基本追上广东省农村平均水平。这份由村民自行筹股共同开拓的事业，不但让村集体收入翻了20倍，也引领着寮采村民在共同富裕的路上

快步前行。抚今追昔，寮采村的巨变引人瞩目，更让人深思。寮采村人不等不靠，撸起袖子大力发展乡村旅游业和生态农业，用生动的事例印证了习近平总书记“绿水青山就是金山银山”的科学论断，也为农村集体经济繁荣、基层治理提供可资借鉴的成功典范。

一、省城穷村：藏在“深闺”无人识

寮采村坐落于广州市白云区钟落潭镇西北部，距广州中心城区25公里，离白云机场11公里，距离高速公路出口仅有7公里。全村现有面积5.42平方公里，下辖18个村民小组，户籍人口共6173人，全村耕地1410亩，林地776亩，园地2782亩，鱼塘200亩。流溪河从东北方向缓缓而来，在村落西侧转向，对寮采村形成环抱之势，留下近5公里的河岸线，素有“最美流溪河段”的美誉。

历史上的寮采村有着辉煌过往。相传在600多年前，在中国历史上十分显赫的萧氏族人一路南下，抵达广州时见流溪河畔土肥林茂、风景如画，便在此地定居下来。农耕文明时代，寮采村有良田数千亩，四时佳果不断，鱼肥人丰，俨然一处远离都市的世外桃源。时至今日，村内仍矗立着宏瑶书舍、文善萧公祠、桂森萧公祠、明远萧公祠、秀北里门楼等老建筑，无声地诉说着历史烟云中的辉煌。

改革开放以来，珠江三角洲地区先后经历过多次工业化浪潮。工业发展带来的厂房出租收入和出租屋收入，让不少村成了“亿元村”，村民纷纷过上了小康生活。但流溪河畔的寮采村，却与这几次机遇一再擦肩而过。这并非是寮采村人不思进取，而是流溪河是国家一级水源保护地，肩负着为数百万广州人供应生活用水的重任，因此在广州的城市规划中，流溪河畔的寮采村不能发展工业，往日的优势在一夜之间反转变成了劣势。在改革开放后的30多年里，村民依然靠种养为生，收益十分微薄。钟落潭镇一带的十里八乡流传着一句话：“有女扔下海，都不嫁寮采。”

2004年之前，寮采村没有一条水泥路，没有一座厂房，村集体收入捉襟见肘。2007年，村民人均纯收入不到4000元，仅为广州市平均水平的三成；村集体年收入只有区区5.7万元，负债却已超过300万元。村集体经济止步不前，村民的日子也举步维艰，村内人心涣散，看不到希望的年轻人纷纷外出。

二、临危受命：打响乡村振兴“第一枪”

十年前的寮采村，集体经济极其薄弱，历史债务缠身，公共服务聊胜于无，村内一盘散沙，群众怨声载道，是一个十足的“烂摊子”。新任村“两委”班子想到的第一个突破口就是整治全村的卫生环境。

当时寮采村唯一的水泥路修建于2005年，村集体还为此举债180万元。路旁分布着几个大型水泥垃圾池，由于缺乏管理，生活垃圾堆积如山。2008年，新任村“两委”班子决心改变现状，投入10万元用于垃圾清理，并彻底拆除在主干道上的垃圾池。所有的生活垃圾被集中到一个指定的场所，村庄面貌为之一新。同时，组织村民对村内的公共场所、卫生死角进行大清理，村容村貌大为改观，环境卫生向城市看齐。以此为契机，寮采村认真抓好环境卫生管理工

作，建立环卫保洁队伍并落实上门收集垃圾制度，村民每户实行“门前三包”（包卫生、包绿化、包秩序），主要道路的保洁工作都设有责任人，多年来让村民深恶痛绝却屡禁不止的随地倾倒垃圾现象得以彻底根除。

环境卫生的改善，使得村民郁积多年的不满有所改观，大家对新班子的能耐和责任心不禁暗暗点赞。这时，制约寮采村发展的另一个瓶颈凸显出来——全村仅有一条水泥路，18个经济社和5个自然村的村道仍然是黄泥路面。全村最偏远的草湖庄，通往外界的主干道竟然是只有一米宽的田埂。落后的交通现状，让人匪夷所思。如果要对全村道路进行拓宽和硬化，所需的资金要上千万元。于是，村“两委”创新提出“谁家要走的路，谁家出钱修建”，通过这种方式发动村民捐款集资修路。经商议，最终的方案是平均分摊土地：全村新修道路所需的土地分摊到18个经济社，再由各社内部自行消化。仅几年时间，寮采村顺利完成了28条村道的拓宽和硬化工程。从2008年开始，寮采村的主干道、环村路和主要村道陆续装上了路灯。亮化工程，终于让这个古老的村庄显现几分现代气息。紧接着，寮采村大力开展社会主义新农村和美丽乡村建设，陆续完成对生活污水的处理和一站式便民服务中心的建设，使寮采村初具美丽乡村的雏形。

三、独辟蹊径：绿水青山就是金山银山

无论是整治村里的环境卫生，还是修建道路，最大的制约因素还是资金不足。彻底斩断“穷根”、让集体和村民的腰包鼓起来，这是寮采村面临的最大挑战，也是远比美化环境、修路更为艰巨的任务。

村“两委”班子对寮采村现状有清晰的认知：不能发展工业、不能卖

地，唯一的资源是这里的绿水青山、新鲜空气和农家风情。

2009年，珠江三角洲绿道建设启动，2号绿道恰好从寮采村经过。村“两委”班子意识到这是一个千载难逢的发展机遇，于是主动与上级部门沟通，成功争取到在流溪河畔设立驿站的机会。很快，一个名为“世外桃源”的绿道驿站出现在村口。接着，村“两委”有意识地组织村里的村民代表外出参观考察。顺德长鹿农庄、南沙百万葵园、斗门一河两岸，让村民大开眼界，意识到建设美丽乡村，发展旅游业大有可为。2010年春，全村干部、党员、村民代表等200多人集中开会，就村“两委”提出的议题进行表决。

根据提案，寮采村将以股份制的形式成立世外桃源度假村有限公司（简称“世外桃源公司”），将流溪河畔的600多亩土地从村民手中流转回集体，种上七彩花田、果树和蔬菜，发展观光休闲农业，力争将村庄建设成为“四时鲜花满地、水果满园、环境优美”的世外桃源，走出一条可持续发展的强村富民之路。

在公司管理方面，世外桃源公司在全村公示要聘请的职位，优先吸收本村村民就业，并聘请专业人士对村民进行职业培训。在公司决策方面，世外桃源公司成立筹委会，由寮采村已经退休的老书记、老村长、老人协会会长、党员代表、村民代表以及村里德高望重的乡贤共21人组成。筹委会对世外桃源公司的重大决策进行开会讨论，以确保公司的发展符合广大村民的共同利益。

“不能再捧着金饭碗讨饭了！”经过热烈的讨论，这一方案得到代表们全票通过。寮采村民以两种形式入股：一是拿出土地用于项目经营，以土地租金参股；二是直接筹资入股。通过这次大会，公司直接筹资近600万元，景区建设随即启动。2011年5月，世外桃源度假区正式开业。由于环境优美，交通便利，观赏项目丰富，景区开业后很快就步入了良性运转，当年接待游客数量11万人次。

经过多年的滚动发展，世外桃源公司共投入资金6000多万元，开发规模近1000亩，生态旅游区日渐完善，规模越做越大，名气越来越响。如今的寮采村已成为广州人郊游的首选目的地之一，游客数量逐年攀升。2011年，世外桃源景区获得由广州市农业局广州市农家乐服务质量等级评定委员会颁发的“广州市农家乐服务质量等级三星”牌匾；2013年，获得由广州市农业局广州市观光休闲农业示范园和特色农庄评定委员会颁发的“广州市特色农庄”牌匾；2014年5月，被广东省农业厅、广东省旅游局评为“广东省休闲农业与乡村旅游示范点”；2015年8月，被国家旅游局评为“中国乡村旅游金牌农家乐”。

四、经济引擎：带动全村走向共同富裕

如今，世外桃源景区不仅是寮采村的“摇钱树”，更是一台动力强劲的“发动机”，有力地牵引着集体经济发展壮大，拉动着农民收入增长。村民向实现共同致富的目标大步前进，初步尝到了集约流转土地、发展现代休闲农业的甜头。

最直接的收益，来自世外桃源公司的投资分红。2012—2015年间，在保证景区良性发展的基础上，每年向村民派发每股分红0.42元，2016年

向村民派发每股分红了0.21元。由于股份可以在村民之间自由流通，股价也从最初的2元/股增长到2.8元/股，村民纷纷选择将收益用来购买更多的股份，总股本已增至2120多万股。

目前，世外桃源景区及其配套产业已带动本村村民203人就业；随着景区的建成以及其他配套项目不断完善，景区的优美环境和丰富的旅游资源使周边土地的附加值得以提高，土地租金由原来的500元提高到1800元，已经达到珠江三角洲发达地区农业用地的同等水平。

2014年，寮采村完成村庄规划修编，并得到全体村民一致通过。如今，新的村庄规划已融入村规民约中，并成为指导寮采村今后发展的依据。新的村庄规划中，寮采村依据本村实际情况，大力改善村容村貌，并借助绿道建设，全力推进寮采村观光休闲农业的发展，集约流转土地，划分不同的功能区，逐步实现农业的产业化和规模化经营，做品牌、创效益，使村的集体经济得到很大的发展，带动村民共同致富。

近年来，寮采村通过成立绿韵农家乐、绿腾淮山、绿佳水果、绿苑鲜花等农民专业合作社，引进优良的农产品品种，采用有机、绿色的种植方式，引进相关检测设备，确保农产品无公害、农药零残留，从而建立农产品品牌，提高农产品的市场竞争力。2012年，绿腾淮山农民专业合作社获得由广东省农业厅颁发的“无公害农产品产地认定证书”。寮采村还针对本村的特色农产品开发相关的旅游产品，如用淮山做成菜肴和点心，深受游客欢迎。

步入良性发展轨道的寮采村，管理水平持续提升，公共服务不断完善，人居环境得以明显改善，先后获得各种荣誉。2009—2012年，寮采村连续四年被评为白云区的新农村建设示范村；2014年，入选广州市美丽乡村试点，同年8月，被广州市委农办、广州市农业局评为“广州市观光休闲农业示范村”；2014年10月，被农业部评为“中国最美休闲乡村”；2015年8月，被国家旅游局评为“中国乡村旅游模范村”；2016年，被广东省卫计委评为“广东省健康促进示范村（社区）”；2018年，寮采村与周边的米岗村、龙岗村、雄伟村被确定为新一轮省级新农村示范片。

五、治理启示：发展集体经济形成良性循环

仅用了数年，一个交通不便、经济落后、像一盘散沙的村庄就蜕变成一个环境优美、朝气蓬勃的模范村。发生这种根本性转变的根源何在？基层治理水平决定优化发展水平，这或许是寻求答案的路径所在。寮采村集体经济高质量发展、项目经营有声有色、产权改革稳妥推进、建设管理水平有序提升的背后，有着一套既符合村治传统，又融合现代理念的基层治理机制在发挥重要作用。

（一）有能力、有担当、深受群众拥护的领导班子，是事业成功的领导基础

常言道：火车跑得快，全靠车头带。成败与否，与村“两委”班子的能力、担当和号召有莫大的关系。目前，寮采村“两委”能人汇聚，这个团结务实，有能力、有担当的班子，给寮采村的发展注入了强劲的动力。

（二）建立以党员为核心的基层组织，实现村民有效动员，是良性发展的组织保障

“不怕你不参与，就怕你漠不关心。”与村“两委”班子同等重要的，是村民有效的组织和动员。目前，寮采村独创了一套以村党支部、村民代表大会为核心，以妇女协会、商会、老人协会、退伍军人协会等组织为支撑的决策监督体系。每到年底村党支部都会召开扩大会议对一年来村里的事务进行通报。这些组织从各个维度把村中骨干组织起来，再通过他们动员广大村民参与到村的建设和发展中来。

其中，基层党组织在基层治理中处于领导核心地位。特别是在政策宣导等方面，全村120名党员充分发挥带头作用，挨家挨户上门做工作。基层党组织决定权进一步增强，党员参与基层治理的积极性有明显加强。即使村“两委”换届换人，对村内的事务也能按程序进行表决，使村的决议能真正代表大部分村民的意愿。

（三）发展壮大集体经济，提供优质的公共服务，是农村持续繁荣的动力所在

乡村的繁荣决定了村民的生活方式必然要向城镇居民看齐。在城市，交通、环卫、教育等领域的公共产品既有稳定的公共财政兜底，也有专业的机构确保服务质量。在寮采村振兴过程中，村民选择了一条既符合政策和寮采村实际，又能准确满足市场需求的致富道路，并采用了先进的企业管理制度。企业从组建起就具备了“造血”能力，在滚动发展中既充实了集体经济，又带旺了村民经济发展，是名副其实的“摇钱树”。

集体经济的壮大，使得乡村振兴所需的公共服务有了坚实的经济基础，在良性循环中推动了农村经济持续繁荣。

（四）建立科学、民主的决策机制以及公开透明的村务监督机制，是确保集体企业健康运转的制度保障

制度的力量是无穷的。在筹建世外桃源景区这一涉及全村未来的重大决策时，不再是一两个村干部“一言堂”，而是由村“两委”干部、村民代表、全体党员、18个经济社社长和老人协会会长等人共同决策、表决通过。

目前，寮采村已完成新一届村“两委”班子的换届，实现了村党总支书记、村委会主任一肩挑，有村党总支部副书记、村委会副主任、村“两委”委员共6人，另有1名聘任干部。寮采村根据白云区的农村财务管理办法，实行村、社账由镇统一代理的会计代理制度。

寮采村在内部管理、民主决策方面也形成了独特的模式：村的事务先由村“两委”取得一致意见后，再提交党务、村务、财务廉政监督小组和党总支部、村民代表、老人协会、妇女协会、商会、退伍军人协会开会通过后方能实施。重大事项还要在全村公示后才能实施，实施后由监督小组全程监督，从制度上保障了村班子议事、决策做到“公平、公正、公开”。

六、未来展望：打造中国乡村旅游示范基地

下一步寮采村将从集体经济、公共配套和文化建设等三个方面出发，发展更高质量的旅游和观光农业，把寮采村打造为中国乡村旅游示范基地，让村集体持续繁荣、村民持续增收。首先，积极发展集体经济，将18个经济社的旧仓库、厂房通过土地置换，集中在一个地块上共同发展观光休闲农业，增加村民收入。其次，抓住钟落潭镇建设美丽乡村群的契机，借助打造美丽乡村群的协同效应，贯通道路，完善公厕、

标志牌等公共基础设施。第三，重建寮采村萧氏大宗祠，修葺周边祠堂和书舍，打造一条深具文化特色的书香路，深入挖掘村庄的历史文化、名人故事，增加村庄文化底蕴。同时，通过村规民约，规范村民的思想和行为，提高村庄凝聚力。

假以时日，一个环境更优美、文化更繁荣、人气更旺盛、村民更富足、治理更科学的新寮采将以崭新面貌呈现在世人面前。

秀丽山村似画，八方游人如织

——花都区梯面镇红山村

改革开放为红山村带来了机遇和挑战。红山村人坚持多种绿色产业共同发展，经过不懈努力，红山村发生了翻天覆地的变化。红山村沿着科学协调且可持续的方向发展，从一个寂寂无闻的郊区小村变成了远近闻名的美丽乡村。现在村子变成了景区，宽阔的村道长廊，景色如诗如

画，令人流连忘返。在红山村，村民已经习惯了享受着美丽宜居家园带来的惬意与祥和，真正实现了安居乐业。

一、红山村概况

红山村位于广州市花都区梯面镇中北部，地处王子山森林公园脚下，一面与从化接壤，一面与清远相接，交通便利，通往王子山的404县道横贯其中，乐广高速跨村而过。现今总面积14.3平方公里，其中山地面积2万多亩，耕地面积600多亩，分6个自然村、9个经济社。村干部5人，党员22名。2016年农民人均收入13 873元。截至2017年，户籍人口有312户，共1327人，常住人口1173人，村集体收入约80万元。红山村于2008年12月被评为“广东省卫生村”，2010年被评为“广州最美乡村”，2012年12月被评为“广东省宜居示范村庄”，2013年3月被评为“AAA国家级旅游景区”，2014年被评为“广东省文明村镇”，2014年11月被评为“全国人口和计划生育基层群众自治示范村（居）”，2015年2月被评为“全国文明村镇”，2015年3月被评为“全国民主法治示范村（社区）”，2015年8月被评为“中国乡村旅游模范村”，2016年9月被评为“广东省健康促进示范村”，2017年3月被评为广东省“无邪教示范村”。

二、打造美丽山村，喜迎八方游客

驾车从乐广高速梯面收费站下高速，沿404县道一路向北行驶约5公里，就会发现一个山清水秀、四面环山、风景如画，拥有浓厚客家风情和丰富旅游资源的秀丽小山村——红山村。村内青山叠翠，空气清新，

溪涧纵横，流水潺潺，夏季平均气温比广州城区低5℃左右，是广州市近郊难得一见的“世外桃源”，现已成为人们健身吸氧、休闲度假的新景点。站在村文化活动中心广场向远处瞭望，村内干净整洁、绿树成荫，一幢幢崭新的小洋楼倚山而建，掩映于茂林翠竹之间。走近一些，可以听到小河流水潺潺，水车哗哗作响……老人们坐在榕树下的石凳上聊天；数百米外的村口，戴着草帽的村民正灌溉一大片花海；花海小径中游客穿梭来往，他们拿着手机、相机，一次次定格下如诗如画的美景。

漫步在宽阔的村道上，走过“一河两岸”长廊，穿过景观湖，景色美不胜收，令人流连忘返。河涌明净静谧，两岸绿树环抱，一条桃花涧贯村而过，小桥和亲水平台穿插其中，全村120多亩耕地集中在桃花涧两侧的山间坝子上。池塘里锦鲤遨游，休闲凉亭错落有致，村尾那口和村落一样历史悠久的甜水老井，数百年泉涌不歇，依旧甘甜。这里是城市居民望得见山、看得见水、记得住乡愁的理想之地。

时光追溯至2012年10月，随着秋季的到来，红山村的稻田渐渐变成了一片金黄色的海洋，稻田里生动清晰的奥运五环和五角星图案跃然而出，与金黄的稻田相映成趣，蔚为壮观。那奥运五环和五角星图案其实是村民种植的紫稻——当年7月中旬，由广州市农技推广中心和梯面镇农业办农技人员用紫稻精心制作的“水稻彩绘”，引得无数广州市民前来驻足欣赏。

每年3—4月，100多亩油菜花开得正旺，大地一片金黄，与蓝天绿水青山交相辉映，更是勾勒出一幅绚丽多彩的田园风光，吸引着八方游客前来休闲观光。2018年3月，以“花漾梯面，相约2018”为主题的梯面镇第十届油菜花旅游文化节暨乡村振兴战略学术和实务研讨会、客家文化研讨会在红山村广场盛大开幕，整个红山村被春天装扮得色彩斑斓。村民热情的服务，游客灿烂的笑容，孩童无忧的嬉戏，菜花尽情地舞动，一片返璞归真的田园自然风光尽收眼底，让人心旷神怡，神清气爽。从2009年至今，油菜花旅游文化节在红山村已经连续举办了十届，一届比一届火爆，一届比一届精彩。由于免收门票，每年油菜花盛开之时，成千上万人前来踏青赏花，体验客家风情，周末游客更是超过2万人，路边停放的汽车绵延十余里（1里＝500米）。

在红山村，不仅可以看花，看天然的石上清泉、浪漫诗意的花溪、恬静悠然的水车、宽广的田野长廊、美艳动人的红湖春色、苍翠傲骨的竹林婆娑、幽深秀美的深谷寻幽、山陡水急的浅谷探险等八大景色，还可体验到小桥流水人家的乡村特色生活。木长廊、竹凉亭、仿古水车、灰塑、鼓楼、绿道、公园等点缀在村中的房前屋后，映衬着远方郁郁葱葱的山峦……村中新铺设的“浅谷绿道”，全长2.6公里平整的沥青路面，非常适合徒步或骑行。沿着绿道骑行，两边景色美不胜收，到达深谷景点后，可登望瀑台观深谷瀑布等。

在鼓圩购物也是不错

的选择，圩日里集市不但有农家艾糍、豆腐花、甜笋、绿色大米、农家酿酒等土特产，还有新鲜摘下来的无公害蔬菜，摆摊的均是当地村民，纯朴又憨厚。在红山村的茅莑自然村还生长着一种茅莑米，米粒呈半透明状，煮熟后松软可口，香气诱人，是一种不可多得的优质大米。其生长在北回归线经过的海拔高、温差大的地区，种植过程中农民均手工除草、除虫，不施农药，施肥主要用草木灰等有机肥料，灌溉用山泉水，生长条件要求高，导致总产量非常有限，可以称得上是稻米中的“贵族米”，市场上一米难求。

红山村发展乡村生态旅游的有利条件，除了自身的自然生态环境优美外，还有深厚的人文历史底蕴。村中保留的文化遗迹有李家祠堂、盘古王遗迹、洪圣古庙遗迹、抗日战争时期日军驻军战壕等。红山村的乡风文明体现在对优秀传统文化的传承上。当地客家人有“入年卦”“出年卦”的传统岁时习俗。农历十二月最后一个星期为“入年卦”。入年卦之后，村民开始赶制年宵食品，如火镰饼、炸糖环、油角、米呈、发糕糍等，以备待客。民谚中有“年廿八，洗邋遢”的说法。每逢春节前，各家各户开始大扫除，将屋内屋外清扫得一干二净，以迎接新春佳节的到来。农历正月初五为“出年卦”，人们认为是日有天神下降，家家祭祀神灵求庇佑平安。

如今被列为花都区五张文化片名之一、入选广州市首批非物质文化遗产的盘古王诞，就起源于红山村李婆峒。据《花县志》记载，在明末清初之时，由于聚集在现梯面一带的瑶族人受到镇压，在当地广为流传的盘古信仰几乎一度消亡。直到清朝嘉庆初年，李婆峒有一名叫邱毛松的土医师，他在上山采药时发现一块半人高的石碑，碑上正面刻着“初开天地盘古大王圣帝神位”，传说为瑶族人逃亡时遗落。邱毛松在山腰搭起一座“盘古神坛”，把这块盘古神碑供立其中，将拾到神牌的农历八月十二定为盘古王诞日。邱毛松每天在神坛施医救人，并四处游说让周围的人去参拜。于是，盘古神坛渐渐远近闻名，残存在汉化瑶族人当中的盘古信仰逐渐恢复。盘古王在汉人中的影响日益增大，最终形成了花都“盘古王诞”的大型民俗活动。每年是日，盘古王神坛前人山人海，参拜信众络绎不绝，村里还请戏班唱戏，各族醒狮队轮番表演舞狮、武术，连续三天三夜，锣鼓喧天，十分热闹。

村子美起来，村民富起来，文明也跟着强起来。游客多、公厕不够的时候，村民都乐意打开自家大门，让游客如厕；见到垃圾，村民也会自觉捡起来。村民的素质在看得见地变化着，他们用实实在在的行动支持美丽乡村建设。现在村子变成了景区，环境得到改善，收入得到提升，村民真正实现了安居乐业。部分村民的子女在花都新华城区上班，以前一年到头难得回来几次，如今隔三岔五就呼朋唤友回来度假。村子越来越美，走出去的村民想回来居住创业的愿望越来越强烈。

三、大力发展绿色产业

数百年来，村民们一直延续着日出而作、日落而息的传统农耕生活方式，收入主要靠水稻种植和出售一些山间农副产品。二十世纪八九十年代，红山村曾以挖矿为主业，采泥、采石业盛极一时。虽然一部分人先富了起来，但却付出了沉重的代价——无序开采导致严重的水土流失，山体破烂、河道堵塞，生态遭受破坏。

1997年5月8日，这是一个让红山村村民刻骨铭心的日子。一场突如其来的特大暴雨引发山洪暴发、山体滑坡，顷刻间摧毁了整个村庄。全村200多间泥土屋全部被冲毁，近千人失去了昔日的家园，变得流离失所……遭遇灭顶之灾的贫困山村痛定思痛，在2003年关闭了全村所有的泥石厂。灾难过后，政府救灾下拨的砖瓦木材很快就运来了，红山村的重建马上就要展开。怎么建？当时的市、区、镇、村四级领导班子很快形成一个共识——重建不是简单的复建，要借助重建，在保护生态环境的前提下，改掉过去的“脏乱差”，建出一个现代化的新山村。

为此，花都区建设规划部门对村庄整体进行规划，对道路、广场、医疗设施、商业服务设施等进行布局，预留发展空间。对农户住宅采取政府出材料、农户自己建的政策，要求每家每户的建房朝向为靠山面水，设计独立的卫生间和厨房，这既符合了客家建筑居住的传统，也让整个村庄的村容村貌更加整齐美观，村民的生产生活更加便利舒适。

2006年，红山村成为花都区新农村建设试点村。虽然经过重建，村容村貌改善了，但村民的收入还是很低。至2007年，全村年人均收入仅4000元左右，在广州市处于较低水平，红山村因此被上级列为扶贫对象。如何提高村民的收入，早日实现脱贫，是各级党委、政府必须解决的问题。为此，镇里组织村干部走出去考察学习，到从化、增城的特色村，乃至江西等地，通过考察学习，结合自身实际，确定了发展特色农业、建设休闲旅游山村的精细化、多元化发展之路。

2009年，花都区大力开展“美丽乡村”建设活动，红山村再次成为示范村，得到了各级财政和热心企业的大力支持，先后投入2000多万元，改造了进村大道和村内道路，建起了中心休闲广场；通过实施“一河两岸”工程，在穿过村庄的小河沿岸种上了桃树，还修筑了长达8公里的环村绿道，修复和重建了以鼓楼灰塑和客家宗祠为特色的客家民俗风情建筑。在溪涧幽谷建成了占地十多亩的深谷自然风景区。

2011年，梯面镇确定为广州市首批名镇建设示范点之后，镇政府随即提出“统筹旅游名镇建设来打造美丽乡村”的方针，将美丽乡村建设与乡村生态旅游统筹发展，提出以王子山森林公园发展为龙头，带动高百丈风景区、紫霞山庄隆华寺、旅游风情街、一河两岸等景区的建设。同时大力发展特色商店，建设旅游产品和土特产市场，积极指导一批农家乐餐馆提档升级，进一步完善了“游、购、食、住、娱”一条龙服务。

党的十八大后，花都区美丽乡村建设按照“一村一品、一村一景、一村一业”的发展思路继续推进，并确定了20个美丽乡村先行示范点，梯面镇所辖的包括红山村在内的8个村全部被列为示范点。广州市农业局作为红山村美丽乡村建设对口帮扶单位，先后安排专项资金430多万元，用于基础设施建设和村容村貌整治。与此同时，红山村以打造美丽乡村、建设梯面旅游名镇为契机，在村内建设了一批旅游观光设施，重点建设了油菜花观光栈道和观景长廊、桃花观赏绿道、铜鼓鼎公园、反映“秀色山村”的灰塑画墙，以及红山鼓楼和仿古水车等景观景点。

2012年，红山村借助扶贫开发和美丽乡村建设的契机，按照“缺什么补什么”和“轻重缓急”的原则，利用市区财政资金近600万元，大力

推进基础设施建设，完成了“七化工程”：一是道路通达无阻化，全村实现自然村道硬底化；二是农村路灯亮化，在市建委支持下，红山村全面实现路灯亮化；三是供水普及化，全村自来水普及率达100%，生活用水集中供水到户；四是生活排污无害化，村内生活污水100%经处理达标排放，并建有污水处理池；五是垃圾处理规范化，新建了两个垃圾收集点，建立“户收集、村集中、镇转运、区处理”的农村生活垃圾分类收运处理体系，积极推行垃圾分类处理；六是卫生死角整洁化，建立严格的保洁制度，聘请专职保洁员负责全村环境卫生保洁工作，村容整洁干净，红山村因此先后荣获省、市、区“卫生村”称号；七是通信影视“光网”化，村内已开通宽带上网，被评为“花都区智慧示范乡村”。完成“五个有”工程：一是建有一个超过300平方米的综合服务中心（含维护稳定、医疗、计划生育服务等功能）；二是建有一个500多平方米，藏书3000多册的红山村文化活动中心；三是建有约2500平方米的红山休闲文化广场及户外健身场所；四是建有80米长廊、近90平方米的文化宣传报刊橱窗；五是在公园及广场边建有一批无害化公厕。

2013年11月，花都区科工信局牵头帮扶梯面镇打造智慧乡村，红山村民在自己的田头家中就可以免费无线上网，前来观光的游客只要上“广州视窗”网站或者在手机中下载“广州视窗”软件，就可以实时观看红山村美不胜收的迷人景色。一直以来，红山村信息化基础建设均走在花都区各村前列，先后开通了村级电子政务服务，安装了LED电子显示屏，在主要路口和关键区域安装了视频监控点，全部完成数字电视转换，文化广场实现Wi-Fi（无线网络）覆盖，村务公开实现电子化。

从2016年开始，全村基础设施再升级，拆除废旧茅屋、猪舍、违章建筑及广告牌，清理乱堆、乱占、乱放的杂物；开展饮用水管网改造工程、雨污分流建设工程、生活污水处理项目、花卉苗木增绿工程等，村容村貌焕然一新，村民全部住上了楼房，用上了液化石油气，告别了世代沿用的乡村“毛厕”。

在旅游经济的带动下，村里还催生了一批农家乐、农家旅社和农产品销售商户，形成了集食、住、行、游、购于一体的乡村旅游产业。农家乐餐馆集合了客家人和广府人的口味特色，推出许多用农家走地鸡、卤水鸭、自家新鲜蔬菜等食材烹制的美味佳肴，其中最有特色的是大盘菜，为广大游客所追捧称赞，吸引了一批又一批的城里人前来品尝。游客多了，如何让游客留下来、住得下？村民办起了好几家农家客栈，甚至与其他企业合作建起了一家三星级酒店——红山乡村酒店。农家客栈“麻雀虽小，五脏俱全”，干净舒适，经济实惠。

富了物质，还要富精神。红山村在加强旅游设施建设的同时，新建了文化室、图书室、老人活动室和红山展览馆等文体设施，成立了客家山歌队、广场舞蹈队，组建了志愿服务队，经常开展关爱“老幼弱残”、卫生清洁、游客接待等志愿服务。

四、乡村振兴，加强党建

青山环抱，绿树环绕，山头果园郁郁葱葱，村口花田花团锦簇，拥有美丽乡村景观的红山村没有浪费这得天独厚的自然资源。改革开放以来，红山村坚持党建引领，切实发挥党组织领导核心作用，引领党员干部群众积极投身美丽乡村建设。昔日的“偏远村”“空心村”“后进村”转变为“AAA国家级旅游景区”“全国文明村镇”，成为广州市乃至广东省乡村振兴和美丽宜居乡村建设的一张亮丽名片，这得益于红山村有一个团结的领导班子，有一支干事创业的干部队伍。全村干部思想统一，工作目标一致，村民们在共同致富的康庄大道上越走越远，越走越宽。

红山村的发展，离不开党的引领，而党的引领又离不开村党支部的建设。为提升村党支部战斗力和领导力，强化村党支部的战斗堡垒作用，村党支部注重在学习上下功夫，在坚持“三会一课”（定期召开支部党员大会、支部委员会、党小组会，按时上好党课）的基础上，坚持以习近平新时代中国特色社会主义思想为指导，广泛开展“两学一做”（学党章党规、学系列讲话，做合格党员）学习教育，深入学习党的路线、方针、政策，认真学习党的十八大和十八届三中、四中、五中、六中全会精神以及十九大精神，特别是习近平总书记对广东工作的批示和重要讲话精神，为红山村科学发展打下理论基础，指明前进的方向。结合乡村生态旅游发展规划，在党建上创新“五个模式”：党小组带头先锋模式，将全村党员划分为不同职能的小组，带动和影响周围的群众；传统节日交流模式，针对外出党员多的特点，建立节日组织生活制度；远程教育学习模式，积极探索利用远程教育网络平台教育党员群众；党员微信群平台服务模式，利用微信平台及时与党员交流；镇村结对共建模式，不定期与镇党委一起过组织生活，提高组织生活质量。

从2012年开始，红山村全体村干部陆续报名参加学习班，红山村多次组织村干部、党员、群众代表到广州市改革开放建设的先进村交流学习，不断提升个人素质以满足工作需要。2014年以后，红山村遵循“一肩挑”和“交叉任职”的要求，连续两届顺利选举产生了村“两委”班子，成员均为5人，实现了村党支部书记、村委会主任“一肩挑”，村“两委”交叉任职“双100%”，使村“两委”班子干部素质和结构得到优化，凝聚力和战斗力明显增强。

在市委、区委组织部带领下，红山村创新党建文化载体，开展了新型党建文化的试点工作，先后组织了村歌创作、村舞教学、设计村官名片、编印村情单页、开发村游创意、注册村产品牌、开展村民评议、创办村民讲坛、修订村规民约、组建村志愿队、编撰村编丛书等活动。2012年成功举办“最美红山·农村党建文化创新——村歌村舞喜迎十八大”联欢晚会，将美丽乡村建设、党建文化和村民的文化需求密切融合，以党建文化助力特色小镇建设。红山村“两委”班子成员以经济建设为中心，在坚持中国特色社会主义制度的前提下，调整和改革农村内部关系与农村劳动力、城镇化快速发展与农村经济基础之间不相适应的问题，促进了农村生产力的发展和各项事业的全面进步，更好地保障了广大农民群众的根本利益。村干部各司其职，通过自上而下建立工作机制，确保了红山村改革开放工作层层落实。

近年来，随着乡村游的持续火爆和红山村知名度的提高，红山村渐渐成为珠江三角洲地区深受游客欢迎的休闲度假目的地之一，2014年共接待游客40多万人次。2015年，仅春节和油菜花旅游文化节期间，就有近20万游客到红山村观光，2016年共接待游客约60万人次，为村内的农家乐餐饮、农产品销售商户带来丰厚的利润。在旅游产业的蓬勃发展下，很多村民不

再外出务工，当起了观光农业的专业维护工人或是成为餐饮、销售个体户，真正实现在自家门前发家致富。

党的十九大召开后，红山村党支部在加强学习的同时，还通过村中“大喇叭”，普及党的政策，宣传党的声音。听得懂、记得住、可复述的语言，暖人心、顺民意、有盼头的政策，让广大农民群众吃下“定心丸”。红山村将借助改革开放再出发的东风，进一步创新农村集体经济发展机制，大力发展富民兴村产业，推动村集体经济和农民增收致富双轨并行，行稳致远。

农村发展怎样才能和城市化相适应？这对于新时代的红山村来说，答案就是把乡村旅游更好地发展起来，更好地为城市化发展服务。2018年3月23日，“新时代广东乡村振兴理论与实务研讨会”在红山村召开。研讨会举办期间，中山大学政治与公共事务管理学院、广州市智慧治理研究中心在红山村挂牌成立“梯面镇乡村振兴研究与教学基地”，希望以红山村为载体，“解剖麻雀”，建立常态化的实践教学机制、制度化的决策咨询机制和开放型的知识分享网络，共同探讨振兴乡村的方法。

相信在不久的将来，随着广州市乡村振兴战略的不断深入推进，美丽宜居乡村建设会让红山村产业更兴旺、生态更宜居、乡风更文明、治理更有效、生活更富裕。

"万家旅舍"建起，乡村休闲旅游腾飞

——增城区正果镇蒙花布村

蒙花布村位于广州市增城区正果镇中部增江河畔，北回归线上增城最美的乡村，离镇区约2公里，是一个四面环水，风景如画的"小岛"，现有面积1.5平方公里。这里有着保存完好的天然沙滩、榄树林、竹林等生态旅游资源。蒙花布村现辖4个经济合作社。截至2017年12月底，户籍人数140户，共452人。2017年，蒙花布村集体收入41.74万元，村民人均收入1.8万元。蒙花布村先后被评为"广东省计划生育模范村""广东省生态示范村""广东省卫生村""广东省文明村镇""广

州市文明示范村”等，被确定为“广州市美丽乡村试点村”“‘万家旅舍’示范村”，2015年底入选广东省村庄规划编制试点，2017年被确定为蒙花布村特色小镇。

一、发展历程

蒙花布村这块土地有着悠久的历史，可追溯至清朝雍正时期。据蒙花埔（注：此为早期称谓）高家族谱记载，开居始祖高国贵因不堪忍受强姓歹人欺凌，于是举家从山东渤海湾南迁，最后定居于此，开村至今近300年。由于开居时此地长满蒙草，开满白茫茫的草花，像是一块百花巨布，故取名为蒙花布。曾经的蒙花布村没有一条像样的路，没有路灯，每当夜幕降临，只有清风和山间飞舞的流萤。在曾经的蒙花布村，完全看不到车水马龙的景象，最流行、最时髦的就是骑单车，蒙花布村人谁也没想过这辈子能买得起摩托车和汽车，也没想过打开家门就能赚钱，日子可以变得这般红红火火。日月经天，岁月流转，其间风云际会，世事沧桑。中华人民共和国的成立，为蒙花布村带来了新生，改革开放的春风又吹拂了蒙花布村，蒙花布村人将原本由人民公社集体耕种的土地改成“包产到户”，后来又实行家庭联产承包责任制。从此，蒙花布村人开始“甩开膀子大干”，并进入一个崭新的历史时期。

（一）解决民生温饱阶段：1978—1988年

1978—1988年这十年，粮食大丰收了，村民肚子不再饿了，温饱问题解决了。“仓廪实而知礼节，衣食足而知荣辱”，蒙花布村的孩子们开始上得起学校读得起书，大人们劳动之余也能在节庆的时候去看赛龙舟表演。

（二）经济发展筑基阶段：1988—2008年

1988—1998年是向外学习交流的十年。随着打工潮的兴起，村子里年轻人慢慢变少，离乡背井换来了物质上的丰裕。土坯变砖瓦、平房变楼房，彩电、缝纫机、自行车进入各家各户。到20世纪90年代末，村里的基础设施大变样，自来水改造、通信设施改造、有线电视改造陆续完成。自此，蒙花布村人和外界的联系越来越紧密。1998—2008年，经济发展基础逐步扎实。蒙花布村全村道路硬底化，实现村村通、户户通，基础设施越建越好，农民生活大大改善，农业生产开始发展。

（三）乡村休闲旅游发展腾飞阶段：2008年至今

2008—2018年，这是翻天覆地的十年。这十年蒙花布村利用得天独厚的生态资源，抢抓机遇，大力发展乡村休闲旅游，打造蒙花布旅游度假村，吸引了大量珠江三角洲地区游客前来游玩，农房改民宿，草根创业，建成高家庄等一批旅舍，成功打造了蒙花布村“万家旅舍”示范村，许多家庭年收入超过10万元，蒙花布村今非昔比。如今，蒙花布村正在创建“AAA国家级旅游景区”，全力打造特色小镇。

乡村振兴号角吹响，四季花海林、森林公园、湖心岛湿地公园等项目纷纷开建，为蒙花布村经济腾飞再次带来了新的机遇。从过去的“泥巴房、没有粮”，到现代农业、旅游业、招商引资同步发展，从落后贫穷的偏远山村到远近闻名的美丽乡村，蒙花布村不断变化着。“广州乡村旅游示范点”“‘万家旅舍’示范村”的金字招牌，在全村村民的奋斗下，被擦得锃亮。

二、主要成就

经过改革开放40年的发展，蒙花布村乡村休闲旅游带动了多方面建设，“三农”发展取得显著成效。

（一）乡村休闲旅游蓬勃发展，建构起现代新乡土生活模式

因经济迅速发展，社会竞争激烈，现代人精神压力越来越大，特别是身处大都市里的人们，迫切需要一种远离尘嚣的精神慰藉。蒙花布村抓住现代人生活模式返璞归真的契机，大力发展乡村休闲旅游业，为现代新乡土生活模式的建构带来可能。按照构建南国乡村大公园的思路，蒙花布村以完善基础设施及整治村容村貌为抓手，一方面，结合地理景观完成村庄整体环境绿化，建成1.5公里的登山道、3.5公里的环村自行车绿道、入口景观、观景平台、旅游服务中心和农副产品展销中心等，完善了文化阅览室、标准篮球场、健身小公园、登山小径、情侣长廊、观景亭、停车场和公厕等基础配套设施，形成了具有一定规模、布局合理、植被多样、特色突出的乡村旅游景点。另一方面，充分利用蒙花布村得天独厚的天然沙滩、榄树林、竹林等生态旅游资源，

借助建设绿道、乡村小公园、休闲驿站、“万家旅舍”等，大力开展“七化”（道路通达无阻化、农村路灯亮化、供水普及化、生活排污无害化、垃圾处理规范化、卫生死角整洁化以及通信影视“光网”化）工程、“六个一”（建设一个综合服务中心、一个卫生站、一个文化站、一个文体活动广场、一个宣传报刊橱窗和一个无害化公厕）工程和“五场”（指停车场、建筑材料堆放场、禽畜圈养场、农副产品摆放场、垃圾收集堆放场）建设，建成了配套齐全、宜居宜游、生态自然的精品美丽乡村，营造良好的乡村休闲旅游环境。同时，蒙花布村依托自身资源优势，积极引进了蓝莓种植基地等休闲农业项目，打造出集观光、娱乐、采摘于一体的休闲体验农业。休闲农业与乡村旅游在这里进一步融合发展。而今蒙花布村已是声名斐然的休闲农业与乡村旅游示范村。

方圆仅约1.5平方公里的蒙花布村，高峰期时曾接纳上千名来自广州、深圳、东莞、惠州等周边城市的游客。有游客说：“这就是我的新乡土生活，在宁静的黄昏，披着氤氲的暮色，我沿着幽绿的小径，穿过荔枝园旁的老屋和祠堂，或饮一杯酽茶，或赤脚嬉戏沙滩，或在简朴的农家旅馆，就着渐渐浓郁的夜色，品尝蒙花布的优柔时光……”蒙花布村通过乡村休闲旅游发展建构起现代新乡土生活模式，成为现代都市人的精神驿站。

（二）闲置农房改民宿，“万家旅舍”助民创业增收

蒙花布村是“万家旅舍”示范村。休闲旅游发展起来，迅速增加的游客,给村里带来了前所未有的商机。一些农户开起农家乐，提供美食、住宿，还卖农产品。然而，几个农家乐根本满足不了旅客的住宿需求。借助增城“万家旅舍”项目和政府帮扶的东风，蒙花布村民纷纷加入旅游创业中。不同于增城其他村镇的“万家旅舍”，蒙花布村的“万家旅

舍”几乎全是由村民自家闲置的农房改建而来。村民平常在增城务工，旅舍由家人照看，节假日回村经营，工作、赚钱两不误。以前都是老人、妇女的村子，现在游客增多了，活力也旺盛了。每个月有两三千元收入、节假日客房都爆满的蒙花布村农户不在少数。

通过借助万家旅舍管理有限公司帮携经营管理，接受公司提供的轮训、产品策划、资格准入、品质监督、警告退出、平台宣传、搭建电商平台等管理服务，蒙花布村的“万家旅舍”进一步标准化运营。“高家庄休闲居”是蒙花布村第一个挂牌的“万家旅舍”，旅社客房里有电视、空调、Wi-Fi、独立卫生间等，设施一流。据入住游客反映，住宿条件不比酒店差，而且环境更好。

蒙花布村将美丽乡村与“万家旅舍”有机结合，精心打造了26家“万家旅舍”，并极力打造颇具特色、不同主题、提供休闲游憩服务的度假住宿品牌产品，让游客住百姓房、吃百姓饭、看农家民俗、购农家土特产，形成全新的“农游合一”乡村旅游产业发展模式。截至2017年底，26家“万家旅舍”全部已挂牌对外营业，共有床位170个，可同时接纳300多人住宿；全村的“万家旅舍”、农家餐馆等帮助约80名富余劳动力实现就业。至今，蒙花布村接待游客人数已近11万人次。

（三）绿色发展成效显著，绿水青山就是金山银山

蒙花布村蓬勃发展的乡村休闲旅游建构起的现代新乡土生活模式，是对传统乡土生活模式的超越，更为重要的是，这种超越不是以牺牲蒙花布村的生态环境、原住民文化来实现，而是在尊重蒙花布村的自然和人文环境的前提下，通过对自然和人文环境要素进行整合，结合市场和行政手段达成。

现在的蒙花布村内没有任何工业企业，绿化覆盖率达90%；水资源丰富，增江河水环绕，沿村有沙质细滑均匀、长达2公里的沙滩；盛产黄皮、青榄、芒果、乌榄、荔枝等水果，具有较好的果园观光资源；饮用水合格率、生活垃圾清运率和人畜粪便处理率均达到100%，正在建设污水处理系统；此外，化学肥料使用强度、化学农药使用强度、有机肥施用量均符合要求，蒙花布村成为“广东省卫生村”“广东省生态示范村”“广州市美丽乡村试点村”。

（四）隆师重道尚文化，继承优良传统村风文明向上

十世祖高云龙受先祖高国贵“隆师重道，乐善好施”影响，自幼勤奋读书，好学长进。于清朝同治年间考取第一名“贡生”学位，光宗耀祖，衣锦荣归。高云龙的功名，不只铭刻在祠堂门口的旗杆石上，记录在清末的《增城县志》里，更激励着一代又一代蒙花布村人。今天，小小的蒙花布村已拥有30多名大学生，蒙花布村早已成为“广东省文明村镇”“广州市文明示范村”。这是村民对先辈优良文化的薪火相承，更是对传统美德的发扬光大。

“欲高门第须行善，要好儿孙必读书”，这副对联至今仍刻在高氏宗祠。高氏宗祠已有近300年历史，曾在“文化大革命”中被毁，后重建，并重新修订了村规民约。自祠堂建成后，蒙花布村人每年都要来朝拜这副对联，熟读村规民约，行善、读书成为蒙花布村的村风。蒙花布村人至今仍保持着“尊重文化人”的传统，他们认为文化对一个村庄的生死存亡关系极大。只有文化能使村民摆脱愚昧、贫困，避免人心涣散，以此令家族世代兴旺。

三、经验借鉴

（一）强化区、镇、村三级联动，形成“政府主导，市场导向、村民主体”的发展模式

发展乡村旅游，需要区、镇两级从科学指导、政策扶持、服务管理等层面给予大力支持，加强基础设施建设与投入；需要充分发挥村“两委”干部的能动作用，发挥能人的带动作用，齐抓共管，团结带领全村村民凝心聚力、共谋发展、共奔富裕路。

（二）打造乡村旅游精品，严防产品单一，拒绝同质化

坚持“做到极致就是特色”的理念，开展人居环境整治，把已有的优秀自然风景做到最优，开发具有知识性、趣味性的农事活动和具有传统特色的旅游商品，延伸产业链，真正让村落每一处都有看点、有体验、有回忆、有乡愁，让游客住得下、留得下、吃得放心。

（三）产业带动，培育乡村旅游新经济

结合乡村自身实际，突出资源特色，打造特色产业，真正助民增收，调动村民积极性。蒙花布村将农房变民宿，精心打造“万家旅舍”品牌，让游客住百姓房、吃百姓饭、看农家民俗、购农家土特产，形成了新的经济增长极。

（四）坚持生态先行，走绿色发展之路

以村庄规划为抓手，坚决避免大拆大建，坚持在开发中保护、在保护中开发，重点做好村庄绿化、垃圾污水处理、生态农产品生产等，强化行业自律，实施标准化运营，不断探索符合蒙花布村实际的农村生态文明建设之路。

（五）重视文化建设，好家风培育好村风

300多年来，蒙花布村人的家风传承从未中断，“从善重教、里仁为美”的古训已成为一种无形的力量，潜移默化地影响着一代又一代的蒙花布村人，促使蒙花布村人自强不息，团结协作，共同建设美好家园。

四、未来构想

下一步，按照产业兴旺、生态宜居、乡风文明、治理有效、生活富裕的总要求，区、镇、村三级将继续联合发力，培育新时代内生发展动力。围绕“业、地、房/物、貌、治”，统筹谋划蒙花布村振兴工作。“业”即进一步实现产业升级，推进农村现代化；“地”即进一步提高集体土地利用效率；“房/物”即进一步规范农民建房，设施一体化、服务均等化；“貌”即进一步提升精细化、品质化管理；“治”即进一步强化对蒙花布村治理。

（一）继续打造蒙花布特色小镇景区

蒙花布村将完成发展战略规划编制，深入优化景区旅游环境，建设特色小镇景区、北回归线公园、榄园竹海、四季花海林等，大力推进基础设施建设，加速建设旅游服务中心、污水处理工程等，不断提高景区服务和管理水平，充分发挥好“回归绿带休闲度假区”的角色力量，力争成功创建“AAA国家级旅游景区”，进一步提升蒙花布村特色小镇景区的知名度和影响力。

（二）走好最具蒙花布特色的历史文化步径

蒙花布村将积极融入镇政府正在规划建设的正果特色历史文化步径中，将蒙花布特色与其他一批最能反映正果历史文化底蕴与文化特色、最能展现正果传统风貌的古风遗迹的村落串联起来，讲好正果故事、展示正果魅力，以景点留人，以文化引人，推进旅游进一步提质扩容。

（三）继续打造颇具特色的乡村休闲度假品牌产品

蒙花布村将做精做细“万家旅舍”，让更多的游客到蒙花布村来，住特色农家屋，吃地道农家饭，享休闲乡村游，购农家土特产，积极为增城区“万家旅舍”的发展探索经验与做法；引进有实力的旅游开发公司和景区管理公司，开发建设现代种植园、观光园等现代农业产业项目，盘活整合土地，达到集体经济发展、农民增收的目的。

产业融合，万花风情

——从化区城郊街西和村

西和村作为中国改革开放40年来的农村发展缩影，过去经济落后，基础设施薄弱，农民人均年收入偏低，属于从化城区周边行政村中最贫困的村落之一。经过改革开放40年的努力奋斗，西和村人抓住机遇，在政策支持下，大力发展以花卉产业为基础的休闲农业和乡村观光旅游业。西和村人从吃不饱，到家家有车、办农家乐招待游客，今昔变化可谓天壤之别。现在，西和村人已从“温饱线”逐步迈进“小康门”。绿水青山、美不胜收的花海、极具岭南风情的建筑，这是现在西和村的真实写照。

一、西和村概况

西和村位于广州市从化区城郊街北部，地处广州市重点农业产业平台“万花园”的核心，距从化城区9公里，现总面积约5平方公里，下辖6个经济社，共有304户，总人口1159人。西和村日照充足，雨水充沛，村内地形平坦，地势北高南低，林木资源丰富，土壤肥沃，十分利于农作物的生长。村域总用地8.03平方公里，林地占64.13%，耕地和园地各占15.65%和14.10%。西和村自然资源丰富，生态环境优越，具有典型的山、林、田、河、塘、村相互交融的村落景观格局。村内麻村水库周边生态环境优异，既有清澈的溪水，又水石交融、林木交错繁生，步移景异，旅游开发潜力巨大。2017年，全村实现流转土地4000多亩，入驻花卉企业28家，初步形成以花卉苗木种植和农业观光、乡村体验旅游为主体的产业格局。

西和村先后荣获“广州市巾帼示范村”“广州市三八红旗集体”“广州市文明示范村”“广州市卫生村”“广东省宜居示范村庄”“广东省健康促进示范村”“广州市美丽乡村”“广州市观光休闲农业示范村”“广州乡村旅游示范点”“广东省旅游名村”等荣誉称号。

二、“花卉+旅游”产业发展历程

40年前，西和村是在从化版图上找不到的一个贫困小村落，隶属广州市农场局横江农场，人口不过五六百，人均年分配不超百元；40年后，花卉产业在西和村落地生根、开花结果，乡村旅游蓬勃发展。

（一）传统农业向现代农业转变：1978—2006年

改革开放初期，西和村经济以传统农业为主，主要种植荔枝、水稻，产业基础薄弱，农民靠守住“一亩三分田”种地谋生，收入微薄，经济落后。直到1999年从化市友生园林有限公司落户西和村建设玫瑰生产基地，发展现代农业，才有了转机。

2005年，以“万花园”项目筹建为契机，西和村积极响应党中央号召，在各级党委、政府的指导下，全面开展土地承包经营权的流转，吸引花卉企业落户。实施集约化经营，走市场化道路，大力发展大棚生产的高产值、高附加值的花卉种植，改变了原来种植果树、蔬菜、水稻等低产值、低附加值作物的农业生产结构模式，实现花卉生产产业化，大大提高了土地种植效益。依托“万花园”的发展背景，引入了多家花卉企业入驻，以生产玫瑰、兰花、红掌、多肉植物为主体的生产格局日渐成熟。

（二）产业跨界融合，发展农业旅游：2007—2013年

2007年，广州市政府和从化市（现为从化区）政府把西和村纳入新农村建设重点扶持村，社会主义新农村建设战略的实施，为西和村的农业旅游带来了新的历史机遇。政府为西和村农业旅游发展做好规划指导，在政策制定、土地流转、资金扶持等方面给予支持。

2007年之前，西和村花卉企业以农业生产为主，随着新农村建设和花卉产业集聚，西和村的花卉企业除了发展生产外，还以花卉生产和特色农业为依托，开始发展各类赏花、摘果、农事体验、领略乡村风情等

生态、休闲、观光型农业旅游活动。2007年底，以玫瑰文化为主题的宝趣玫瑰世界建成开业，标志着西和村的农业旅游真正开始发展起来。

2012年9月，西和村被纳入广州市首批市级美丽乡村试点，由政府统一对西和村美丽乡村建设进行规划。依托政策支持和“万花园”资源优势，各项基础设施和公共服务设施逐步完善，西和村农业旅游呈现出快速发展的趋势。宝趣玫瑰世界、天适樱花悠乐园、正欣园艺、飞腾兰业等多家花卉和旅游企业在西和村迅速集聚，形成了以花卉、苗木和果蔬为特色的农业旅游产业群，带动了周边餐饮业、农副产品销售的发展。

在该阶段，西和村的农业旅游迅速发展，特色农业旅游品质更加突出，农业旅游产品融入了当地更多的传统文化、农耕文化、体验文化。村内农家乐从2011年的1家发展到2013年的8家，2011年接待游客16.5万人次，2012年接待游客26.9万人次，2013年接待游客35万人次。

（三）美丽乡村“联姻”花卉企业创特色小镇：2014—2017年

2014年，西和村完成“广州市美丽乡村”创建，并被评为广东省旅游名村。面对种类繁多的乡村发展模式，西和村积极转变发展中低端乡村旅游的思路，重新组合和开发西和村农业、生态旅游资源，以中国传统农耕文明为底蕴，将花卉产业景观、岭南果园文化、原生态乡村景观、客家民俗风情、乡村美食文化等进行整合，打造西和村发展“美丽乡村”的重磅产品。

2015年起，在“特色小镇”战略规划下，从化区以西和村及周边的美丽乡村群为核心，并联同辖区内的多个花卉种植企业、花卉观光企业组成西和风情小镇，充分利用“万花园”的产业基础优势，打造梦幻花卉天堂。同时挖掘水文化、花文化和都市农业休闲文化，打造广东最具特色的农业公园。

过去，西和村的美丽乡村建设侧重村内景观治理，而今后西和风情小镇将是具有明确产业定位、文化内涵、旅游功能和一定的社区功能的发展平台，融合了景观、产业等元素。

至2017年，全村共有宝趣玫瑰世界、大丘庄园、天适樱花悠乐园等6个旅游景区，各类农家乐8家、民宿4家。2016年接待游客达83.1万人次。随着宝趣玫瑰世界、大丘庄园成为“AAA国家级旅游景区”，西和村这张花卉“名片”越来越引人注目。

三、主要发展成就

改革开放40年，西和村有着巨大的变化。

（一）农民收入大幅增加，生活水平持续提高

改革开放初期，西和村民生产经营活动和收入来源单一，以种植水

稻为主，兼种菜，种瓜，种荔枝、黄皮、龙眼等果树以及养猪、鸡、鸭等，实物收入占很大比重。随着改革开放和“花卉+旅游”产业的发展，当地农民从以往以种植为主业转变成以旅游为主业、种植为副业。农民的身份也从务农转变成农商并举，农民收入结构发生了根本性变化，农民收入大幅增加。

1978—2005年，农民人均纯收入由134元提高到3700元，撇开物价因素，平均每年增长7.1%。2005年以来，随着花卉产业落户和乡村旅游发展，吸收了当地农村富余劳动力，拓宽了农民的就业渠道，农民收入结构呈现新的特点：以农业收入为代表的家庭经营收入比重下降，出租土地收入、本地企业就业务工性工资收入和第三产业收入比重上升。除此之外，西和村农民还可享受村集体经济分红，农民人均纯收入大幅提高。至2009年，西和村农民人均纯收入已达7900元，比2005年增长了约1.1倍。2014年，西和村人均纯收入15 000元。2017年，西和村集体收入约36万元，村民人均纯收入约21 050元，农业总收入约3.6亿元。

（二）基础设施极大改善，实现公路村村通

“要致富、先修路，富不富、先看路”，道路建设在西和村的发展中占有重要地位和作用。

改革开放以前，西和村以窄小的土路为主。20世纪90年代末，从化市委、市政府提出用三到四年时间，完成全市行政村公路硬底化改造。西和村以此为契机，在2001年底前实现了村道硬底化，大大改善了西和人的出行条件；到2013年，以创建“广州市美丽乡村”为契机，城郊街对西和村原有入口道路进行扩宽并增设人行道，将之变成宽阔的沥青马路。如今，105国道、355省道、大广高速、街北高速、花卉大道等在西和村四周形成四通八达的交通网络，使物资交流有了可靠的保障。

除此之外，西和村基础设施和公共服务设施逐步完善，实现自来水普及化、垃圾处理规范化、卫生死角整洁化、农村路灯光亮化、生活排污无害化、通信影视“光网”化。村道社道畅通，小公园、篮球场、文化室、农家书屋样样具备。各类公共活动设施和场地布局合理便利，满足村民的使用需求，切实改善生活环境。房屋建筑错落有致，道路干净整洁。

基础设施和村容环境的改变，为西和村农业产业结构调整和商品流通铺平道路，促进农民增收，走上致富之路。

（三）住房改善，物质文明和精神文明双丰收

“改革春风吹满地，中国人民要争气，要看变化有多少，住房条件少不了”，西和村人的住房条件简直是今非昔比。改革开放前，西和村家家户户住的都是土坯房，到20世纪80年代初，土坯房慢慢变成了砖瓦

房。今天，村民都住进了楼房，人均住房面积从五六平方米变成现在的三四十平方米。

农民的物质需求高档化。40年前，西和村人盼望的是“三大件”（手表、自行车、缝纫机）。40年后的今天，原来的“三大件”被彩电、冰箱、空调、电脑和手机“五大件”取代。

西和村在大力开展物质文明建设的同时，不忘加强精神文明建设，以培育和践行社会主义核心价值观为根本，结合群众性精神文明创建活动，大力弘扬中华优秀传统文化，移风易俗，倡导文明乡风，培育和谐民风，村民文明素质和全村文明水平稳步提高。一是“评乡风”。西和村设立乡风评议会，对本村文明乡风行为或陈规陋习进行评议。二是“种文化”。积极开展“文化农家・文明小镇”志愿服务活动，通过文艺支教、文化下乡、专题培训、主题实践等多种形式，让文化进农家、美农家、富农家。三是“讲文明”。举办文明乡风各类主题活动，引导农民自觉践行社会主义核心价值观。四是“忆乡愁”。每年农历新年前夕，城郊街组织下辖各村（居）在西和村文化广场举办“乡村民俗文化节”活动，展示各村（居）民俗习俗，追忆乡愁。

四、经验启示

（一）创新土地流转方式，造就农民与企业双赢

西和村土地流转模式主要是由经济社统一向分散农户整合租用土地，再由政府统一对外流转出租。政府做中介负责土地流转的方式造就了农民与企业双赢，企业不需要担心村民反悔租地，村民也不用担心租金没着落。村民通过出租土地，并就地进入花卉企业就业，实现农民离土不离乡，失地不失利、不失业、不失权。具体做法是：

政府以每年每亩700元的最低保障价格向所在经济社租地，租期20年。签订租地合同后，政府一次性支付农户第一年租金。若政府未能将该地转租，每年照常按时支付租金，同时农户可以继续在该地耕种直至该地转租出去。这种做法在最大程度上保障了农民的利益。

政府将该地转租时，实行统一公开招租，邀请村委、经济社代表参与其中，招租土地价格等内容公开透明。招租土地有租金溢价时，六成作为农户收入，四成作为村社发展基金，并优先解决村民到进驻企业就业的问题。政府向已落户企业收取每年每亩50元作为村社协调费。从进驻企业租地之日起，租金每5年每亩递增50元，在招租时一并将此列入竞租条件。转租合同签订后，政府向企业一次性收取每亩300元复耕费，复耕费由街道、村委共同监管，并一次性支付农户果树搬迁费每亩500元。若租地企业因故中途退出，政府依照规定照常支付租金。政府为农户承担风险，确保农户的利益不受损失。

（二）因地制宜，规划先行，打造有特色的新农村

新农村建设是一项复杂的系统工程。推进新农村建设，必须统筹考虑各方面情况，尤其要切实搞好规划工作。2012年，西和村作为广州市首批市级美丽乡村创建点，在原来《广州·从化城郊街西和村村庄规

划》（2008—2015）（本文简称《规划》）的基础上对西和美丽乡村建设作了总体规划。

《规划》根据西和村的现状和建设情况，制定产业策划、村庄建设、改善村庄人居环境、完善公共配套设施、提升环境质量等内容，力求打造广州市新农村建设的典范。《规划》根据西和村的区域位置，将其定位为远郊型村庄，确定西和村的产业发展策略为旅游观光服务型。充分利用广州市重点产业平台“万花园”的带动作用，发展特色农产品销售、乡村家庭旅馆、农家特色餐饮等旅游服务配套产业。《规划》于2012年11月完成并通过专家评审，使西和村的建设有了约束和规范。

2016年初，根据区委、区政府实施“小镇战略”部署，西和村作为从化区美丽小镇创建点之一，在原来美丽乡村建设规划的基础上，围绕“产业、文化、旅游、功能配套”四大元素进行了规划提升，并于2016年5月完成西和小镇规划和通过专家评审。

（三）依托花卉产业，构建农旅结合发展模式

“十二五”期间，从化立足“打造广州北部城市副中心”和“建设珠三角宜居生态城市”的发展目标，提出“大生态、大旅游、大交通、大产业、大平台”的发展战略，并把农业旅游作为从化旅游发展支柱产业。随着近几年的发展，从化逐步探索出一条农业、旅游与经济相结合的发展道路，西和村更

是成为从化农业旅游发展的典范，依托良好的花卉产业，协同发展农业旅游。西和村农业旅游发展主要以花卉等农业资源为内容，以特色景点游玩、农家乐、民宿等旅游服务为表现，农业向旅游业提供资源，旅游业为农业延伸服务，进而实现了农旅两大产业的充分融合，相互促进。在两者相互融合发展的过程中也形成具有西和特色的农业旅游模式。

首先，西和村农业带动旅游产业发展。随着西和村现代农业发展，西和村农业产业结构进一步调整，由传统的水稻种植为主逐步转变为花卉、水果规模化种植为主，产业化水平极高的优势农业吸引了旅游企业加入，促进了农业与旅游联姻，休闲观光农业得到大力发展。西和村高度农业产业化为西和村旅游发展提供了很好的物质基础，为旅游餐饮服务，农副产品的加工和流通等提供了优质的原材料。

其次，西和村旅游产业反哺农业。随着西和村旅游产业的快速发展，当地餐饮、住宿以及旅游产品销售等服务行业对当地农副产品的需求不断增加，农副产品的批量生产和销售带动了西和村农业产业化发展，实现了生态农业和休闲旅游有机结合，互促发展。农业旅游是农业与旅游业交叉重合并相互延伸融合而成的新型业态。

五、未来发展构想

党的十九大报告中坚持人与自然和谐共生和实施乡村振兴战略等论述为农村未来发展指明了方向。田园综合体集循环农业、创意农业、农事体验于一身，以空间创新带动产业优化、链条延伸，有助于实现第一、第二、第三产业的深度融合，将成为乡村振兴、实现乡村现代化和新型城镇化联动发展的一种新模式。

自改革开放初期到20世纪90年代初，农村人把做个城里人，吃上商品粮，住上楼房作为一种理想；近20年来，城里人却反过来羡慕农村人有土地、空气好、有景色，并奢望在靠近山水的地方有个属于自己的住所。在乡村振兴战略鼓舞下，“农业强、农村美、农民富”指日可待，农业现代化和农村现代化正以农民变市民的节奏向我们款款走来。

下阶段，西和村将继续坚定不移地践行“绿水青山就是金山银山”的发展理念，围绕田园综合体建设的运营、融资、可持续创新发展模式，将“花卉产业”打造成西和村的“金字招牌”，依托花卉生产企业周边不断完善的交通基础和配套设施形成的良好产业优势，集聚绿色发展新动能，加快构建绿色产业体系，让绿色成为西和村发展的最靓底色，推动“和美西和”在新的征程上实现新发展。

村美、花靓、民富的西和村，将认真贯彻落实党的十九大精神，以习近平新时代中国特色社会主义思想为引领，按照乡村振兴战略的部署，依托特色小镇建设，发展具有独特优势的产业，逐步实现“产业兴旺、生态宜居、乡风文明、治理有效、生活富裕”的新农村发展蓝图！

温泉+绿道+民宿，打造生态小镇
——从化区良口镇米埗村

一、米埗村概况

米埗村原有人口3000人，总共有18个经济社，为配合支持新温泉建设，已有13个经济社，约2000人搬迁至碧水新村。现有洛溪、格木岗2个自然村，共5个经济社：洛溪一社、洛溪二社、洛溪三社、六一社及六二社。总人口约1000人，主要有禤、张、邓、肖、梁、李等13个姓氏。村党支部下设7个党小组，共有党员81人，其中60岁以上老党员27人，特困党员9人。洛溪一社、洛溪二社、洛溪三社共有党员13人，其中60岁以上6人，特困党员3人。米埗村党支部作为从化区农村基层党建固本强基示范

点，坚持开展“三会一课”，从严从实抓好“两学一做”等各项工作。村共有低保户20户（其中洛溪3个社共3户），残疾人102人（其中洛溪3个社共18人）。2017年，米埗村集体收入30万元，农民人均年收入15 000元。

村行政面积6000亩，其中耕地约734亩，山林约5072亩。村区位条件优越，临近105国道，周边有从都国际会议中心、崴格诗温泉庄园、赛马场等上档次的商旅项目，洛溪河与磻溪河从境内流过，水上绿道和陆上绿道在此接驳。

二、发展历程

（一）交通环境的变迁

“米埗”的字面意思即粮食交易的码头，也就是说从前米埗村就一直是各类商品的集散地，在过去是从化县乃至整个广州地区商旅往来的中心之一，在从化商业发展史上起着举足轻重的作用，是水运交通的重要枢纽。

米埗村口有流溪河水上驿道的古渡口。米埗桥原址是从化历史上官办的米埗渡口。附近有一间造船厂和一间石灰厂。当时是鸭峒一带、良口米埗乡的经济中心，非常繁华。每天有小船载客渡河到米埗农贸市场“趁圩”（粤语词汇，“赶集”之意），每隔几天就有从广州驶来的大船到良口收购粮食和木炭、石灰，又把广州的食盐、布匹等物资运到当地。1970年，米埗乡政府兴修桥梁，在原米埗渡口处修建米埗桥与洛溪桥。1977年7月1日，桥梁正式通车，从此米埗乡结束了以渡船为交通工具的日子。2009年全村村道实现水泥硬底化。2015年大广高速米埗出口落成，乡道660线自西向东横穿该村连接大广高速米埗出口，交通条件得到明显改善。

（二）产业的嬗变

米埗村的传统经济以农业为主，主要种植水稻、水竹、木薯、番薯、冬瓜。1980年开始，在政府号召下，大部分村民开始种植荔枝、龙眼、黄皮。特色农产品有花生。因村内种有大量水竹，2000年以前，个别村民利用竹子编织成箩筐、篮子、鸡笼等到良口圩出售，目前该手艺已失传。现时村民主要以务农和外出打工为生，主要种植水稻、花生、荔枝、龙眼、黄皮，个别村民种植砂糖橘、火龙果、香蕉，饲养白鸽和养殖蜜蜂。村民的收入来源主要是外出打工（如到附近的崴格诗温泉庄园、从都国际会议中心、碧水湾温泉度假村等酒店做厨师、清洁员、绿化员等）和出租房屋（把碧水新村房屋和洛溪空置房屋出租给从都国际会议中心的管理层人员）。近年，政府着力打造“米埗特色小镇”，个别村民在村内经营农家乐和开设集采摘、亲子耕作体验于一体的生态种植园。村民收入主要由农业收入、村集体经济分红、外出务工的工资性收入、农家乐经营收入和生态公益林补偿款等构成。

三、主要成就

（一）灌渠建设整治工程顺利竣工

从化区七大灌渠（总灌渠、东灌渠、西灌渠、右灌渠、茂墩灌渠、高灌渠和沙溪灌渠）的总灌渠米埗段建于20世纪70年代，1996年开始整治，次年竣工。总灌渠自北向南流经良口镇塘料村、米埗村，总长73.4公里，引水8.6立方米/秒，分为三段灌渠，分别是总灌渠长11.1公里、东灌渠长23.7公里、西灌渠长38.6公里。兴建有渡槽7宗，总长1026米；隧洞3宗，总长1266米；反虹吸1座，长60米；涵闸19宗。

总灌渠建设整治时期，由于米埗段施工难度大，为了保证建设整治

工程如期竣工，米埗村民充分发扬艰苦奋斗精神，在当时从化县内各级领导干部的带头下，积极支持和热情参与建设，自发组织青壮年，带上耕作农具投入到施工当中，呈现“三级书记上工地、干部村民齐出力”的和谐景象，为总灌渠的顺利引水奠定了基础。

1996年8月，从化对七大灌渠进行的三面光硬底化改造，除高灌渠外，其余六大灌渠均于1997年2月竣工，米埗段的硬底化改造也同时竣工。总灌渠升级改造工程的完成，进一步解决了从化中部、西部丘陵地区干旱的6.16万亩农田的灌溉问题，实现旱地改水田面积1.29万亩，开荒扩大水田面积1.23万亩，总受益面积为7.05万亩。

（二）为新温泉建设作出了重要贡献

2005年，因建设从化从都国际峰会酒店，米埗村所辖洛溪村（自然村）的大部分土地被征收，大部分村民搬迁到碧水新村居住。2012年，从化从都国际峰会酒店建成开业。该酒店坐落于米埗村内，融汇中国古代建筑之精髓，注入现代化设施及奢华服务理念。含氡的小苏打温泉水是酒店的特有资源，酒店拥有128套独立套房和别墅，从每座建筑的屋顶和宽广的岭南庭院式设计可以深深感受到浓厚的文化底蕴及古典的浪漫气息。自开业以来，从都国际峰会酒店成功举办了一系列全球各界精英云集的世界级论坛，包括“全球中小企业领袖峰会”“中澳经贸友好交流会议”“中国与澳大利亚媒体交流论坛”“国际博物馆高峰文化论坛”“全球经济大讲坛”“中国企业走进拉美论坛”“2014中澳经济论坛”等。在从化区的新温泉建设中，米埗村做出了重要贡献。

（三）水上绿道建设如期完工

流溪河水上绿道是广东省首条水上绿道，与流溪陆地绿道在卫东驿站接驳，是继珠江游旅游线路之后广州境内又一条水上风景线。该条水上绿道于2010年10月启动规划建设，总投资1300万元，2011年10月1日温泉卫东电站—良口温泉广场段正式对外运营，上下游共设有2个码头，航道全程2.4公里，往返用时约45分钟。目前，该水上绿道由广州从化流溪游船有限公司负责运营，现有游船3艘。米埗村对绿道建设提供大力支持，确保了绿道米埗段如期完工。

（四）特色小镇建设初见成效

2017年以来，随着特色小镇的创建，米埗小镇发生了可喜的巨变，经过米埗小镇工作组的不懈努力，米埗村的村容村貌焕然一新，人居环境质量得到前所未有的提升。作为从化区“十三五”规划期间“十大特色小镇”重大发展战略之一和探索“绿水青山就是金山银山”发展路径、生态价值创新的“转换器”，米埗特色小镇致力打造一个以民宿休闲度假为主，以创新创业及运动场馆、互联网为辅助的新型社区，形成个性化、差异化和特色化的发展定

位，最终带动米埗村的发展。

目前，米埗村洛溪社161栋民居的外立面已全面完成整饰。整饰之后，米埗村民居外立面风格得到前所未有的统一，大大提升整体景观。完成了米埗村至礌溪村长约6公里的村道升级改造，主要包括道路排水、绿化及路面等的改造。不仅美化了道路沿线风光，增添米埗小镇的景致，同时为米埗村居民提供一条干净整洁的村道。完成了米埗村洛溪社等三个社的巷道升级改造，为米埗小镇居民提供一个舒适、干净、整洁的居住环境，改善居民的生活条件。此外，分别在洛溪二社、洛溪三社及六一社各打造一个节点小广场，并对原有绿道进行修复及清理，使这三个小广场成为附近居民日常休闲娱乐的场所，同时也为到米埗小镇旅游的游客提供休憩的好去处。

四、未来构想

（一）大力发展民宿产业

借助有利的区位优势大力推进米埗小镇民宿项目建设。引进广州宿描文化旅游发展有限公司，租下村民房子并全面改造成民宿来经营，由公司返聘村民对民宿进行管理或协助公司的经营活动，目前第一座民宿已基本改造完成。计划以第一座民宿为支点，以点带面，吸引更多村民加入民宿改造项目，将米埗小镇建设为集民宿、运动、休闲娱乐于一体的生态小镇。民宿项目投资区域为洛溪三个社，共分为三个片区，其中洛溪二社为稻田区，为重点投资区域，主打产业为民宿和游客稻田娱乐休闲。洛溪一社为山地区，主要包括商业街、生态停车场及民宿回迁区域。洛溪三社为未来开发区域，主要包括路虎越野体验场、亲子民宿区域等。

（二）发展互联网金融产业

充分利用当下金融服务业因受互联网信息技术影响，呈现的虚拟化、个性化、综合化和“城田共融”布局趋势，依托米埗村的区位优势和生态优势，吸引国内外金融机构后台核心业务，传承岭南文化“共融”的内涵，彰显互联网时代的“互联共生”“以人为本”的“共享”精神，突出人与自然、人与人、线上与线下三方面的融合共生。集金融信息平台、交流平台、交易平台、教育培训平台于一体的凤栖谷是米埗小镇建设的附属项目之一，以发展互联网金融业为主，以“互联网+”的全新理念，打造珠江三角洲地区最有特色的互联网金融企业集聚区和互联网金融运营与集成服务基地。项目将分为四大功能区：互联网金融及大数据应用研发区、互联网金融及金融大数据企业运营总部区、酒店服务区、农村发展辐射和带动区（本项目外围区域）。

走特色小镇之路，昔日贫困村焕然新生

——从化区吕田镇莲麻村

广州市从化区吕田镇莲麻村是广州特色小镇建设的首个试点村，过去它是广州最北、最偏远的贫困村。现在，莲麻村充分发挥自身生态优势和酿酒历史优势，因地制宜打造特色酒文化产业；充分挖掘乡村生态

旅游的特色消费需求，支持鼓励村民开办民宿、特色作坊，实现家门口自主创业；修缮黄沙坑革命旧址纪念馆，弘扬革命传统文化，打造红色旅游产业。它的发展故事不仅是昔日偏远小镇焕发新活力的模板，也给其他特色小镇建设在人居环境、农民致富、基层党建，以及村民参与共建等方面带来借鉴意义，更让当地村民在参与共建的过程中有了实实在在的获得感。

一、广州最偏远的贫困小山村，焕发新活力

莲麻村位于吕田镇东北部105国道旁，北与韶关市新丰县接壤，东与惠州市地派镇接壤，是流溪河源头和广州市的北大门（广州市最北的行政村），距离吕田镇圩镇约14公里，距离从化城区约68公里，距离广州市区约128公里，距离大广高速地派出口约5公里，交通十分便利。现总面积约40平方公里，林地面积5.35万亩，耕地面积1400亩（其中水田1200亩，旱地200亩），森林覆盖率89%，自然条件优越，环境十分优美。下辖11个经济社，农户403户，总人口1545人。

2017年，在特色小镇建设过程中，通过开办民宿、酒馆、酒铺、酒坊等，有力地促进了村民的就业和增收。其中，通过就业增收的村民有78户，年增收额167.04万元，每户平均增收额2.14万元；通过创业（开办民宿、酒馆、酒铺、酒坊、农村电商等）增收的村民有39户，年增收额409.80万元，每户平均增收额10.51万元；通过炒茶，制作豆腐花、凉粉，养蜂，摆卖等其他项目增收的村民有40户，年增收额158.34万元，每户平均增收额3.95万元。截至2017年12月31日，已营业的民宿有21家，床位219个；已营业的酒馆有20家，餐位1270个；已营业的酒铺有8家。

二、从实际出发，一步一个脚印，成果显著

1978年以前，莲麻村的经济基本上属于自然经济，发展十分缓慢。改革开放40年以来，莲麻村发生了翻天覆地的变化，经济社会发展取得巨大的成就。

（一）基础设施不断完善

要想富，先修路。经过40年的建设，吕田镇近80%的乡镇有二级以上公路通过，几乎所有乡镇距离一级以上公路或高速公路的入口都在50公里以内。莲麻村1979年通自来水，1980年通电，1996年通电话，2005年通网络，2009年全村村道实现水泥硬底化。1971年，开设街口至吕田莲麻客运线每天对开1班，年均客运量1.88万人次左右。1976年，开设吕田莲麻至广州客运线，每天对开一班，年客运量3.48万人次。此后年客运量为4.2万人次左右。2002年4月，105国道改造温泉至六角水路段，其中莲麻至吕田新村段（10.2公里）采用新线与旧路上下行分离方案，旧路保持不变，新线路基宽8米。“晴天一身土、雨天一身泥”已成为历史，广大村民得到了实实在在的获得感、幸福感。

（二）旅游配套项目逐渐丰富

莲麻村自然生态环境得天独厚，森林覆盖率高达90%，风景清新秀丽。并依托地处广州抽水蓄能电厂旅游度假区，为了更好地将“绿水青

山”变为“金山银山”，发掘生态旅游优势，先后建立以下项目：一是设立了旅游问询中心，该中心位于莲麻村口105国道旁，项目总面积为162平方米，建有游客服务中心、村民讲堂、图书室3个功能板块。二是建设了9个停车场，提供约500个停车位。三是建设了5所旅游公厕。四是打造“十里画廊”绿道，总长约10.5公里，分为两条线路。五是修建了千年古官道，古官道是连接江西、浙江至粤北的古道，宋代至清初文人墨客和官员经此道南下，现有保存完好的古官道长1.2公里，计划修复15公里。六是提供共享单车等接驳交通工具，现已投入共享单车约50辆，方便游客在景区内游览；2017年国庆期间，还购置了3辆电瓶车和租用了3辆中巴，用于接送游客。

（三）人居环境持续改善

“垃圾围村”“垃圾处理靠风刮”一度是从化区广大农村的真实写照，也是莲麻村要重点整治的问题。对此，莲麻村自2014年以来，对村容村貌和环境卫生进行整治，并发动村干部、村民对房前屋后、村道、绿道等脏、乱、差区域进行整治，并加大宣传教育，引导村民按要求分类垃圾，以打造更干净、更整洁、更平安、更有序的村居环境。同时，莲麻村大力推进69个环境节点整治。至2017年已完成53个节点整治，其他节点正在抓紧整改中。

除此之外，还有其他举措：修建风雨桥，在由澳门同胞捐建的混凝土桥的基础上进行改造，使其成为一张风景名片；打造廉洁文化亲水平

台，以黄蜡石题字、景墙、廉洁主题小品等景观来组成廉洁文化小游园；建设清风亭，清风亭寓意“两袖清风”的廉洁文化内涵和清风、明月、小桥、流水、人家的诗境，是廉洁文化教育的重要场所；统一整饰民居外立面，按岭南黛瓦白墙的建筑风格完成120幢民居外立面整饰工程，使民居风格高度统一。这些项目的顺利推进和落地，使莲麻村的人居环境得到进一步改善。

三、获益于精准扶贫，因地制宜走出莲麻模式，硕果累累

广州市将莲麻村确定为市领导挂点扶贫村和市级美丽乡村后，从化区迅速展开莲麻村村庄深化改造规划。2016年3月，以发展特色小镇为契机，莲麻村由美丽乡村向特色小镇进一步深化和提升。经过各方共同努力，莲麻特色小镇创建工作取得明显的成效：2016年3月，莲麻村成功入选广州市第三批市级美丽乡村，12月被评为“广州市名村”；2017年1月，莲麻村荣获国家住房城乡建设部公布的第四批“国家美丽宜居村庄示范”称号，7月，被评为“全国环境整治示范村”。2017年11月17日，在全国精神文明建设表彰大会上，莲麻村被评为第五届“全国文明村”。

（一）打造酒文化主题产业

据莲麻村村民介绍，早在清朝时，“酒文化”就已经扎根于莲麻村。莲麻村建于清朝同治年间，至今已有100多年的历史。相传自建村以

来，村民已开始酿酒。这是由于莲麻村四面环山，且昼夜温差大，所以每家每户都会酿酒饮用，御寒暖身。

在莲麻小镇建设初期，莲麻酒业作为率先入驻小镇的第一家企业，为小镇以“酒”为支撑产业的发展思路奠定了基础。目前已引进30家传统酒作坊落户，分散经营，集中管理，形成产业集聚效应。酒厂现已试产，主要生产吕田白酒，以及自主研发、南北酿酒工艺融合的多粮酒和水果酒。截至2017年底，酒产量30吨左右。同时，通过连片打造面积超过5000平方米的酒鬼街，与河对岸的“十里画廊”瓜田、阡陌花海、千年古官道遥相呼应，将村口打造成集特色酒文化、历史文化价值、休闲农业观光于一体的亮点项目。

酒窖、酒鬼街的建成既为莲麻小镇增添一处可供游客参观的景点，也大大丰富了小镇的“酒文化”内涵。此外，随着莲麻农户小作坊现有的4家酒坊的进驻，以及由村民自发经营的14家酒馆、酒铺陆续开设，这些大大小小的酒坊、酒馆为莲麻酒产业的发展“添砖加瓦”，使莲麻小镇以“酒”为特色的发展之路逐步显现出来。

（二）弘扬红色革命历史文化，推动红色主题旅游

莲麻村不仅有酒文化内涵，更有红色革命文化的历史沉淀。吕田镇为革命老区，也是抗日战争时期粤北会战的重要战场，而莲麻村黄沙坑是东江纵队的主要活动区域。据史料记载，自1942年始，中国共产党在黄沙坑先后建立了抗日和解放战争的革命活动基地，革命先烈在这里洒下的血与泪，最终孕育成了黄沙坑如今的安宁。20世纪70年代，黄沙坑被民政部门评为抗日根据地。

2015年，黄沙坑东江纵队从化大队活动基地挂牌。广州警备区党委委托从化区人武部建设黄沙坑革命旧址纪念馆（一期），修缮建筑面积

约200平方米，用作举办革命历史专题展览。黄沙坑革命旧址纪念馆坐落于莲麻村黄沙坑社老客家围屋内。2016年9月30日上午，黄沙坑革命旧址纪念馆正式举行了揭牌仪式，并免费对公众开放参观。纪念馆内，既有实物陈列又有图片文字说明，一件件铁证诉说着当年侵华日军的罪行，一个个故事铭记着黄沙坑的光荣历史。

2017年8月，在村民的大力支持下，在原有基础上对纪念馆进行了扩建，并按照修旧如旧的原则进行修复，目前纪念馆总面积约500平方米，分“星星之火”“红旗飘飘”“粤北会战”“武装斗争”“缅怀先烈”“铭记历史”六部分进行陈列，展示了众多珍贵的历史图片和实物，回顾了东江纵队在从化和粤北的战斗历程，有力地弘扬了爱国主义教育和革命传统教育文化。

（三）历史与现代完美融合，以客家围屋为载体的特色民宿盛行

倘若喝了莲麻的酒不胜酒力，那么民宿就是游客最好的下榻之地。在莲麻村，随处可见青瓦白墙的围屋，围屋的门头名匾上书写着：光裕第、初开第、元康第……这些就是当地传统的客家方形围龙屋，有一围、两围，甚至三围。莲麻村的客家围屋多以四角楼形式存在，俗称为“四门归厅”式结构。20世纪60年代初，经过翻新修葺，大部分客家围屋内外建筑风格统一，青瓦白墙，低调整洁。

在小镇建设过程中，为了更好展示莲麻客家围屋的特色，对客家围屋进行了翻新。2016年广州华夏职业学院（简称“华夏学院”）租赁了围屋群，并将之改造成华夏莲舍民宿，成了莲麻小镇的一大亮点。华夏莲舍内修旧如旧，既保留了泥砖墙、灰瓦面等原有的建筑特点，又注入现代元素。与此同时，华夏学院投资600多万元建设大学生艺术旅馆，对莲麻小镇原本的旧建筑进行内部改造建设，遵循朴素自然的设计理念，将之打造为大学生写生实训基地。大学生艺术旅馆建成后，一方面将成为大学生优质的写生实训基地，增强从化高校的艺术教学能力；另一方面将成为莲麻小镇靓丽的名片，可带动当地居民就业，促进当地经济发展，提升莲麻小镇的乡村旅游业竞争力。

如今的莲麻小镇，每逢节假日，人流、车流川流不息，呈现出一派兴旺发达的景象。莲麻小镇的民宿也因其主人对本地文化的热爱，已不经意间成为当地旅游资源的整合者和推广者，这种区别于宾馆的个性化、特色化服务，在从化区特色小镇的休闲经济发展中成为金字招牌。

（四）村民就业增收致富路子不断拓宽

由于莲麻村地处从化区北部山区，村民以往主要收入来源都是劳工收入和种植三华李、皇帝柑、砂糖橘、甜玉米、生姜、粉蕉、水稻等作物，至2013年人均收入还停留在7000元左右。随着特色小镇进一步深化和提升，村民人均收入从2015年的1.56万元提升到2016年的2.06万元，到2017年，村民人均收入已达2.82万元。

这得益于莲麻村充分发挥自身生态优势和酿酒历史优势，因地制宜打造特色酒文化产业；充分挖掘乡村生态旅游的特色消费需求，支持鼓励村民开办民宿、特色作坊，实现家门口自主创业；修缮黄沙坑革命旧址纪念馆，弘扬革命传统文化，打造红色旅游产业。2017年由村委成立的广州北景源旅游开发有限公司（简称“旅游公司”）已进入实质化运营，村委及旅游公司通过聘用本地村民为莲麻小镇的保洁员、保安、导游及电瓶车司机，极大地解决了本地村民的就业问题。2018年元旦期间莲麻小镇承办了2017广州国际美食节（从化分会场），为期四天的美食节共吸引各地游客13万余人，吕田头酒、山水豆腐花、凉粉、手工制品等土特产商品热销，乡村游发展态势趋向大好。

四、不忘初心，高举党的改革开放大旗，砥砺前行

（一）深化改革力度，提高乡村产业的竞争力

产业是农村各项事业可持续发展的基础，实施乡村振兴必须发展和壮大乡村产业。由于地理环境限制，莲麻村农产品经营难以形成规模效应，农业生产难以实行机械化和农田标准化建设。同时，由于地理位置相对偏远，受物流、道路等因素所限，目前莲麻村农产品对外销售主要是等人上门收货，风险掌控能力较差，以致产品无法确定销路，无法大

面积种植。对此，莲麻村积极发展悠闲农业，推动“互联网+农业”发展和壮大乡村产业，以广州优禾之家社区家庭农场电商项目为平台，鼓励农村淘宝，逐渐从“要想富先修路”过渡到“要脱贫网上行”。同时，加大农田水利等农业基础设施建设力度，积极推动土地流转，引进龙头企业建设龙头项目，促进农业适度规模经营，提高农业现代化水平。

（二）以人为本，发挥建设乡村振兴队伍

乡村振兴需要乡村人来实施，其素质的高低、能力的强弱直接关系到乡村振兴战略的质量和效果。一是要大力培养有文化、懂技术、会经营的新型农民，提高农民的思想道德素质、科技文化水平和生产技能；同时，通过多种手段调动他们参与乡村振兴的积极性，培养农民的参与意识和合作精神，使其成为名副其实的乡村振兴主体。例如，充分利用“仁里集”这个app（智能手机软件），通过走访入户，帮助村民学会使用软件，进而充分发挥平台的村民议事大厅作用，做到一事一议。二是要加强乡村干部队伍建设。一方面，要加强村组干部建设，特别是对村级党组织主要负责人的培养和选拔；另一方面，要加强对驻村干部、大学生村官、乡村技术员等人员的培养和管理，充分发挥他们的优势和特长。三是要发挥乡村人才的作用。要调动农业生产经营能手、大学生、退伍军人等乡村人才参与乡村振兴战略。

（三）科学规划小镇和产业布局，避免“千镇一面”

为了做好莲麻特色小镇的规划，吕田镇、莲麻指挥部和莲麻村委在区住建局的指导下，分别聘请了广州市城市规划勘测设计研究院、大地风景国际咨询集团、湖南省现代休闲农业研究院等单位对莲麻村和莲麻小镇进行相关规划，形成了《从化区吕田镇莲麻村村庄规划（2014—2020）》《从化区吕田镇莲麻村村庄规划深化》《广州市从化区莲麻片区美丽乡村群建设规划》等方案。另外，在2017年6月底，吕田镇和莲麻指挥部共同聘请了天津市郭家沟武老师设计团队对莲麻小镇进行景观设计、特色产业发展规划和深化设计。

（四）盘活农村资源，打造优质的民宿

莲麻村现有的民宿不少为村民自建房改造，在运营过程中，难免出现服务不佳的情形。对此，要充分利用广州北景源旅游开发有限公司统一旅社服务标准，对民宿实施标准化、品牌化、精细化管理；同时利用合法的闲置住房开办旅舍，盘活农村资源；此外，要依托“互联网+”的信息优势，对村民进行专门的电脑操作培训，利用互联网运营商搭建民宿客栈预定平台。

文明无止境，创建不停步。在从化区委、区政府的正确领导及区各职能部门的大力支持下，吕田镇坚持全面贯彻党的十九大精神，以习近平新时代中国特色社会主义思想为指导，深入贯彻习近平总书记对广东工作的重要批示精神，坚持生态立镇、产业强镇、绿色发展、特色发展，推动莲麻小镇持续展现新风尚、新气象、新乡风。围绕实施乡村振兴战略，坚定不移地走“特色小镇”发展之路，大力发展生态旅游，积极倡导向上向善的文明乡风。

打造生态品牌，建设休闲特色家园
——南沙区东涌镇大稳村

一、大稳村概况

大稳村位于广州市南沙区东涌镇政府北面，距离镇政府4公里，南沙港快速路与市南公路交会处。大稳村距离广州地铁4号线东涌站6.5公里，距广深港高铁庆盛站7.5公里，交通、区位非常优越。至2017年底，总面积5.2平方公里，耕地面积4438亩；总人口6628人，其中户籍人口4670人，外来人口1958人，村集体经济年收入约400万元。大稳村村域生态环境良好，河清水秀、地势平坦、河涌纵布、鱼塘众多，村民沿涌而居。大稳村农业景观丰富，有水上绿道、瓜果长廊、红树林、湿地公园等，是一个岭南水乡风情浓郁的美丽乡村和天

然绿色的“氧吧”，每年吸引数万名游客来此观光。大稳村先后获“全国文明村镇”“广东省文明村镇”“广东省宜居示范村庄”“广东省卫生村”“广东省名村”“广州市观光休闲农业示范村”“广州市文明示范村”“广州市健康村”等荣誉称号，并被评为广州市第一批美丽乡村试点村之一。

二、改革开放40年来的发展成就

改革开放前，大稳村集体收入的支柱是红砖厂，农产品种植品种单一，利润不高，经济基础薄弱；交通不发达，村民外出主要靠乘船或者步行，所有运输基本靠人力，条件十分艰苦；文化、教育、卫生设施不完善，师资不平衡，教学质量不尽人意。随着改革开放的逐步推进，大稳村从过去大集体种植改变为分田到户，广大农民充分发挥积极性，从单一品种种植改变为多样化种植，收入水平大大提高；以高标准、高要求重点打造美丽乡村，保留原生态和风貌，展现岭南水乡特色和亮点。

近年来，在上级的大力支持下，东涌镇以社会主义新农村建设、“双百共建”（指“百企联百村、共建新农村”）、特色名村建议为契机和载体，共投入3500多万元，在原有设施的基础上，从大稳牌坊到河堤边共2200米长的村主干道“稳发路”向西扩10米，对稳发路通往第8、11、13、14生产队的机耕路，以及中心村一期、二期住宅的道路进行了硬底化建设，并安装吉祥南路路灯1.5公里，大稳工业路路灯0.5公里；

在农民综合培训中心建设一个卫生站，兴建了开放式公园、灯光球场，改造旧的村委大楼为老人活动中心等文化场室；对大稳小学进行规范化改造，安装治安视频监控、建设垃圾中转站等一系列的民生工程高标准完成，从教育、文化、医疗、出行、治安、生态、环境卫生等各方面提升宜居水平。完善大稳村道路网，高度重视大稳村道路硬底化工作，实现了自然村与自然村之间、大稳村与相邻村之间，均达到100%道路硬底化的目标，真正实现了道路通达、风雨无阻，大大方便村民出行及带动土地升值。为了改造大稳村水环境，使农村的生活环境得到提升，建设美丽乡村，提高人民生活水平，2015年大稳村开展生活污水治理工程，对农村生活污水进行收集处理，完善村内的排水基础设施，为村民的生活、工作提供一个舒适和谐的环境。葱茏大树，鹅卵石小路，花草亭社，鸟语花香，儿童乐园，休闲小凳，村民们坐在绿荫下醉心对弈，绕通幽曲径信步闲庭，改造后的大稳村公园增加了村民的公共活动空间，让村民、游客更好地品味美丽乡村的水乡历史文化。

1. 农业生产方面的成就

改革开放前期，大稳村经济来源主要是三间红砖厂，全村集体年收入仅几万元，村民收入靠生产队分配维持，且由于当时种植品种单一，利润不高，生产队大部分社员超支，一年到头无收入。村民大搞深耕反土，千方百计提高土质，根据沙田土地下层土质丰富的实际，探索出深耕反土农耕技术，大大提高了土地肥力，实现了粮食增产增收，改变了落后的面貌。随着改革开放的推进，集体种植转变为分田到户，广大农民充分发挥积极性，种植品种从单一向多样化发展，从单一水稻种植发展为种植甘蔗、果蔗、香蕉、优质蔬菜、花卉，养殖四大家鱼等。特色农产品还有大稳夏威夷木瓜、珍珠番石榴等；传统食品有疍家糕、五香扣肉、名优罗非鱼等。村民主要收入来源也发生了深刻变化，除工资性

收入和物业出租收入外，还有集体经营分红、个体经营收入等。

2. 交通运输方面

大稳村处于水乡地带，过去道路交通十分不便，村民外出主要靠乘船或者步行（或者自己划艇子），进城来回一趟需要一天时间。且设施十分落后：宽不足2尺（1尺≈0.67米）的没有行道树的泥路（俗称“光头路”），仅有两个渡口，一天只有一班船。1989年前，全村只有1.5公里的石粉路，村民建房子时，需起早摸黑，划着小艇到骝岗河道挖沙做建筑用沙，运回来后靠人工抬上岸。所以当时一家建房，十家帮忙。而到每年砍甘蔗的时节，适逢雨水天气，村民就只能踏着不足2尺的泥泞“光头路”，用人力把甘蔗运到渡口，条件十分艰苦。

改革开放后，一条条笔直的水泥硬底化道路取代了过去的泥泞小路。1990年，大稳村铺设一条长1.5公里的水泥硬底化道路招商引资。随着社会的发展和改革开放的推进，全村各生产队完成了所有的涌边道路硬底化，家家户户一出门就是街道，且所有街道均安装了路灯。每当夜幕降临，万家灯火通明，村民们就踏着光明大道去唱歌跳舞，交朋结友，笑语喧天。现在，大部分村民出行都用上了小车，去番禺城区只需15分钟，大大缩短了出行时间；机械运输取代了过去的人力运输；从过去走夜路要点蜡烛或者用手电筒照明发展到在路灯下行走，交通和运输条件得到质的飞跃，没有改革开放，就没有今天。

3. 文教卫建设方面

改革开放以来，为改变教学设施不完善、师资发展不平衡的状况，村、镇筹集资金重新建造了大稳小学，占地面积12亩，内设足球场、篮球场、生物园、森林小公园、多功能室等，满足全村子女及外来务工人员子女就读的需求。大稳小学教室内外设备完善，教学质量不断提高，多次被评为东涌镇的教育质量优秀小学。

在卫生方面，一是成立了回收垃圾组，通过组织开展环境卫生，完善环卫设施建设，生活垃圾实行“户收集、村收倒、镇运输、区处理”的收运机制，做到日产日清；按规范设置垃圾桶，积极开展垃圾分类收集运输试点工作，生活垃圾无害化处理水平得到逐年提高。二是建立了长效的卫生保洁制度，设有38名专职人员负责河涌保洁和陆上保洁，保护大稳村纵横交错的原生态环境和优美的田园风光。三是下大力度高标准地整治环境卫生，对河涌进行原生态整治，还原河清、水秀、岸绿、景美的岭南水乡风情，改变了过去农村生活垃圾乱堆放的不良习惯，并定期进行灭蚊灭鼠行动，预防登革热的传播。

在医疗方面，设立了社区医疗服务中心，保证广大村民能在1公里范围内就医，有病情的能得到及时治疗，做到有效控制病情。广大村民也

积极参加了新农合，参加率达100%。

4. 生态旅游方面

从2013年3月开始，大稳村开展美丽乡村示范村庄规划编制工作，历经多种途径征得村民同意，2014年4月完成了规划，并经南沙区政府审批通过。规划依托大稳村特有的资源和区位优势，培育特色，将大稳村定位成“特色农业和基于岭南水乡民俗文化的生态休闲旅游业为双线发展，自然景观和生态环境保持良好，保留村的自然生态，提升改造村貌，宜居宜业宜游的美丽乡村”。

结合大稳村的资源条件和生产生活特点，在充分考虑民意和村经济发展的前提条件下，编制大稳村五大功能区：公共服务区、基础设施配套区、产业经济发展区、农业发展区和生态控制区。通过以绿道农业旅游为主导，推动和规范农业发展，发展农家小食经营项目、农家旅店、农家乐等，产生了良好的经济效益、社会效益和环境效益。

由于农业旅游发展时间不长，在许多方面存在无序性，所以需要借鉴其他地区农业旅游经济发展的经验，加强对农业旅游发展的政策引导。以多元化的农业旅游经营主体，引导农民参与农业、旅游建设，并且以可持续的方式开发绿色旅游，突出地方特色。旅游基础设施建设主要有：

（1）东涌绿道驿站。绿道沿线设有湿地公园、三稳涌、沙鼻涌等7个驿站，配置单人、亲子、儿童和双人等4种类型的自行车供旅客游玩，可实现驿站租车，任意驿站还车。

（2）绿道长廊。绿道长廊约1.5公里，是一条集瓜果观赏、农业科普、农事体验于一体的瓜果种植长廊，长廊两旁种植了珠帘、蒲瓜、南瓜、长柄葫芦、西番莲、蛇瓜等形象新奇、少见的瓜果。一年两季，最佳观赏期为每年的5—6月、10—11月。长廊配置了休息平台、传统木制水车、锦鲤观赏喂养区等。骑游绿色长廊，能让游客体验生态旅游的乐趣和欣赏农村大自然的风光。

（3）大稳村展览馆。大稳村展览馆是东涌镇首个村级展览馆，以大稳村发展变迁为主线，以实物场景再现其历史变化的轨迹。

（4）水上绿道。设立了广州首条水上绿道，在大稳村沙鼻涌、三稳涌畅游十里水上绿道，两岸花开四季，水中鱼翔浅底，游客能欣赏到两岸沙田地区特有的民居、古树和屋前屋后“小三园”（瓜园、果园、菜园）的景色，体验钓蟛蜞、坳缯捕鱼的水乡乐趣，领略水韵东涌的风采。

（5）湿地公园。湿地公园占地面积约15亩，园内种满了荷花，荷韵悠悠，飘香万里，让人心旷神怡，流连忘返。湖边铺有步行路径，方便游客欣赏湖内美景。园内还设有农具展览区，展示了传统农具，游客可亲身体验耕种和了解沙田地区的农耕文化。

（6）完善村内旅舍、农家乐配套。村内现有农家旅舍4家、农家乐20多家、农产品摆卖点4个，保证旅客的食、住、行。

（7）农家休闲园。游客可在园区内自行采集适合自己口味的优质瓜果，如珍珠番石榴、夏威夷木瓜，以及爽甜的青枣、红红火火的火龙果等，琳琅满目。园区内百花齐放，还有亲子农事区，吸引不少游客一家大小在农田中种菜，教小孩干农活，体验农民的生活，让孩子们知道农民要付出辛勤劳动才能种出粮食，体会“粒粒皆辛苦”。游客还可以把自己种的菜带回去给亲朋享用，其乐无穷。

三、未来发展设想

目前大稳村集体经济薄弱，村民主要靠出租土地获得收入，因此提高村集体经济收入和提高村民生活水平是主要任务。当前农村土地分散，农民种植品种不成规模，缺少优良品牌，农民居住条件参差不齐，村庄没有长远规划，民居布局不合理，浪费大量的土地，贫富差距较大。综合上述情况，大稳村“两委”班子反复研究，就如何加强自身的经济能力，充分利用外界资源，提出设想：一是在区、镇领导下，计划引进珠宝小镇在大稳村落户，初步规划上遵循由大到小的思路，把整个区域看成大系统，以大系统规划支撑子系统启动区。同时以珠宝小镇为切入点，带动周边产业包括岭南文化旅游、田园综合体等，让这些新兴产业相互融合与呼应，规划上要考虑珠宝产业从生产加工向文化创意旅游转型升级，形态上形成商务集群、居住集群。通过上述设想，进行旧村改造，形成集商务、旅游、居住于一体的区域。二是加大力度招商引资，增加村集体收入，充分利用大稳村的土地，提高农业产值，引种农业新品种，改变农民“别人种什么自己就种什么”的旧观念，打造大稳村农产品新品牌。三是积极配合上级有关部门，打造美丽乡村建设及农业悠闲观光的亮点。

第三章

整治人居环境
建设美丽乡村

建设生态文明，守护碧水蓝天
——番禺区南村镇坑头村

番禺区南村镇坑头村位于南村镇东南部，总面积约为4.02平方公里，2017年户籍人口4360人，外来人口约13 000人。坑头村具有1500多年的历史，是番禺区历史上第一个有记载的聚居地，东晋陈玄德将军故里，至今仍保留完整的岭南古村落格局和成片完好的民宅。坑头村生态条件良好，村内水系发达，文化氛围浓厚，公园、球场、文化室等文化设施齐备，群众文化活动丰富，有私伙局、民乐社、舞蹈团、舞龙醒狮队等社团。村集体经济发展较好，2017年村集体纯收入3211万元，村民人均收入30 023元。

自2012年启动美丽乡村建设工作以来，坑头村按照建设“规划建设有序、村容村貌整洁、配套设施齐全、生态环境优良、乡风文明和睦、管理机制完善、经济持续发展”的宜居、宜业、宜游的社会主义新农村的思路，积极打好生态、文化、民生、产业四张牌，不断提升村庄的舒适度、美誉度、文明度，选定34个项目投资1.36亿元，重点推进村内基础设施、产业经济、历史文化、公共服务等各项工作，村庄综合发展水平得到全面提升。

一、振兴坑头经济，为村民谋幸福

改革开放前，由于种田赚不了多少钱，村民生活水平低下，很多人都出去打零工。那时，村集体年纯收入才230万元。2004年，坑头村规划建设了坑头工业区，工业区以动漫、服装、手袋等产业为主，极大地带动了村里的出租屋生意。在村“两委”班子的带领下，通过积极发展经济，努力提高村民的生活水平，坑头村通过积极盘活土地，大力招商引资，将工业作为经济发展的支柱产业，促进产业升级，淘汰污染大、能耗高的企业，实施“腾龙换鸟”策略，引进技术含量高、绿色环保的产业，促进经济健康发展。2009年，坑头村克服了国际金融危机的负面影响，各项指标持续增长，工业总产值达6.17亿元，同比增长31.5%；村集体年纯收入1774万元，同比增长29.7%；村民年人均收入12 821元，同比增长10%。2010年上半年，坑头村社会生产总值为36 122.9万元，工业总产值为33 969.1万元，村集体纯收入1099万元，同比均有较大增长。另外，全体村民都参加了新型农村合作医疗和农村社会养老保险。

二、奔向富裕道路，先行文明之美

20世纪80年代的坑头村，脏、乱、差问题严重，沟渠外露，污水流经各家各户门前，生活垃圾随意堆放，村里“黄、赌、毒”盛行，坑头村被冠“白粉村”“黑社会村”“恶人谷”等代号，臭名远播。入夜时分街道黑漆漆一片，村民往来也要担心安全问题。

改革开放后，在村集体经济发展的基础上，坑头村“两委”继续团结协作，带领村民积极开展文明村建设。

从2006年3月起，坑头村全面启动社会主义新农村建设，这是改革开放后一次有组织、有计划的全面部署。在全国社会主义新农村建设先进示范村创建过程中，坑头村将群众的满意度作为检验成效的标准，把村民意见较大的“三难”问题作为切入点：加大资金投入，进行西和路、市新路、下街的“三线”下地及整改工程，过去零乱无序、密如蛛网、很难看的“三线”变得美观整齐了；投入2600多万元，建设文昌路等四条主要道路，改造西和路、义昌路及重要路段的交通设施，并安装了路灯，原来拥堵不堪、“很难行”的路变得便捷畅顺了，同时，还分流了邻村工业区的货柜车，杜绝了以往经常发生的“大车撞烂屋”事故；投入1800多万元进行

截污工程，改造了主片区等五大区域的排污管网，铺设雨水管，对中心坑进行下沉涵箱工程，令以前村民掩鼻而过、气味难闻的露天排污沟变身成文昌阁公园内清碧如镜、充满诗情画意的休闲水道。

如今坑头村的街道再没有外露的沟渠，在合理位置摆放垃圾桶收集生活垃圾，傍晚时分条条街巷路灯陆续亮起，村民再也不用摸黑走路。

2006年，坑头村获“广州市先进卫生文明村”“番禺区安全文明村”“番禺区计划生育合格村”称号；2007年，获“广州市星级妇女学校”及“巾帼示范村”“广州市残疾人先进集体”“番禺区计划生育先进村”等荣誉；2008年，获“广东省卫生村”“广东省星级妇女学校”荣誉；2009年，获“全国生态文明村”“广州市文明示范村”“广州市廉政文化示范点”“番禺区文明示范村”等荣誉；2014年，被授予“广州市美丽乡村”称号。

三、坚持生态为基，促可持续发展

为彻底改善村庄面貌，优化布局，提升形象，在各级领导高度重视下，以规划为引领，根据村庄区域发展目标和地块功能条件，经征求有关专家、部门、村民代表等各方意见，将整个坑头村划分为生态休闲区、历史古街区、商业文化区、传统农业区、产业园区五个功能区块。由总体构思到局部细化，区、镇有关部门对坑头村进行超前规划，先后制定了《坑头村发展总体策划》和《坑头村社会主义新农村村庄规划修编》，紧抓生态文明这一主线，充分利用和保护村内良好的生态资源。

（一）生态农业与生态景观相得益彰

以完善农村基础设施、实施农村环境和景观综合整治为突破口，

重点打造了“两园一区一绿廊”。“两园”，即以“水”为主题，依据原有的生态地貌，把瓦窑岗打造成67亩的湿地公园，把文昌阁打造成300多亩的水上生态园，突显“阡陌纵横，桃红柳绿”的乡村韵味。同时，考虑到附近楼盘、村民众多及邻近大城市的地理特点，在规划上设置了瓜果蔬菜游赏区、滨水休憩区和花卉种植观赏区等具有生态亲和力的体验区域。“一区”，即利用文昌阁附近区域现有的鱼塘、农田、养鹅场等农业元素，将生态农业与休闲旅游有机结合，以清新的田园风光、浓郁的乡土气息和有机农作物种植为特色，以“体验+农作”的形式，打造“四季果飘香，四时景不同”的都市型生态农业区，并在园区上划分了休闲亲水、科普养殖、田园观光、种植体验及火龙果采摘等五大功能区域。“一绿廊”，即突出“原生”与“野趣”的特点，在白岗自然村现有的百年古树林、次生竹林、山岗、池塘等生态景观基础上，修建环村绿道、休闲径、健身径，构筑绿色村庄生态网架，打造“绿色坑头”生态盎然、碧水蓝天的后花园。自“两园一区一绿廊”建成以来，村民茶余饭后的生活变得丰富多彩，尤其在傍晚时分男女老少都会在生态公园散散步、下下棋。周末的闲暇时光里，一批批游客到坑头村体验农家乐。

（二）美化环境与文化底蕴相辅相成

坑头村因清代时是广州府永宁通判所在地，故又称永宁，是番禺史载较早的聚居点，历史悠久，文化底蕴深厚。在名村创建工作中，坑头村注重发掘与传承村内丰富多彩的历史文化，进一步增强发展软实力，

把名村创建与内涵发展结合起来，使二者相辅相成、相得益彰。一是弘扬“将军精神”。高标准规划建设永宁广场，以牌坊、诗廊等形式再现历代文人墨客对陈玄德将军的颂扬；建设北园公园，复建拜松亭，重立拜松碑，再植水松树，重塑禺南名乡——坑头的精神家园。二是修缮古街区。按照修旧如旧、原汁原味的原则，对步青里等四条古街、振堂陈公祠等七间祠堂和古侨宅进行修缮，再现坑头村深厚的历史文化底蕴。三是打造仿古街。以统一色调、统一风格整饰市新路及下街沿线商铺、民居，突显岭南古建筑风范，增强主干道、主街区的美感与艺术性。四是整合历史文化资源。撰写《名村坑头》，全方位概述坑头村的历史沿革、风土人情、文化艺术及趣闻轶事；把部分祠堂和旅秘鲁侨胞的古侨宅改建为坑头农耕史、村史及坑头村侨胞史展览馆，以图片和实物的形式展示坑头村的发展变化及海外坑头村侨胞的奋斗历程。

在1949年前，坑头村和邻近的几条村每十年轮换一次出会，是年正月初十为会期，每次连续两年出会，其主要仪式有头牌、北帝銮驾、八音锣鼓、小孩花篮队、大人生花队、醒狮队表演等。1948年、1949年轮到坑头村组织出会。1949年后，出会中断，直至2013年中秋节，坑头村承办了番禺美丽乡村民俗文化节巡游活动。巡游队伍有22支演出方块队伍，千余农民参与演出，有6万多名观众。此次活动中，坑头村重现了64

年前马色、北帝出巡等具有地方特色的民间传统艺术。

（三）经济发展与环境保护协调并进

经济发展是名村建设的核心推动力。坑头村虽然工业企业众多，但很多企业还停留在拼资源、拼人力的较低层次，科技含量低、市场竞争力弱。坑头村以名村创建为契机，大力促进村内企业升级转型。一是实施“招商选资”。在引进工业项目上，突破“唯租金”论的老路，对投资企业首先考虑的不是其租金的高低，而是对环境有无污染、竞争力强弱，优先选择引进节能环保、市场前景好的企业。二是实施“腾笼换鸟”。配合上级部门大力整治污染企业，关停污染企业2家，重新引入企业5家。三是实施“多业并举”。培育发展商贸、休闲旅游等产业，投入6000万元高标准规划重建坑头市场和商业综合楼，整饰打造市新路沿线商业街，升级改造村的商铺物业；建设瓦窑岗、文昌阁休闲观光“农家乐”体验区，白岗“假日乡村生态旅游区”。四是实施“园区带动”。争取上

级支持，加快推进坑头村500亩工业园区项目规划建设，计划引入高端产业集约化发展，并以此带动邻近的东线工业园升级转型。2011年，坑头村实现工业总产值7.13亿元，集体收入2260万元。时至2017年，坑头村工业总产值增至9.67亿元。

四、重视民生保障，确保融合发展

生态公园、体育广场，文化祠堂、复古街区，这些硬件设施使坑头村名扬番禺，享誉广东，但坑头村并没有停下前进的步伐。硬件设施是改善村民生活环境的基础，惠民政策是提高村民生活水平的关键。

在新农村建设中，坑头村始终紧抓“惠民便民”这一主线，让群众共享发展的成果。一是优化教育资源配置，在南村镇政府牵头下，南村镇和坑头村委会共同投资2000多万元，选址新建坑头小学。学校占地面积25 346平方米，建筑面积8925平方米，建有标准课室18间，专用功能场室37间。教育教学设备设施比较完善，有电脑169台，其中教师办公用电脑35台，学生用电脑134台；还建设了主干线为千兆的光纤校园网络系统、有线电视系统和广播系统，所有课室及教学专用室共配备了26套先进的计算机多媒体教学平台。该校于2006年3月晋升为广州市一级学校，在2007年11月被批准成为广州市义务教育规范化学校。

二是完善社会保障体系建设，坑头村积极帮扶老、弱、病、贫的群众，对60岁以上的孤寡老人每月发放生活补贴款50～140元，对全村特困户、残疾人实行发放慰问金制度，每年发放慰问金和补助款超过30万元。同时大力推进农村社会养老保险，坑头村委会为每位购买社保的村民支付7200元，全村参加保险1400余人。

三是完善卫生医疗体系建设，南村镇政府和坑头村委会共同投资200

多万元建设了坑头卫生服务站，为群众提供更好的医疗服务。同时积极推广广州市城乡居民社会医疗保险，以往村民“看病难，看病贵”的问题得到有效解决。

四是紧抓村级综治信访维稳工作站建设，坑头村按照上级领导指示建立了村级综治信访维稳工作站，完善了村级综治信访维稳工作机制，畅通民意表达渠道，变上访为下访，实行领导信访工作责任制和领导包案制，每月20日由驻村镇干部及村“两委”共同接访群众，有效化解和减少农村矛盾。

五、新时代争上游，新征程谱新章

回顾改革开放以来，特别是名村创建启动以来，村民的日子过得一天比一天好，坑头村有规划、有成效的发展也得到充分的肯定：2009年9月，坑头村被广东省司法厅、广东省民政厅评为广东省“民主法治村（社区）”，同年10月，被评为广东省唯一的“全国生态文化村”（全

国仅有26个村获此殊荣），成为广东省第一批宜居示范村庄，2014年，坑头村获得“广州市观光休闲农业示范村”称号；时至近年，坑头村继续力争上游，2017年3月获得由国务院防范和处理邪教问题办公室颁发的“创建无邪教示范村”，11月再揽“广东省文明村镇”牌匾。

在各级党委和政府带领下，坑头村走出一条属于自己的社会主义新农村的发展道路。

改革开放走到第四十个年头，为坑头村带来了翻天覆地的变化，带给了村民青山绿水的居住环境，惠民利民的生活享受，新风正气的精神文明，中国特色社会主义进入了新时代。接下来，坑头村会延续改革开放的春风，在上级党组织领导下为村民谋福祉，成为新农村建设队伍中的排头兵。

新时代坑头村定将力争上游，新征程坑头村将谱出崭新篇章！

建设美丽乡村，营造七彩家园

——增城区增江街大埔围村

增江街大埔围村位于广州市增城区东部，与惠州、东莞接壤，交通便利，面积2.3平方千米，下辖6个自然村，9个经济合作社，以农业收入和务工、经商收入为主要收入。2017年村民人均收入约18 000元。户籍人口323户，共1031人，其中党员40人。大埔围村是增城革命老区、爱国主义教育基地，广州市第二批美丽乡村试点村之一。2010年，大埔围村被评为广州市文明示范村，以此起步，经过一系列“微改造”，成为环境优美、安居乐业的美丽家园。一排排靓丽的独立小洋房，干净的柏油路，湖水碧绿，鲜花点缀，远处山峦起伏，大埔围村犹如一幅和谐的乡村油画。物质文明结硕果的同时，精神文明建设亦取得成效。大埔围村在2014年获“广州名村”称号；2015年被评为广东省宜居示范村庄；2016年被评为广东省文明村镇、广州市观光休闲农业示范村，并获得首个“广州慈善乡村”称号；2017年获“全国文明村镇”“全国美丽宜居村庄”“全国绿色村庄”等殊荣，成功创建AAA国家级旅游景区。

一、发展历程

大埔围村地理环境独特，在抗日战争历史中发挥了重要作用。增城作为进出广州的天然屏障，是军事战略要地，而大埔围村具体位于增城东部丘陵地带、罗浮山脉之西缘，东面是博罗县的界山，西面是增江，北面与增城正果、龙门县为界，南面是东江，起伏连绵的山峦环绕增江和东江，与增城南部、东莞北部、博罗西部诸山相连。抗日战争时期，日本侵略者所倚重的交通大动脉——广九铁路自东向西横贯增城。为了既能频频打击敌人，破坏广九铁路通车从而扰乱日军的军事部署，又有利于部队隐蔽休整，广东人民抗日游击总队把战略目光投向处于增城与博罗交界的大埔围村，开辟了大埔围抗日根据地。大埔围村民与游击队紧密配合，军民团结抗敌，用鲜血和生命谱出可歌可泣的历史赞歌，锻造了永垂青史的“东纵”（即东江纵队）精神，铸就了不朽的大埔围精神，为后人争取了光明的前途和幸福的生活。

（一）经济发展起步阶段：20世纪90年代前后至21世纪初

大埔围村的经济得到发展，算起来是在20世纪90年代初。广汕公路通车后，陆续有小工厂进驻，外来人员逐渐增多，部分村民开办小商店、小餐馆，走上了创业之路，实现经济增收。

然而，粗放式的发展伴随的是种种问题，大埔围村的生态环境受到了一定的破坏。由于地处丘陵地带，山多林多，隐蔽性强，辖区及其周边地带常出现当地工厂偷排污水、废气等现象，对环境造成较大影响。再者，村周边曾设有多个临时垃圾场，垃圾焚烧导致乌烟弥漫，刺激性气味浓烈，生活环境相对较差，环境污染问题没有得到彻底解决。村民有苦难言，很多人纷纷搬离到城区中心生活。

除了小工厂、小作坊的污染，养殖业的污染也使大埔围村的青山绿水蒙上一层灰色。21世纪初，生猪价格猛增，且东莞市持续开展生猪养殖整治行动，大埔围村及周边地区逐步涌现大大小小的养猪场。虽然这对大埔围村的经济发展有一定的促进作用，但其带来的负面影响不容忽视。曾经清澈见底的小河流受污染，时有各种垃圾漂浮，水体养殖难以为继。水源的污染，衍生出很多农业问题，比如蚊虫繁殖旺盛，影响农田种植和农民日常生活；农田灌溉水源受污染，调水灌溉难度大；等等。

（二）深化改革和可持续发展阶段：21世纪以后

大埔围村的发展在度过21世纪开端之后，迎来了质变。大埔围村在2004年前隶属三江镇管辖，2004年原三江镇并入石滩镇，大埔围村隶属石滩镇管辖。原三江镇或石滩镇管辖的村庄均是“本地村”，而大埔围村是另外两个客家村之一，由于生活和文化差异，大埔围村人与“本地村人”接触甚密却不能融入；还因地处管辖边缘的“三不管”（没人管的地方、事情或人员）区域，交通闭塞，且进出路段和村道基本是没有路灯的泥泞小路。2008年以后，大埔围村划归增江街管辖，凭借其特有的自然资源、优越的地理位置、淳朴的村风、深厚的人文底蕴进行乡村

建设。大埔围村在2012年被定为广州市第二批美丽乡村建设试点村之一，在上级政府和增江街党工委、办事处的大力支持和引领下，大埔围村抓住试点建设的机遇，坚持“因地制宜、因难见巧、因势利导”的发展理念，在美丽乡村规划建设、可持续发展方面进行有益探索，通过扶持农民、提高农民、富裕农民，实现了华丽的蜕变，农村面貌、农业发展、农民生活等方面都呈现不同程度的良好变化。

二、主要成就

大埔围村紧抓美丽乡村建设的机遇，铺开一条不同的改造之路，并取得了很好的实效，赢得村民和社会一致认同。经过一系列的改造，大埔围村发生了翻天覆地的变化，从不被认识的“角落村”，蜕变成备受瞩目的“明星村”，成为增城区农村工作的亮丽名村和“全国文明村”。

（一）保护村庄历史文化元素，建成美丽整洁村容村貌

大埔围村在美丽乡村规划中，引入保护自然、保留乡情、维护环境的理念，充分挖掘以自然村落为载体的村落文化，利用秀丽的自然风

光、深厚的人文底蕴、浓郁的客家风情，通过规划设计把现代的宜居理念和生活方式融入乡村，使村庄在保持原有历史风貌的基础上，变得更加美丽。比如，大埔围村针对各类住房建筑质量参差、外立面风格各异、建筑物高低不等的问题，并没有采取全盘否定、推倒重来的办法，而是延续村落原有的建筑形态、空间构成、院落布局等建筑文化特色，使新村的空间布局、建筑风格和功能设计与旧村有机衔接，实现新旧村落脉络的延续和空间形态的自然生长。

在充分征求村民的意见和建议的基础上，根据村民的审美特点和现有房屋的状况，设计与现有房屋建筑风格协调的整饰方案，使整个村庄房屋整洁有序、错落有致、和谐自然，真正做到规划源自农民，规划为了农民，使规划具有可行性和经济性。大埔围村民积极参与，纷纷自主拆除破旧房屋，共拆除了破旧房屋166间，面积约5000平方米，同时种植大叶油草、桂花树、紫薇、朱槿、黄金竹等植物，保留大批原生态的果树、林木，整个村庄以绿色生态为主线，把一栋栋偏黄色调的民居串联起来，显得处处都是景致。

（二）完善公共设施，村民生活品质大大提高

大埔围村实现了道路通达无阻化、农村路灯亮化、自来水供水普及化、生活排污无害化、垃圾处理规范化、卫生保洁常态化，把原来只有在城市才能享用的公共服务覆盖到农村，使村民也能过上城市居民的优

质生活。文体活动中心这栋亮黄色的崭新小楼堪称村里的地标，里面设有乒乓球室、图书室、有线广播站、老人活动中心、展览室等。文体活动中心“麻雀虽小，五脏俱全”，村民可以在乒乓球室参加体育锻炼，也可以到图书室学习，有兴致的村民还可以到展览室展示才华。

大埔围村通过对村公共设施的整合改造，为开展精神文明建设奠定了基础，进一步提升了农村生活的内在质量，充实了农村的文化内涵，使农民的生活更加丰富多彩，使美丽乡村成为农民丰富的生活空间和具有强烈归属感的精神家园。

（三）村民参与美化家园，树现代精神文明新风

大埔围村坚持立足实际，充分尊重民意，广泛集中民智，切实将美丽乡村建设工作打造成民心工程。大埔围村先后投入约120万元用于民主议事厅的建设，引进电子表决系统，确保场地设施健全，制定《大埔围村民代表议事制度》，定期召开村民代表大会，在美丽乡村规划设计、房屋外立面整饰、破旧房屋拆除复绿、卫生巡查保洁、实施禽畜圈养等诸多环节都坚持公开透明、民主决策，多次征求村民的意见，经由村民讨论后进行表决，由村民来设计、选择和决定自己的未来，保障村民对生活方式的选择权，以及对家园建设的发言权，使他们真正成为美丽乡村的权益主体和建设主体。因为大埔围村的美丽乡村建设真正符合农民利益，所以才能保证建设工作不会中途夭折或异化变质。

村民通过自主组织整饰自家房屋的外立面，切身体验到美丽乡村

建设带来的直观改变，增强了美丽乡村建设的真实感和吸引力；通过参与禽畜圈养和垃圾分类，实行卫生巡查保洁制度，确保环境卫生干干净净；通过打破了千百年来的传统习惯，家家户户都装上美观大方的对联框，一改过去对联张贴杂乱无章的现象，创造性地树立了农村精神文明新风尚。

（四）丰富内涵提升软实力，美丽乡村品牌进一步打响

2012年，大埔围村响应增城区委、区政府的号召，全面整治“散、小、乱”养猪场的同时，通过集中土地流转的方式，引进了全区第一家现代化大型企业——广州市德盛现代农牧发展有限公司，切实提高了土地利用率，提高了村集体收入。同时，整合盘活村前的80多亩农田，引进广州微旅旅游景区管理有限公司，以“公司+基地+农户”的方式发展特色生态农业产业，努力推动村的集体经济发展。高颜值百亩花海、梦幻灯光节，大埔围村一夜变“网红”。另外，为了推动乡村旅游业发展，大埔围村大力整合鱼塘、水库、水田、园地等资源，规划建设科普湿地公园、垂钓场、烧烤场、绿道等旅游设施。2017年4月，大埔围村通过评定，获得“AAA国家级旅游景区”荣誉称号，翻开了大埔围村美丽乡村建设新的一页。

为推进“大众创业、万众创新”，把握大埔围村乡村旅游发展优势，增江街出台《大埔围村创业奖励补贴办法》，鼓励村民利用自家庭院、闲置房屋自主创业。大埔围村涌现了一批特色创业示范点，有以墙绘美术为主的“π艺术空间”、以花卉种养园艺为主的“幸福花圃”、以传统手工陶艺制作为主的“刘氏陶艺”、以纸花艺术为主的“艺耒坊”、以连环画创作为主的“长记文化工作室”等。广东工业大学华立学院还在村里设立了创业创新体验屋，开展了点指色彩工作室、古墨轩

工作室、亲子教育旅游等项目，还有创客驿站进驻。

同时，建设红色文化基地。修建抗日历史纪念馆，申报广州市增城区中共党史教育基地，建立增城人民缅怀革命先烈，学习、传播大埔围精神，进行革命传统教育的重要场所。

三、经验借鉴

大埔围村的美丽乡村建设之所以能取得这些成绩，与走了一条正确的改革发展路子息息相关。

（一）坚持因地制宜，不搞大拆大建

美丽乡村建设是广州市的重要决策，农民群众也很欢喜。为避免在建设过程中出现违背农民意愿的、耗资巨大的运动式的大拆大建现象，避免在农村中形成新的矛盾、影响党群关系，增江街在启动大埔围村美丽乡村建设之初，便提出坚持因地制宜，不搞大拆大建的规划理念，组织规划人员对村的地理条件、人口状况、房屋现状、资源分布、环境优势、公共配套等进行了详细调查，根据实际情况，制定了整洁之乡、生

态之乡、和谐之乡、繁荣之乡四大规划定位，充分体现出美丽乡村是农村建设追求的核心价值，全方位突出保留传统文化、中国元素、乡村特色，注意保护历史风貌。

注重做到抽疏建绿。为避免出现有新屋无新村现象，针对本村破旧泥砖房比较多、影响村庄整体美观的实际情况，把应该拆除的破旧空置房屋规划为绿地广场，在规划上得到广大村民的高度认同，并制订拆除破旧房屋工作方案，提出对村前、村后不符合村庄规划的破旧泥砖房、空置的柴房或猪舍等进行拆除，原则上只给予适当的成本价补偿，拆除房屋后的地块全部用于建设绿地、公园和广场，得到村民积极响应。

注重整合公共设施。在制订美丽乡村修建性详细规划方案时，坚持以人为本，从农民最希望、最迫切要求解决的那些生产生活中出现的问题入手，通过整合村庄原有的公共基础设施和闲置集体土地，综合改造成为村民急盼急需公共设施。

（二）坚持因难见巧，不搞大包大揽

增江街明确了农民在美丽乡村建设中的位置，提出发动村民自觉参与，政府不搞大包大揽的建设理念，在大埔围村美丽乡村建设中充分发挥村民的主体作用，组织村民参与民主议事，奖励群众自主整饰房屋，通过大量细致深入的宣传教育工作，把

政府的工作设想变为村民的意志，把政府的规划变为村民的自觉行为，既确保了建设工作得到村民的支持拥护，又培养了村民的主人翁意识，进一步增强了村民的道德观念，树立了现代农村精神文明新风尚。

为了推进房屋外立面整饰工作，大埔围村提出以村民自主参与和经济节约为原则，充分利用原有建筑物，以简易改造为主、普通改造为辅、少数重点改造，邀请专业建筑设计单位制订了两套房屋外立面整饰方案，采取政府奖励、村民自主施工的方式，由村民自主选择分别以瓷砖镶嵌或喷涂方式进行外立面整饰。对选择瓷砖装饰或喷涂装饰的村民，政府分别按80元/平方米和30元/平方米的标准给予奖励；同时，奖励办法实施之日起50日内完成外立面装饰并通过验收的，一次性奖励800元/户。奖励办法一经公布，村民们纷纷踊跃参与，全村房屋共完成外立面整饰8万多平方米。此外，大埔围村通过最美庭院竞赛活动等多种宣传形式，促使村民自觉参与美丽乡村建设。

（三）坚持因势利导，不搞短期行为

为了确保美丽乡村持续发展，增江街提出坚持因势利导，不搞短期行为的发展理念，在大埔围村环境整治工作取得成效的基础上，进一步关注人的发展问题：一方面着手谋划引导发展特色产业，以促进集体和农户增收；另一方面大力开展人文道德建设，进一步提高村民素质，达到以人为本、教化于人的目的。充分考虑人的因素，使美丽乡村建设与村民的利益紧密相连，确保美丽乡村建设成为该村的内在需要，成为村民长期的自觉行动。

过去，大埔围村将大部分鱼塘、土地发包出去，发展了82家“散、小、乱”养猪场，这种分散经营机制，不仅收益不高，还造成严重污染，引发村社内部矛盾。后来通过打造休闲农业和乡村旅游示范点、打

造乡村文化建设品牌，大埔围村创业项目蓬勃发展，村民切切实实感受到发展乡村旅游的广阔前景，对走绿色发展道路充满信心。

打造乡村文化建设品牌。以人为本是美丽乡村建设的出发点和落脚点。因此，大埔围村在美丽乡村建设过程中，非常注重文化融合，挖掘文化特色、寻求文化融合点、彰显文化元素，注重发挥文化对引领风尚、教育人民、推动发展、促进和谐的作用，实施文化惠民工程，丰富和提升美丽乡村内涵，让美丽乡村更具魅力。一方面，不断完善农村公共文化服务体系，大力开展农民参与性较强的文化活动，积极组织开展农民群众自己熟悉和喜欢的广场舞蹈、篮球、园艺等活动，让农民群众在参与中享受文化的愉悦，在愉悦中受到潜移默化的教育，不断提高自身的综合素养，增强对美丽乡村的认同感，身体力行地支持和参与美丽乡村建设，共同维护美丽乡村建设成果。另一方面，通过群众喜闻乐见的各种形式开展宣传教育工作，把社会主义核心价值观作为景观进行设计，让核心价值观渗入村民生活；从《习近平用典》等书籍中挑选国学经典名句，刻在23块石头上，摆放在村庄适当位置，让村民接受中国传统文化教育；充分利用村中的围墙、房屋外立面进行创意墙体彩绘，既使新旧房屋连接形成独特风格，又使村民接受艺术熏陶；在村中开展家庭综合服务试点，由社工定期组织开展帮扶孤寡老人、亲子活动等活动，促进村民家庭和谐；开展家风建设试点，制作家风建设系列宣传挂画并赠送给党员干部、农户，坚定党员干部的理想信念，广泛传递正能量。

加强与周边高校合作。大埔围村携手广州松田职业学院、广东工业大学华立学院、广州华立科技职业学院、广东财经大学华商学院、广东省环保技工学校等多所高校，加大交流合作，更好地带动美丽乡村和谐发展。村校合作为大学生们提供了一个平台，加强学生创作教育与实践的同时，提升大学生的社会责任感，为增城的发展培育人才。围绕美丽魔方创业项目，组织大学生到乡村搞创业和创作、参与大埔围美丽乡村建设，为大埔围村的美丽乡村建设注入了新的动力，提升了软实力，对推动大埔围村的乡村旅游发展作出了积极贡献，形成特色产业。

弘扬红色文化，丰富乡村内涵。大埔围村是革命老区，是昔日东江纵队抗日游击活动的摇篮。大埔围村革命烈士纪念碑碑文刻着“英雄碧血染旗旌，烈士千秋标伟名。祖国四代今已展，巍巍碑石慰亡灵”。告诫后人铭记历史，奋发前进，报答先烈们的舍身护村。为传承红色基因，大埔围村深入挖掘历史，编印相关图册、读本，并以大埔围村民与抗日游击队紧密配合、团结一心、英勇杀敌的事迹为背景，修建抗日历史纪念馆。每逢重大节日，组织开展祭奠抗日英烈活动，让村民重温革命历史，砥砺理想信念，使革命精神彰显新的时代价值。

四、未来发展方向

在区委、区政府的正确领导及增江街党工委、办事处的大力支持下，大埔围村将进一步牢牢把握发展机遇，全力开展美丽乡村建设，促进大埔围花圃特色小镇发展更上一个层次。

（一）打造“最红最美乡村”品牌

大埔围村将致力建成“最红最美乡村”。“最红”，就是要把大埔围村抗日历史纪念馆打造成为党建工作基地；“最美”，就是要着力引进国际一流的文化旅游项目，打造成集度假旅游、文化创意、户外活动于一体的高端文化旅游产业聚集区。

（二）创建省级新农村连片示范建设工程

围绕党的十九大关于乡村振兴战略中产业兴旺、生态宜居、乡村文明、治理有效、生活富裕的总要求，创建省级新农村连片示范建设工程，该工程由相邻相连的大埔围村、四丰村、初溪村、陆村村四个行政村组成。以广汕公路、增江为轴，以高标准、多指标、多起点打造人居环境。将农业、旅游、观光等元素融入，做到每村有特色，每村有亮点，以大埔围村获评“全国文明村镇”及成功创建“AAA国家级旅游景区”为契机，推动省级新农村连片示范建设，达到布局合理，实现集聚效应。初期计划开展村容村貌整治、小公园建设、高标准农田建设、基础配套设施建设和环境美化、绿化整治等项目。

革新蝶变，古村迷人绽放

——从化区温泉镇宣星村

改革开放以来，广州市从化区宣星村紧紧围绕生产发展、生活宽裕、乡风文明、村容整洁、管理民主的要求，以先进性教育活动为契机，以创建生态文明村为重点，广泛动员和组织广大党员、村民迅速投身到社会主义新农村建设中，协调推进农村经济、政治、文化、社会建设和党的建设。40年来，宣星村乡村面貌发生了根本性的变化，山清水秀、环境优美，人民生活水平和生活质量得到普遍提高。

一、宣星村概况

宣星村位于广州市从化区温泉镇中西部，从化云台山脚下，105

国道旁。现辖区面积5.6平方公里，共有6个经济联合社，432户，总人口1823人。全村耕地面积3410亩，其中水田710亩，园地2700亩。村民以种植荔枝、蔬果、外出务工、农家乐旅游收入为主。大部分青年劳动力外出务工，老年劳动力基本在家务农。2017年村集体经济收入32万元，农民人均年收入1.31万元。

宣星村始建于元末明初，是有600多年历史的古村。流溪河的支流桃园河流经宣星村，村里的建筑大多数是清代建筑，村子保存着古朴气息。它有原生态的历史悠久的建筑群，如刘氏宗祠、商埠老街、古屋石巷等，还有大片的桃花园，是影视拍摄基地。宣星村荣获全国首个“中国红色旅游文化村”称号，被评为广州市文明示范村。村里的宣星运动谷山清水秀、环境优美，是从化区“运动型”农家乐的代表。

二、发展历程

党的十一届三中全会以来，在邓小平理论、“三个代表”重要思想、科学发展观、习近平新时代中国特色社会主义思想的指导下，宣星村“两委”和村民群众坚持改革，努力奋斗，整个村庄都焕发出了勃勃生机，改革开放以来宣星村发生了根本性的伟大变化，社会生产力获得解放，农业得到发展，农村环境进一步提升，人民生活上了一个大台阶。

（一）1978—1984年：村民生活水平得到提升

1978—1984年，宣星村集体年纯收入约30万元，在从化县所有大队集体年纯收入中排名第二，辖区有广州市第四棉纺织厂、电镀厂、红砖厂、糖厂等企业，其中电镀厂、红砖厂属于村集体企业。同时经过土地改革，社会生产力获得解放，村民通过种植水稻、木薯、甘蔗、荔枝、龙眼、黄皮等作物增加收入，少部分富裕的村民按照村庄规划建起了楼房，村民生活水平得到了提升。

（二）1985—2004年：集体经济发展回落

1985年起，随着广州市第四棉纺织厂搬迁、电镀厂关闭、红砖厂转为个人承包，宣星村集体经济没了支柱，集体收入下滑，发展变得缓慢。

（三）2005—2010年：启动新农村建设

2005年，启动新农村建设，宣星村“两委”认真组织学习党和政府的各项方针、政策，抓住机遇谋发展。全村共投入建设资金合计120万元，发动群众投工投劳，全面完成了“五改五有”（“五改”：改水、改厕、改路、改灶、改造住房；“五有”：有篮球场、垃圾填埋场、生态小公园、禽畜饲养栏和建设规划）工作。当时的从化市水利局投入120万元用于加强农田水利标准化建设，改善宣星村农业生产条件。此外，还成功引进了雄鹰塑胶厂，既增加了村集体收入，也解决了宣星村部分富余劳动力就业问题。

2008年底，从化宣星运动谷项目启动，是当时从化市委、市政府打造“双百工程”（在全国甄选100个具有100年以上历史，且历史脉络清晰，历史建筑保留较好，自然风光独特的古村落或微型小镇，采取政府引导、企业主体、市场化运作，

以社会资本为投资建设主体的运作模式，将100个古村落或微型小镇建设成集村落建筑景观、田园景观、自然景观、聚落景观、农耕文化景观、民俗文化景观及民宿开发、文创产品开发等多位一体的处处有历史、步步有文化的旅游目的地，称之为“双百工程”）的重点项目之一，项目计划总投资1500万元。2009年，宣星运动谷的自行车休闲运动车道及沿途景观节点、登山运动路径、爱国主义教育基地、乐趣钓鱼鱼塘、古村文化祠堂、古村农家乐饮食及旅客服务中心等首期工程如期完工，运动谷于2009年国庆节正式面向社会开放。自此，宣星村的生态旅游业有了新的发展。

（四）2011—2012年：扶贫开发一期

由于发展基础薄弱、发展资金不足等原因，宣星村集体经济发展水平偏低，2010年宣星村集体经济收入约1.55万元，被当时的从化市定为贫困村。2011年，宣星村有贫困户39户，共109人。2011—2012年广州市海珠区凤阳街及海珠区建设和园林绿化局对口帮扶宣星村。它们帮扶的旅游项目和牵线合作的投资项目，使村集体经济年收入从2010年的1.55万元，增加到2012年的28万元，是2010年的近18倍。39户贫困户全部达到脱贫标准，脱贫率达100%。宣星村村容村貌也变得更加美观整洁，2012年宣星村被定为广州市美丽乡村建设试点村之一。

（五）2013—2016年：扶贫开发二期

2013年，宣星村有相对贫困户21户，相对贫困人口60人。2013—2016年广州市海珠区凤阳街及海珠区住房和建设水务局对宣星村开展新一轮帮扶工作。四年帮扶，使宣星村的相对贫困户全部脱贫，村集体收入也得到进一步提高。2016年村集体经济收入30万元，贫困户有劳动能力的人均纯收入超过1.31万元，无劳动能力的人均纯收入达到1万元。

在此期间，宣星村于2014年被从化区定为名村名镇创建点。根据《广州市名村名镇试点建设工作方案》有关要求，从化区确定宣星村名村名镇试点2015年第一期建设项目库，共有11个项目，包含“七化”（道路通达无阻化、农村路灯亮化、饮水洁净化、生活排污无害化、垃圾处理规范化、卫生死角整洁化和通信影视“光网”化）、“六个一”（建设一个综合服务中心、一个卫生站、一个文化站、一个文体活动广场、一个宣传报刊橱窗和一个无害化公厕）工程和人居环境综合整治等建设项目，总概算为471万元。

（六）2017年6月至今：人居环境整治

2017年6月，宣星村借着人居环境整治行动的契机，在全村范围内开展农村人居环境整治工作，发动村民参与和强化长效管理机制。

三、主要成就

自改革开放以来，宣星村民的生产力得到解放，国家政策越来越好，农作物种起来了，工厂建起来了，人民开始富起来了，房子建起来了，各项基础设施越来越完善了，生活也变得越来越好了，环境越来越美了。

（一）集体经济收入大幅度提高

改革开放以来，宣星村抓住机遇，认真学习、领会党和政府的各项方针、政策，根据宣星村的实情，理清思路，制定目标，在村“两委”的带领下，宣星村的集体经济收入有了大幅度提高。

2005年随着新农村建设的开展，宣星村大力组织富余劳动力转移就业，增强村民的外出务工收入。同时充分利用地理位置，成功引进雄鹰塑胶厂到村办厂。该厂除了每年给村集体带来土地租金收入外，还在每年春秋农忙季节免费为村民抽水灌溉农田。此外，该厂还承担了宣星小学的电费、水费，出资建设村幼儿园，资助社道建设，帮助解决当地农村50多名富余劳动力的就业问题。2007年宣星村集体经济收入达到2万元，村民人均收入达到4200元。

2011—2017年，随着扶贫开发工作和美丽乡村建设工作的开展，宣星村集体经济收入得到进一步提高。扶贫开发一期，村集体经济年收入从2010年的1.55万元，到2011年的25万元，再到2012年的28万元，实现了大幅增长。至扶贫开发二期结束的2016年，村集体经济年收入已达到30万元。扶贫开发期间建立起来的项目发展长效机制，为今后宣星村集体经济的增长提供了比较可靠的保障。到了2017年，村集体经济年收入已提高到32万元。

（二）帮扶贫困户全部脱贫

2011—2016年底，广州市对宣星村连续两轮的扶贫开发帮扶取得成效，帮扶村贫困户全部脱贫。

2011—2012年第一轮扶贫开发工作通过就业、种养、物资、销售、科技、助学、助残、保障等各种灵活帮扶形式，使帮扶的15户有劳动能力的贫困户年人均收入从2010年的3991元，提高到2011年的8795元，2012年达到了12 081元；24户无劳动能力的贫困户年人均收入从2010年的3232元，提高到2011年的7533元，2012年达到了8506元。39户贫困户全部达到脱贫标准，脱贫率达100％。此外，还完成贫困户危破房改造、贫困户新居建设、组织参加就业技能培训、引荐就业，以及全面落实贫困户参加新型农村合作医疗、新型农村社会养老保险等帮扶工作。

2013—2016年为期四年的第二轮扶贫帮扶，帮扶单位积极开展助学帮扶、助医助残和大病救助帮扶等惠民、助民行动，所帮扶的相对贫困户全部脱贫。2016年，贫困户有劳动能力的人均纯收入超过1.31万元；无劳动能力的人均纯收入达到1万元。

（三）人居环境不断改善

宣星村于2007年完成生态文明村创建，2008年被当时的从化市委宣传部推荐为“广州市文明示范试点村”，2012年被定为广州市美丽乡村建设试点村之一，2014年被从化区定为名村名镇创建点。

随着宣星村名村名镇建设项目等相继完工，宣星村基础设施和公共服务设施建设不断完善，极大地方便了村民的生产生活：一是道路通达无阻化。全村已基本实现自然村道硬底化工作。二是农村路灯亮化。在从化区住房和城乡建设委员会的大力支持下，宣星村共建路灯179盏，已全面实现路灯亮化。三是供水普及化。全村自来水普及率达100%，生活用水集中供水到户。四是生活排污无害化。宣星村共有5个污水处理池，村内生活污水100%经处理达标后再排放。五是垃圾处理规范化。已建立“户收集、村集中、镇转运、区处理”的农村生活垃圾分类收运处理体系，积极推行垃圾分类处理工作。六是卫生死角整洁化。温泉镇和宣星村均已建立了严格的保洁制度，并建立了

每月卫生评比监督制度，温泉镇聘请6名专职保洁员负责宣星村全村环境卫生保洁工作。此外，还通过发动群众开展全民大清洁等活动加强村民热爱家园的意识。七是通讯影视“光网”化。全村已通有线电视，实现宽带及光纤网络的接入。

在公共服务设施建设方面，宣星村已建有超过200平方米的综合服务中心（提供维稳、健康、计生等业务服务）、约250平方米的文化室、4300平方米的户外文体活动广场、10平方米的宣传报刊橱窗、一个配套了无害化公厕的宣星村停车场。

在长效管理机制建设方面，宣星村已建立了村庄建设管理长效机制，对环境卫生实行了统一管理。一是专项资金有保障，从化区、镇有专项财政补贴并落实专人负责；二是管理制度有保障，如制定村规民约约束村民行为，建立健全的环境卫生保洁网，加强村民热爱家园的意识等。清洁卫生、绿化管理、污水治理、村庄管理维护等方面都建立了长效机制，使辖区的环境得到净化、美化，村容村貌焕然一新。

（四）生态旅游开发

2008年以来，从化区政府利用自然、历史古迹等资源优势，立项打造温泉镇宣星运动谷。以此为契机，在政策支持和有关职能部门、帮扶单位等的共同努力下，宣星村以古村落、云台山战役为切入点，打造宣星运动谷、宣星人家、宣星花海、爱国主义教育基地，让人与自然、历史和现代、村庄形态与生态环境相得益彰。

1. 宣星运动谷

从化宣星运动谷项目于2009年起正式对外开放。宣星运动谷位于从化区温泉镇宣星村的云台山，以自行车、登山等运动项目为主题，绕村自行车绿道全长达11.5公里。运动谷不设门票，主要目的是通过发展农家

乐，带动农民在家门口致富。游客能在其中享受到环村自行车游的乐趣和乡村美食，走上两千多米长的登山石径，还可以观看到云台山战役的战壕遗址。

2. 中国红色旅游文化村

宣星村的云台山，是解放广州的最后一场战斗——云台山战役发生地，现宣星村内的刘氏祠堂就是当年的战斗指挥部所在地。2009年10月，在当时的从化市委、市政府的高度重视和大力支持下，建成了云台山战役遗址纪念碑并修建了登山石径。与云台山战役有关的大量图片、史料和文字说明等资料收藏于宣星村的“农家书屋”。关于云台山战役的音像资料则收藏在刘氏祠堂，随时向游客播放。

云台山战役遗址的开发，把从化区建设爱国主义教育基地的工作推上了一个新的台阶，云台山战役遗址成为广大群众和青少年学生激发爱国热情、培育民族精神、学习革命传统、陶冶道德情操的又一个新的重要阵地。2009年，宣星村获得“广州市爱国主义教育基地”称号，更是被评为“中国红色旅游文化村”，成为全国第一个也是目前唯一一个“中国红色旅游文化村”。

3. 宣星桃花园

2011年，宣星村紧紧抓住广州市主要领导指示宣星村加快推进美丽乡村建设的机遇，投入73万元种植了2000多棵桃树，打造宣星桃花园。每年3月正是宣星桃花盛开的季节，纯朴的宣星村绽放着粉嫩的桃花，绚丽灿烂，吸引不少市民慕名前来。

此外，宣星村还投入了20多万元修葺宣华古村落和布置古村周边及旅游线路的整体绿化，展现宣华古村风貌，建设乡村钓鱼台、乡村水车等一批农村特色小景点，以吸引更多的游客前来观光。

四、经验借鉴

上述成绩的取得，首先得益于党的正确路线和党中央的正确决策，同时也得益于地方各级人民政府和帮扶单位的大力支持和帮助，回顾过去的工作实践，宣星村美丽乡村建设经验有以下几点：

（一）坚持求真务实，常抓不懈

自2005年开展新农村建设以来，宣星村“两委”干部持之以恒地把美丽乡村建设作为农村发展的重要工作来抓，每次都紧抓市委、市政府、区委、区政府的相关政策和各个发展机遇，开拓进取；坚持求真务实、讲求实效，积极落实责任、建立机制，促进美丽乡村建设。

（二）坚持规划先行，推进项目

宣星村在建设美丽乡村工作上一直是尊重规划、依照规划进行。在规划编制过程中正确处理上级部门、设计单位、建设单位与村民群众之间的各种关系，确保规划科学、符合群众意愿；在规划实施中，坚持项目化推进，把规划内容分解为一个个具体项目，明确时间、进度情况，严格依照规划搞建设，确保规划落地、见到实效。

（三）坚持整合资源，发挥优势

在美丽乡村建设中，特别是在宣星运动谷建设上，得到当时的从化市委宣传部等多个部门的支持和配合，镇党委、政府也高度重视，成立了专项工作小组，积极推进宣星运动谷各项工作。资源的整合和项目分配，最大限度发挥了各部门的职能作用和宣星村现有的自然资源优势，加快推进项目建设。

（四）坚持以人为本、全员参与

在建设理念上，充分体现以人为本，建设美丽、休闲、舒适的人居环境。利用各种形式，引导村民通过村级重大事项民主决策，发挥主体作用，投工投劳、出资出智，以勤劳双手共同建设美好家园。

五、发展方向

宣星村积极学习贯彻落实党的十九大精神，以促进乡村振兴为主题，多次组织村“两委”干部及党员代表召开工作会议，大家结合党的十九大报告中提到的“乡村振兴战略”等论述，就如何实现宣星村的发展，形成了发展共识：

一是坚持农业农村优先发展，按照产业兴旺、生态宜居、乡风文明、治理有效、生活富裕的总要求，加大土地流转力度，统筹村各项资源和发展要素，引入有实力的资本与村合作，实现农业强、农村美、农民富的目标。

二是继续加大力度推进人居环境综合整治工作，加快推进普及“仁里集”智能治理云平台，充分利用宣星村的民主法治议事大厅，不断健全自治、法治与德治相结合的乡村治理体系，多为村民办实事办好事，全面实现宣星村经济发展、民主健全、科教进步、文化繁荣、社会和谐、人民生活殷实的六大目标。

三是创建特色“党建+”系列新品牌，切实抓好党建工作。村党支部继续深入开展多种多样党建活动，抓好党建工作，进一步密切党群干群关系，增强党支部的凝聚力和战斗力，进一步提高宣星村党建工作整体水平，促进宣星村的各项工作顺利开展，让宣星村村民的幸福感和获得感更强烈。

旧貌换新颜，拆迁村建设典范
——花都区新华街朱村村

一场机遇，造就了一个现代化新农村的诞生。因机遇降临，在拆迁中脱颖而出的，朱村可以说是一个典型。拆迁带给朱村人民的机遇是偶然的，但朱村的发展是必然的。如何再抓住机遇，利用机遇，再创造出新的机遇，使机遇成为新发展的助推器，更是朱村面临的一道新课题。

一、朱村概况：底蕴深厚，历史荣光

朱村位于广花平原，地势平缓，视野开阔，村的南面有岐山村，东面有大陵村，西北面还有官溪、九潭、大坾等村。据朱氏族谱记载，朱村始建于明朝永乐七年（1409年），是单一姓氏村。1987年以前，朱村由新华镇管辖。于2005年改属新华街，从2014年起，属秀全街管辖范围。从中华人民共和国成立一直到1978年，朱村村民基本上以从事农耕为主。朱村下辖5个经济社。在改革开放之前，朱村有4000多亩耕地，村界紧邻天马河，其支流新涌河流经村中。20世纪80年代经过填土改

造，现在村内只有朱岐东支渠、大埗迳河。

2017年，朱村集体收入1300万元，农民人均收入约1万元。2017年末，该村有户籍人口1560人，外来暂住人口3000多人。清末民初，连年的洪涝之灾促使许多朱村人士前往南洋谋生。1979年越南排华后，这些华侨分散到美国、加拿大、澳大利亚、德国等地。至今，朱村旅居海外的华侨人数，比现在居住在村中的村民人数还要多。

目前，朱村工厂林立，工业发达。国内首屈一指的东风日产乘用车公司总部就坐落在这里，上百家汽车零配件工厂围着该总部星罗棋布，如众星拱月。沿着云山大桥一直向西，有一片房屋是墙体红白相间、蓝色屋脊的小区。从外观看，这个小区与近年来开发的一些大型楼盘没有什么两样，楼房高低错落，精致美观，有山有水，与相邻的保利花园小区遥相呼应。小区内公园、超市、卫生站、文体设施一应俱全。但与一般房地产公司开发的小区不同的是，这里还有一座崭新的祠堂，祠堂门前有风水塘，旁边是一个大戏台。祠堂、风水塘和戏台，这是岭南农村的标配。这些明显打上了农村烙印的建筑，说明这里原是一个普通的村庄。一个普通村庄变成如此时髦的现代化小区，凡是来这里参观的人对此无不啧啧称赞。的确，这就是社会主义新农村的样本，这个村庄就是朱村。

二、变化历程：天赐良机，拆迁出新貌

（一）1978年前：典型的贫穷农村

改革开放前，朱村是典型的农村，村里只有800多人，4000多亩地，人少地多，是新华镇的粮仓之一。然而，朱村的村民日子是非常艰苦的。虽然地多，但农作物产量低，一年只有一造，交完公粮，每个村民每月只能分到17.5千克稻谷，农民生活贫困。

（二）1978—2002年：加强基础设施建设

改革开放之初，朱村还是难以走出困境。朱村地势低洼，容易发生水灾，村里也没有一条像样的路。一些外商想来投资，看到朱村的环境纷纷摇头。一些村社工业、劳动力密集型产业，在朱村都难以发展。到20世纪80年代中期，村民还在为能否喝上干净的饮用水发愁。那时，村里只有三口井的水能喝，其他井都是黄泥水。村民居住地分成南北两块，南边住了700多人，北边200多人。村民们每天劳作之后，还要拖着疲惫的身体给水缸挑满水才能入睡。1986年，村里投入了30多万元，打了一口深水井，建了一个水塔，村民终于喝上了自来水。

在改革开放的前20年，朱村与周边村庄相比，并不富裕，村民还是一如既往地从事落后的种养业，以种水稻和养殖四大家鱼（青鱼、草鱼、鲢鱼、鳙鱼）为主，少数村民外出务工。种养业都要靠天吃饭，如风调雨顺，日子尚可；若遇上水灾，则颗粒无收，一年汗水付之东流。村里现在60岁以上的人都经历过三次大水灾，分别在1983年、1987年和1997年，水灾时堤坝崩溃、房屋被淹、粮渔失收。2000年，村里投入50多万元，加固了陵朱围和新涌河的防洪大堤，终于解决了水灾问题。相

比其他村“三来一补”（即来料加工、来料装配、来样加工和补偿贸易）的红红火火，朱村的发展仍然缺乏动力，停滞不前。

（三）2003—2009年：东风日产，机遇降临

使朱村发生翻天覆地改变的，是东风日产乘用车花都第二工厂扩建这一天赐良机。东风日产总部设在花都，以生产全系列商用车、乘用车、汽车零部件和汽车装备为主营业务。东风日产乘用车公司成立于2003年6月，是东风汽车有限公司的重要组成部分，是广东省十大重点工程项目之一。2008年，经全面合资重组之后，东风日产站在了跨越式发展的新起点，提出年产量将提升到170万辆，销售额2000亿元以上，综合市场占有率提高到20%。要达到这一目标，东风日产厂房扩建迫在眉睫。

2009年，因东风日产企业征地扩建，朱村土地被征。为此，村“两委”马不停蹄地召开会议。在会上，他们对拆迁可能导致的各种问题一一进行梳理，积极想办法，尽量为群众争取更多利益，消除一些村民的抵触情绪。后来，为村民顺利拿到拆迁补偿款（800～1150元/平方米），并公布旧村拆迁后新村重建的效果图，在村民中广为宣传，村民们看到图中这些美轮美奂的建筑后，思想逐渐发生了转变。朱村经济发展缓慢，村里的生活环境比较恶劣，污水横流，村容很差，村民看到这样的效果图，心中对新村有了期盼。

配合上级做好村民思想工作后，接下来就是开展拆迁工作了。为了起带头作用，当天拆迁的第一批建筑就是村“两委”主要干部的家。这些房子都是他们家族几代人辛辛苦苦建起来的。看着房子被钩机、铲车瞬间推倒，他们的心里是一阵莫名的难受。村“两委”主要干部的房子在一天之内全部拆掉。看到村干部做得如此决绝，村民都无话可说，纷纷收拾家什，搬家拆房，为花都的经济发展和朱村的建设铺平了道路。

在朱村干部和村民的共同配合下，只用了短短的三个月时间，整条村800多间新旧房就被全部拆除，空出土地交给了东风日产乘用车公司，这种情况在整个珠江三角洲都是十分罕见的。广州地区很多村子多年来难以彻底完成的拆迁工作，朱村仅用三个月就完成了，一切都顺利进行，朱村人也感到非常自豪。为了加快进度，村干部根据政府下发的分户、补偿、安置等有关文件，规定父母随子女户，60～70户华侨户由亲属代理，使原来统计的600多户，减少到463户。同时积极为村民争取更多的人均居住面积，将原来的人均50

平方米增加到人均80平方米。这些做法行之有效，使拆迁更加迅速。

从拆迁到回迁需要近四年时间，政府每户给补贴，村民自己找房住。他们有的在外租房，有的投亲靠友。村里还有一些孤寡老人和高龄老人，由政府发给生活费，东风日产产能扩建指挥部提供住房，村里将他们集中在一起照顾。朱村人离开了祖祖辈辈赖以生存的土地，可以说，朱村为了花都的经济建设，顾大局，舍小家，做出了不可磨灭的贡献。至今人们说起朱村当年为了东风日产乘用车花都第二工厂的扩建而进行的整村拆迁，仍是满怀敬意。

三、共创佳绩：齐心协力，同享双赢

2010年5月8日，东风日产乘用车花都第二工厂奠基仪式隆重举行。第二工厂占地面积140万平方米，拥有冲压、焊接、涂装、总装和树脂等五大工艺车间。按照东风日产事业计划，总投资50亿元人民币的新工厂于2012年正式投产。

与此同时，朱村新村也在加紧建设。2012年，朱村新村落成了。新村与朱村原址相隔不远，占地200亩，有1919套住房。新村建成之后，所有村民都回迁了，其中还有十几户原本在城区买房的村民。新村每套住房实用面积80平方米，分低层和高层，最高17层，最低5层，周围是250间每间30平方米左右的商铺。因为农村历来都崇尚"有天有地"的居住环境，所以这些商铺绝大部分分给了居住在高层的村民，满足了村民们"有天有地"的愿望。新建的朱村，与花都汽车产业基地相连。

2012年12月23日，由新华街道办、花都区汽车城管理委员会主办的新房摇号仪式在朱村朱氏大宗祠门口举行。大家满怀喜悦之情，依次序摇号。整个过程井然有序，波澜不惊。村民从那天起，成为这个现代化小区的业主。

走近厚重气派的大拱门，“朱村”两个金色的大字镶嵌在门额上，两边是一副对联，上联是：朱裔远肇周封史载有帝有侯有文有武；下联是：村基重开福地民庆宜生宜聚宜寿宜兴。墙上有“用微笑传递文明，让和谐温暖家园”的标语。小区路面整洁，绿树成荫，鸟语花香。村里的交通十分便利，出了村口就有公交站，坐公交车一站路就到了地铁口。朱村新村大门口是红棉大道，该大道建成后，北接清远，南连广州北二环高速公路。离朱村不远还有107国道，北上南下，大道通衢。

一进朱村新村就可看到一座气派非凡的朱氏大宗祠。朱氏大宗祠于2013年3月31日建成，造价900多万元，主体建筑面积加上风水塘等配套建筑面积共2000多平方米。朱氏大宗祠坐西朝东，偏南8度，三进两衬，总面阔26米，总进深42.6米。新建的朱氏大宗祠为园林胜景。宗祠大门前“两朝天子，一代圣人”的对联非常醒目，墙上还刻有《朱子家训》《朱氏源流歌》，祠内有《紫阳朱氏朱村族谱》。朱氏后人说，他们作为朱熹之后深感荣耀，一定要把祖宗的家训传承下去。朱氏大宗祠虽是新建，但尽量还原原貌，仍然保持青砖砌墙，人工绘画的特色。特别是灰塑作品立体感强，色泽鲜艳，非常精美。该祠无论是建筑规模还是建筑特色，在花都区内都排在前列。除了祠堂，新村还有三个公园，以及文化中心、幼儿园、超市、篮球场、文化大舞台等配套和娱乐设施。村民回迁后，感慨好日子来之不易，经常性地举办大型活动，全村同庆。2014—2016年，连续三年都有善长仁翁赞助粤剧演出。在村里的大戏台上，每年的春节演出从年三十唱到年初七。

文化中心在朱村新村大门的右侧，三层楼高，玻璃幕墙。一个村庄有如此大气端庄的文化设施是很少见的。文化中心大楼门前有六根顶天立地的门柱，上面悬挂着深红色的24字社会主义核心价值观：富强、

民主、文明、和谐，自由、平等、公正、法治，爱国、敬业、诚信、友善，让人印象深刻。

文化中心一楼是老年人活动中心，有棋牌室和书报栏。二楼是村民聚会场所，会场的柱子上挂满了朱氏先贤的照片、箴言和他们的生平事迹，使后人对这些在历史上做出过贡献的家族前辈肃然起敬，很有勉励作用。此外，二楼还有个农具展览厅，陈放着从农家收来的各种农耕用具，如耙、叉、簸箕等。三楼是文化室、健身室，有4台可上网的电脑，藏书3.1万多册，还有乒乓球台、健身器材等运动设施。朱村已走向城市化多年，村里的很多年轻人不知道也不认识这些农具了，为了让年轻人了解祖辈过去的生活，朱村人也算是煞费苦心。

四、经验启示：审视巨变，得失共存

如今朱村的老年人每年有七八千元分红，年轻人每年有五六千元的分红。村民搬入新村，无人再以耕作为生。村民多到新华街道打工或经商，主要收入来源是村集体经济分红、房屋出租、外出务工经商等。目前朱村出租的住房达1000多套。

2017年4月，清华大学社会学系课题组对朱村做过一次全面调查，通过座谈、访谈、问卷等方式，得到的结论是，朱村的拆迁安置入住顺畅，基础设施好，社区关系融洽，租户们有稳定的收入。

很多事实都证明，绝大部分村民认为拆迁后日子比以前好过了。拆迁之后，村民住进新村，大家和睦相处，邻里关系都有好转。村里举办保健、家政烹饪、道德讲堂，以及送戏下乡、送技术下乡这些活动，使村民素质有很大提高。村里原来还有一小部分人吸毒和赌博，现在都没有了。村里多年没有刑事案件，民风淳朴，一派欣欣向荣的景象，村民普遍感到欣慰。

2016年，广州市各街镇主要领导150人到朱村参观，大家对朱村模式给予高度认可。省、市领导都认为朱村在整体搬迁后，表现出来的精神面貌非常理想，成为广州市拆迁村的一个亮点。2015年，朱村被评为“广州市精神文明示范村”，2017年被评为“广东省精神文明示范村”。下一步，朱村将向全国文明村镇冲刺。

朱村从农村转为城市社区，进一步提高居民素质是一个很迫切的问题。农民变市民，身份变了，但思想意识还一时难以转变。小区的居民大都是洗脚上田的农民，小农意识还是比较根深蒂固，表现在不能自觉维护小区公共设施、不讲卫生、车辆乱停乱放、在绿化地种菜等方面。城市生活对他们来说还有很多不适应之处。有些问题是干部能力不足所导致的，如物业管理经验严重不足、思想工作做不到位等。对于这些问题，一些村民不能马上接受，所以要形成一个好的小区管理模式还要很长一段时间。村干部形象地比喻：“过去是耕田，现在是耕物业，耕人心。但人心复杂莫测，需深耕细作。”让不同产业结构的居民变成生活共同体的成员，让朱村真正成为共建共治共享的社区，这也是朱村干部今后努力的方向。

提高村民整体素质除了加强管理外，朱村还寄希望于学校，通过学校向学生灌输文明意识，加强教育，再反过来影响家长。

五、美好愿景：创造机遇，走向富裕

党的十九大提出实施乡村振兴战略，要坚持农业农村优先发展，按照产业兴旺、生态宜居、乡风文明、治理有效、生活富裕的总要求，建立健全城乡融合发展体制机制和政策体系，加快推进农业农村现代化，为新时代农村改革发展指明了方向。

展望未来，朱村党支部书记说："根据朱村的实际情况，农村只有发展经济，才能满足村民越来越高的要求。朱村分红不算多，村民除了获得分红，都靠收取房租、铺租，以及打工获取收入，他们应有更高的追求。农村没有钱，什么都讲不过去。"

朱村干部认为，今后朱村的发展主要还是在土地方面。朱村在改革开放40年来，土地不断被征收，朱村现有的土地显得弥足珍贵。朱村目前的土地只剩下住宅小区200亩，周边80亩，二楼商铺8000多平方米，还有因土地被征，从其他地方划拨的450亩，全部土地加起来不到1000亩。但这些自留用地、周边商铺由于种种情况，都未能办到土地证和房产证，这给寸土寸金的朱村的发展带来了不少束缚。如与小区相邻的80亩商业用地，已经有开发商上门寻求合作，准备投资建设建筑面积超过10万平方米的建筑物。星级酒店已通过了设计、报建，按每年的租金及递增金额来算，这些设施建起来后前景非常诱人，不但可增加村民收入，其租金也不可同日而语。村民希望政府加快办理房产证，靠"筑巢引凤"，把这些土地和资产盘活，把周边带旺，福及后人。只要这些土地盘活了，就可产生千万收益。朱村发展的后劲会很大，会发展得越来越好，群众生活会越来越富足。

朱村最与众不同、最吸引眼球、最有说服力的还是拆迁带来的变化。拆迁把朱村从一个以经营农业为主的小村蜕变成现代化都市的美丽小区，经历了机遇、挫折、努力，成为一个农村城市化的活标本，它带给人们的启示和经验十分有益。所谓“创业难，守业更难”，要维持来之不易的大好局面和建设成果，领导全体村民在社会主义大道上奔康致富，不仅要顺势而为，更要正确决策。

构建美丽水乡，提升村容村貌
——南沙区榄核镇子沙村

一、子沙村概况

子沙村位于榄核镇东面，是广州市革命老区村，广州市第二批“美丽乡村”建设示范点之一。至2017年底，全村常住人口1216人，户籍人口1261人，流动人口20人。村内共有8个生产队，共438户。全村正式党员总数58人，其中男性党员46人，女性党员12人，党员占全村常住人口的比例约为4.8%。村域由自然水网冲积围垦造田而来，土地面积约2200

亩，属于典型岭南沙田水乡，土层深厚，土壤肥沃，适宜高品质的农作物种植及水产养殖。目前，子沙村以甘蔗、香蕉为“一村一品”的特色种植品牌农产品。

子沙村拥有三面环水的独特地理环境，东、南、北堤长达6公里，是一河两岸的水产生态浓郁的自然村。2012年子沙村被市、区评为“美丽乡村”。近年来，子沙村得到市、区财政资金的大力支持，用于基础设施建设。如东、南、北堤建设了观光休闲驿站、凉亭、绿化带，以及多个瓜果长廊、荷花池、牡丹台、白石门、小游园、健身路径、硬底化道路、堤面景观路灯等。基础设施的完善使乡村环境更优美，为创建旅游文化特色打下坚固基础。

二、曲折中摸索寻找适合全村的发展模式

1978年，党的十一届三中全会制定的方针、政策如春风般为全国上下带来生机，村民们也逐步摆脱集体经营管理模式，尝试个人包耕包产。到1982年8月，子沙村第四生产小组落实了家庭联产承包责任制；1983年1月，余下七个生产小组全面实施家庭联产承包责任制，调动了村民们的生产自主权和积极性。结合市场需要，生产模式由单一的水稻、甘蔗的种植转变为马蹄（即荸荠）、香蕉、果蔗、蔬菜等多种经济作物种植，并发展水上运输，逐步实现产销一条龙服务，经济效益大大提

高；1984年，村民集资20多万元，完成村内第一次自来水改造，使全村用上了自来水。随着人民生活水平的提高，市场水产需求量加大，1988年，村委会组织全村八个生产小组，集约水网便利的土地，开挖鱼塘，统一发包，全方位推进种养业的发展。

20世纪90年代中期，中国进入改革开放第二个高速发展阶段。子沙村受制于三面环水的地理环境，陆上交通非常不便，通桥通路成了迫切需要完成的工作。村党支部、村委会主动与上级各职能部门沟通，争取政策支持，以土地入股形式，建成开通了子沙大桥、紫美路，为实现“村村通公路”添上浓浓的一笔。桥通、路通、财通，从此，村内发生了日新月异的变化。1997年至今，不间断完善升级村内道路光亮工程；1998年完成村小学校舍改建；2001年完成农田路网建设；2002年村公园建成；2006年实施磨碟头下游子沙村东、南堤加固工程；2009年升级改造实现水利堤面硬底化；2009年二级排涝八个泵站建成投入使用，并先后于2009年、2017年进行排灌清淤工作；2010年建成子沙村农业培训中心并投入使用；2015年完成全村全长14公里的农田硬底化建设工程。

三、把握美丽乡村的新机遇，为改革创新添砖加瓦

把握美丽乡村的新机遇，一是以完善基础设施配套、改善村容村貌为建设中心，着力打造“生态子沙，美丽水乡”品牌。2009—2015年间共计完成机耕路硬底化里程11.3公里，东堤、南堤宽7米的大堤路面硬底化工程4.1公里，北堤宽5米的路面硬底化工程1.8公里，人家路硬底化工程3.5公里，大大增强了道路的通达性，方便了村民的生活生产，提高了农产品的销售价格和土地出租价格。实施南堤农村路灯工程，投入资金98万元，新装线网3.5公里，安装120盏路灯，大大增强了村民夜间出行

的安全性。二是投入资金100万元，全面升级改造村自来水管网，让家家户户都喝上干净卫生的饮用水。三是完成子沙村综合服务中心、文化站工程和文体活动广场工程。投入资金约200万元，对子沙小学旧校舍进行全面改造利用，为村民提供文体娱乐场所，丰富村民的文娱生活。四是对全村范围内生活污水集中处理排放，使垃圾处理规范化，确保垃圾专人收集、统一运输，垃圾不落地。

2012年，子沙村作为广州市第二批美丽乡村建设试点之一，配套一系列基础设施及景观项目建设；2015年，投资2200多万元完成四六村围整治工程（子沙段）约1.8公里堤围建设，大大提升了河堤的防洪能力，确保了村民的生命财产安全，并利用丰富的河道资源，对河堤沿线景观进行整治，打造水乡文化品牌。

四、在改革创新中继续前行

在美丽乡村的建设过程中，必须要最大限度满足农民的实际需求，对乡村建设发展进行战略规划，避免出现无序建设的混乱局面。同时，明确自身发展目标，合理借鉴前人经验，依托当地特色与资源，以经济建设为中心，促进美丽乡村的全面建设。

1. 提高建设成效，增加宣传投入

全面建设美丽乡村，必须要对当地的人文风俗、自然资源等进行合理开发，在建设硬件设施的同时，还要加强乡村文化与内涵的建设工作，大范围发展特色，在突出自身特色的同时，符合全市统一的发展规划。为进一步提高美丽乡村的建设成效，必须立足于当地的实际情况，加大宣传力度，在端正农业生产者态度的同时，积极吸引外来资金，以此为美丽乡村的建设提供经济基础。

2. 制订长远目标，调动村民主观能动性

全面建设美丽乡村的主要目标之一是在提升农村人口素质的基础上，增加农业生产者的实际收入，为全面建成小康社会打下坚实的基础。因此，在乡村规划建设的过程中，必须要立足当地实际特性，目光放长远，制订长远目标，充分调动村民的主观能动性，促使其发挥出主人翁作用，积极参与到乡村建设过程之中。

3. 加强村庄经营，发展集体经济

在建设美丽乡村的过程之中，必须合理引入先进的企业管理经验，结合乡村实际特点，制订出乡村发展的战略经营目标与方案，同时制订相应的规范准则，开发当地自然资源与人文资源，以经济建设为重心，在增加农业生产者收入的同时，促进乡村人口素质的全面提升。在发展集体经济的过程中，要避免“吃大锅饭”的现实问题，明确个人责任，拟定适宜的追责机制，以此促进乡村经济发展与人文建设的可持续发展。

五、展望美好未来

为继续提升子沙村文化旅游特色，在美丽乡村建设的现有基础上，本着重点突出“好看、好玩、好吃、好住”的理念，计划如下：

在“好看”方面，充分利用河堤长达6公里的优势，在河堤内侧种植连片的一两种花期长、花色艳丽的绿化树，如大腹木棉、美丽木棉等，紧密结合花海节与果蔗节，让游客既可赏花，也可品尝当地特产，带动游客前来观光及消费。

在“好玩”方面，充分利用子沙村三面环水的地理优势，着力打造水上绿道、皮划艇运动区、滨水驿站、龙船培训基地、观龙台、特色雕塑、园林艺术长廊文化风情观光带、羊晚星海艺术基地、香云纱文化主题公园等景观。

在“好吃”方面，充分利用子沙村种植果蔗、香蕉历史悠久的优势，着力打造果蔗、香蕉农贸市场，在生产、包装、销售上下功夫，如推出蔗汁、果汁、真空包装水果等，使广大游客既可现场品尝当地特色美食，还可购买手信赠送给亲朋好友。

在“好住”方面，搭建用于休闲度假的古色古香的木结构民宿，使居住、休闲、娱乐一体化。

此外，继续完善旅游交通及景点特色系统建设和环村三堤文化风情观光带工程建设，为广大游客提供更简明便捷的指引。

还要完善公共设施设备、道路、绿化、环境卫生的维护和管理，提高管理员、保洁员的素质，为旅客提供更优质的服务。

改善人居环境，落后村华丽变身

——番禺区大龙街新水坑村

新水坑村位于番禺区大龙街，辖区面积1.79平方公里，由3条自然村组成，有7个村民小组。2017年，新水坑村有户籍人口2145人，流动人口约7000人。2017年，新水坑村集体收入达3150万元，比2007年的338万元

增长了达9.3倍，村民人均年收入达21 596元。其中，以出租商铺、厂房为主的租金收入就占总收入的70%以上。

现在的新、旧水坑村以前合称“水濂乡”，于1962年分为新水坑和旧水坑两个大队，各自发展。两村虽为近邻，旧水坑村在改革开放初期，通过积极引进外资，发展工商业，村民生活水平得到大幅度提高；而新水坑村在改革开放后的较长一段时期内，经济状况一直低迷，村民大多以务农为生，由于耕地贫瘠，只能种植廉价农作物，村民生活水平与旧水坑村相距甚远，被大家戏谑为“新水坑不新，旧水坑不旧”。改革开放近30年，新水坑村并没有摆脱贫困的境况。

从2008年起，在新一届村领导班子的带领下，新水坑村人终于迈出步伐，奋起直追，快速进入了蓬勃发展的社会主义新农村行列。经过近十年的发展，今天的新水坑村已经从较落后村“逆袭”而成为较先进的村，成为广州农村新名片，先后被评为“广东省文明村”“广东省卫生村”“广东省宜居示范村庄”“广东省名镇名村”“广州市观光休闲农业示范村”“广州市健康村”“广州市名村”“广州市美丽乡村”，村党支部获评2010—2012年广州市创先争优“先进基层党组织”。2017年，新水坑村固定资产突破2.43亿元。新书坑村坚持全面深化改革，坚定不移地走魅力乡村建设之路，打造出一个宜商、宜居、宜游的美丽乡村、魅力城镇。

一、以厂房、商铺出租撬动农村经济增长的杠杆

过去的新水坑村，经济落后、环境脏乱，人心涣散。2007年，新水坑村全年经济收入仅300万元。

2008年，村“两委”换届选举，新班子吸收了具有开放性思维和经

营管理经验的人才，为新水坑村领导层增添了活力。新班子带领村民投身改革开放浪潮，解放思想、与时俱进，开拓出一条奔向富裕的道路。

新水坑村原来实行村、组两级经济分开，土地由7个村民小组各自经营，经济效益很低。新班子成员着眼统筹资金、整合资源，反复做村民小组长的思想工作，以“小钱难成大事，小雨难成气候”的道理，努力转变村民头脑中的陈旧经济观念和思维方式。用了近一年时间，最终成功整合了各村民小组的资产资源，由村集体统筹管理，实现了集约化经营。

新班子根据外来人口众多和周边动漫产业园带来的商机，科学规划、合理定位，将商贸服务业确定为主导产业。利用“三旧”改造政策，争取市、区扶持项目21个，扶持资金近千万元。通过“三旧”改造，把破旧厂房、高密度低收入的厂房提升打造成写字楼、商铺进行出租，使之成为村集体经济增长来源。据统计，以出租厂房、商铺为主的租金收入占村集体收入的70%。新水坑村吸引了越来越多的厂商进驻，至今为止总数已有50多家，其中不乏大型厂企，包括广州誉善达服装公司、广州仙施生物科技公司、华禺公司、蓝谷家具厂等等。这些厂企不仅每年为新水坑村带来丰厚的租金收入，而且还促进当地的人员就业，大力拉动当地的消费。

8年过去，新水坑村集体收入增加了8倍。村集体总资产从2007年的1668万元增加至2015年的2.36亿元，增加了13.1倍。村集体经济增长，每一位村民都是受益者，因此他们也乐于参与到与自己息息相关的公共事务中。

二、实施村庄规划更新改造推动美丽乡村建设

新水坑村早期以农业为主的产业特征，使得村庄在演进过程中逐

渐形成了优美的田园风光和景观环境，拥有着乡村人居环境特有的生态脉络，这些是应重点保护与延续的。但是，随着农村经济的发展，村庄建设无序的问题日渐突出。另外，经过30多年的发展，村集体产业已成为村庄社会和经济发展的核心。新水坑村以工业为主导的粗放式发展的集体经济明显面临着发展动力的后劲不足，与周边村庄形成了一定的差距，村庄产业用地的空间与功能的整合迫在眉睫。

根据广州市和番禺区政府的有关文件精神，将村庄建设限定在生态环境可以承受的范围内，刚性划定村庄建设用地边界，村庄更新与建设在原有建设用地的基础上进行，保留村庄的生态基底。在专业机构的帮助下，新水坑村制订了旧村庄更新改造规划，同时启动了村内环境的整治工作。

（一）以保护乡村环境，延续乡村生态脉络为重点

规划是乡村发展的前提。2018年起，根据新编制的村庄规划，新水坑村将以打造特色乡村旅游为目标，拟将新水坑村划分为“两心四区”，其中“两心”是指两个公共服务设施配套中心，“四区”包括生态控制区、现代农业发展区、产业经济发展区和居住区。目前，已基本建成“两心两区”。新水坑村正在保持村庄原有的岭南乡土特色的前提下，努力营造一个宜居、宜游、生态、文明的美丽乡村。

前期打造了丰富的旅游资源，完善了配套设施，接下来重点对新水坑村东部和中部已有的观光休闲农业进行升级改造，并将休闲农业和有代表性的景观亮点规划到游览线路中。

截至2018年，新水坑村已建成广誉陈公祠、南潮陈公祠、颖川乐社、文化中心、生态园、中心公园、绿道、牌坊商业街、休闲钓鱼场等景点，重点景点北帝庙及北帝广场的升级改造工作也即将完成。各景点

已建成停车场、公厕、旅游标识等配套设施。村内多条公共交通线路与市桥城区无缝对接。村内的数家特色农庄、星级酒店更能为游客提供一站式食住服务。一个环境优美、配套成熟、生态宜游的美丽乡村正逐步成型。

未来三年（2018—2020年），新水坑村将继续完善旅游产业配套设施。一是依托莲花大道辅道，沿线打造观光休闲农业带；二是向区政府申请设立一条由广州南站至新水坑的公交线路，以带动新水坑村旅游产业发展；三是建设游客中心。通过村内生态环境的升级，将商贸项目、文化项目、历史文物和生态项目精心串联起来，形成点线结合的景观布局，打造旅游文化特色村。

（二）以“先美环境凝聚民心，后上项目搞活经济”为思路

2008年开始，新水坑村大力整治人居环境。环境的改善为经济发展打下了坚实的基础。

1. 由“要我美丽”向“我要美丽”的思想转变

新水坑村“两委”新班子上任后，决心在村集体经济发展、村务管理等工作中当好“导航仪”、把好“方向盘”，充分发挥领导核心作用，并确定了“先美环境凝聚民心、后上项目搞活经济”的发展思路。但发展过程中依然存在阻力，不少村民认为有钱就该用于发展经济项目，对村干部搞环境整治的做法并不买账。

为了转变群众“经济至上”的思想观念，村干部根据新水坑村的实际情况及未来发展方向，发动党员做好村民的思想工作，让村民明白整治人居环境的重要性和必要性。在村干部耐心细致做思想工作和党员的积极配合下，村民群众也慢慢接受“先治理环境，后发展经济”的思路。为了拓宽工作路子，村委领导不仅大胆录用刚毕业的大学生以及具有一

定社会资历的专业人才进入村委会工作，还积极变“一言堂”为“多言堂”，经常深入党员、群众中听取意见，集思广益，增强了村“两委”班子的战斗力，充分发挥了村“两委”在新农村建设中的领头羊作用。

从2008年开始，经过一年多的时间，新水坑村完成了街巷硬底化、村民户厕改造、生态公园建设等十多项民生工程，村容村貌得到大大改善。不少老党员在项目建设中，自觉地当起了工程质量的监督员和宣传员。村的变化和党员干部务实为民的精神，村民看在眼里，记在心上，大家都积极配合村里的工作，环境整治氛围由“要我美丽”逐渐变成“我要美丽”。

2. 全民行动开展环境卫生运动

实行片区卫生责任制。新水坑村除了聘请专业保洁队和设了三名卫生专干外，还建立了卫生微信群。村“两委”成员按照片区分工，每人负责一个片区的环境卫生治理工作，每个干部每天都必须到所驻片区巡视，发现问题及时通过微信群马上落实整改，当天能解决的问题绝不留到明天。由于村领导身体力行参与到环境卫生治理工作中，因此其他党员、村民代表也积极响应，自觉参与清洁行动。党员干部带头，一级抓一级，层层抓落实。

疏导结合治理卫生“顽疾”。新水坑村在落实门前“三包”、规范管理建筑材料、建筑垃圾等方面的经验和做法在大龙街范围内进行了推广，为其他村居提供经验。例如，对“牛皮癣”的治理，新水坑村坚持疏堵结合、以疏为主，专门在人流密集场所设置大型的村民物业招租广告宣传栏，引导群众在招租栏内规范张贴各类广告信息，大大减少了乱张贴现象；落实“门前三包”方面，由村委会与商铺签订“门前三包”责任书，明确责任范围、责任内容和处罚规定，并统一制作成小牌匾，挂在商铺门前，对于违反有关规定的商家，依规从严处罚。

3. 加大投入完善公共设施建设

新水坑村努力为村民打造更好的人居环境，重点推进村内水、电、路、渠等基础设施建设。其中包括兴建一条三公里长的环村路，改造各自然村内街内巷，全面实现硬底化、暗渠化和雨污分流；开展二次水改，改造村民户厕；改造中心公园，新建庙前公园、荷塘景观和主题生态园；打造集政务服务、村“两委”办公及村民摆酒设宴、休闲娱乐活动于一体的新水坑文化中心；按照“户分类、组收集、村转运、区处理”的要求，为每户村民派发生活垃圾筒，实现垃圾清运规范化管理；在全村范围内安装治安视频监控系统，为大型出租屋安装IC卡门禁系统，对村主要出入口进行智能化封闭管理，增强村民的安全感。

4. 综合整治村容村貌以提升形象

新水坑村积极抓好村容村貌的美化提升工作，努力打造美丽乡村景观亮点。推进村庄绿化工程，在道路两旁种植富有特色的美丽异木棉、大风木棉和细叶榕，对村内闲置用地进行围闭管理或建造小型绿化休憩区，打造舒适休闲环境，并配备五名专职绿化工；实施景观主线沿路建筑的立面整治，全面清拆村道两旁的铁皮瓦和违章飘篷，规范照片设置，完成“三线”下地，拓宽视野景观；做好卫生保洁基础工作，聘请专业公司承包环卫业务，定期除“四害”（苍蝇、蚊子、老鼠、蟑螂），治理卫生死角，并在村里主要道路设置分类垃圾桶，做到居民生活垃圾日产日清和集中处理，村内池塘水体清澈，无漂浮垃圾、异味。通过全方位、多角度的环境综合治理，全面提升新水坑村的整体形象，村民群众的素质也得到大大提升。

功夫不负有心人，在番禺区委、区政府和有关职能部门的大力支持下，经过十年的努力，全村干部群众大力开展人居环境综合整治后，现时的新水坑村已经逐渐缩小了与其他先进村的差距。以前全村只有一条简易的村道，现已建成了三纵七横、绿化全覆盖的环村路，基础配套设施也逐步完善。从2007年至2016年，村集体收入从338万元增加至3140万元，约增长8.3倍。村庄先后获“广东省卫生村”“广东省宜居示范村”“广州名村”等荣誉称号。新水坑村终于在逆袭中浴火重生，成为真正的“新村”和远近闻名的高颜值“明星村”。

新习惯带来新生活。通过村内生态环境的升级，新水坑村将商贸项目、文化项目、历史文物和生态项目精心串联起来，形成“点线结合”

的景观布局，提升了村庄品位，使村民群众尽情地享受到创建美丽乡村带来的成果。

三、从落后乡村实现华丽转身的启示与思索

在举国庆祝改革开放40年之际，新水坑村终于从一个贫困小村发展到如今的美丽乡村，成为人们争相前来取经学习、考察参考的对象。新水坑村作为广州农村新名片，它的“逆袭”之路足够成为标杆，为新农村建设发展带来更多启示。

（一）强有力的领导班子是关键

2008年以前的新水坑村，经济滞后、环境脏乱、积贫积弱，当时的村“两委”在群众中威信不高。新水坑村新班子队伍中，有不少人具有企业经营的经验，他们积极发挥懂经营、善管理的优势，用企业化的理念经营发展村集体经济，走出一条集约化、可持续的科学发展新路子。

（二）发展壮大集体经济是支撑

新上任的领导班子成员在掌握了经济发展动向，结合新水坑村的实际情况，很快就想到在村里建设大型厂房和现代商铺进行出租，通过每月稳定收取租金为村里逐步累积财富，增加村民收入，从而提高村民的生活水平。从2009年起，在市新路两旁兴建大型商贸城以及新式厂房，开始走一条以物业出租为支柱产业的经济发展道路。新班子成员站在可持续发展的高度上认识到，如果继续走以土地规模扩张换取经济增长的老路，最后可能无地可用，导致经济发展停滞。因此，召开村“两委”班子会议、村民代表和党员会议，决定“从存量找增量”，专门制定村

规民约，决定不占用一分耕地发展经济，把所有耕地留给子孙后代。

为了提高集体经济的效益，新班子着眼统筹资金、整合资源，实行村、组两级经济整合和集约化经营，改变了原来实行的村组两级经济分开、土地由7个村民小组各自经营的状况，将村民小组的资产资源由村集体统筹管理。

（三）改善环境涵养文明是抓手

农村人居环境是实施乡村振兴战略的助推器。生态宜居是乡村振兴战略的重要目标和关键环节之一。而农村环境保护是全国环境保护的最大短板，关注农村人居环境是建设农村生态文明、实施乡村生态振兴的必然要求，是全面建成小康社会、实现人与自然和谐的基本保障。从2008年的下半年开始，新水坑村开始着力发展民心工程，改善全村的卫生环境，为接下来的招商引资打下坚实的基础。十年来，新水坑村不断完善路网、水网、电网等基础设施建设，筑巢引凤，引进大企业、大项目，以厂房商铺建设作为拉动经济增长、调整优化产业结构、推进转型跨越的强力引擎和“助推器”。

随着经济水平不断提高，产业布局日益明晰，借着改革开放40周年的东风和农村环境综合治理的契机，新水坑村在近十年得到飞速发展，经济社会呈现出科学、持续、和谐发展的可喜局面。

推进"美丽乡村"建设，走好新型城镇化道路

——黄埔区永和街禾丰村

一、禾丰村概况

禾丰村位于广州黄埔区永和街北部，下辖10个经济社（居民小组），居民810户，户籍人口3800余人。交通网络完善，辖区内的永和大道、永安大道和新业大道将全区的微循环系统和绿道休闲有机结合，对外与永九快速路、广深高速路、广汕公路等交通大动脉相贯通。

禾丰村历史文化内涵丰富，其中辖区内的黄旗山、华峰

山、油麻山是东江纵队的根据地，其作为华南抗战主要战场，是重要的革命老区文化遗址聚集地。为纪念革命先烈，黄埔区在禾丰村建有东江纵队革命纪念碑广场。目前重建中的岭南佛教名刹华峰寺始建于唐中宗神龙元年（705年），距今已有1300多年的历史，是黄埔区乃至广州市一张重要的佛教文化名片。此外，还有风景宜人的红旗水库，闻名遐迩的百年荔枝树，等等，构成了禾丰村丰富的旅游资源。

二、“美丽乡村”建设历程

创建美丽乡村工作，是广州市委、市政府贯彻走新型城镇化发展道路，统筹城乡发展，改善农村人居环境，提升村民生活，增进民生福祉的一项惠民工程。

禾丰村改造前，原村民居住零散，村庄无规划，房屋残破不齐，污水横流，交通不便，居住环境差，村集体收入甚微，无可持续发展理念。2003年12月，经各级政府部门统筹规划，将禾丰村的十个经济社整体搬迁，集中居住在一个新村，村庄保留地也一并置换，彻底解决禾丰旧村庄脏、乱、差的现象，改善村民的居住环境；节约集约禾丰旧村的所有闲置土地，用于发展村的集体经济，增加村民的收益分配，同时为开发区盘活旧村周边的已征土地，实现连片开发使用，节约开发成本，全面提升土地的使用率。

在市委、市政府的正确领导和高度重视下，“美丽乡村”创建工作全面开展，禾丰村被列入“美丽乡村”建设试点。通过坚持科学规划、广泛动员，创新发展，全面提升社区环境、产业、服务和素质的“四大工程”，大大改善了社区居民的生活环境和经济收入。

作为开展“美丽乡村”建设的一个重要试点，禾丰村以新型城镇化发展为建设目标，通过市政基础设施建设，综合整治村庄环境，推进村庄绿化美化工程，凸显禾丰村的文化特色，引导禾丰村居住、产业、土地相对集中，逐步改变农民分权经营层级的生产生活方式。旧社换新村，旧貌换新颜，禾丰村发生了可喜的巨大变化。辖区总面积10平方公里，其中已征土地9658亩，10个经济社旧村保留地面积1314亩，返还地1159亩。通过建设禾丰新村，推动村庄整理土地的工作，可腾出土地860多亩（原旧村面积1314亩，用于建设新村450亩）。目前已拆迁700多户。从土地的集约使用到村民居住环境的改善，从村民经济收入增长到精神文明素质的提升，这一切无不说明了建设具有岭南特色的“美丽乡村”，是深入民心、适应社会发展的一项社会主义新农村建设创举！

三、“美丽乡村”建设成果

历经数年的建设，禾丰村市政基础设施、生活服务配套已基本完善，生态旅游资源丰富。禾丰新村的总建筑面积为21.19万平方米，绿化覆盖率达30%。目前共分安置房721套，其中330平方米户型156套、270平方米户型205套、200平方米户型161套、公寓199套。现在的禾丰新村，环

境优雅，绿化、休闲、健身、娱乐等设施齐全，村民的居住环境焕然一新。

1. 市政基础设施

禾丰村坚持以“路更畅、房更靓、村更美”的工作要求，积极开展了市政路网、交通、供水、供电、燃气、环卫等各项市政基础设施建设，形成了便利的交通，完善的配套，和谐的生活氛围，村民生活质量得到大大提高。

2. 生活服务配套

禾丰村坚持以“便民、利民”为工作目标，建成了现代化的住宅、学校、医疗等设施，完善了该区域金融服务及社区服务等配套，制定了文明公益的新物业管理制度，村民素质、生活品质得到进一步提升。

3. 生态旅游资源

禾丰村历史文化悠久，生态资源丰富，有1300多年历史的佛教文化圣地华峰寺，有革命老区和军事要地的东江纵队文化遗址，还有风景宜人的甘竹山公园和红旗水库等生态旅游资源，又有荔枝等地方著名特产，可谓“人杰地灵”。

四、未来规划展望

1. 建设低碳、幸福、智慧的禾丰村

禾丰村下一步将致力于规划好、利用好仅存土地，依托华峰寺、华圣公园和红旗水库等文化生态资源，致力发展旅游业、商业、休闲养生、高端住宅等商业性项目，促进禾丰新村的综合服务水平与社区集体经济同步提升。围绕广州市美丽乡村试点建设方案要求，通过节能、环保、绿色工程建设打造“低碳禾丰”；以基础设施完善和环境提升建设

打造“幸福禾丰”；以社区智能管理和社区智能服务建设打造“智慧禾丰”。

建设完备的公共设施是禾丰新村近期规划建设的重点部分。禾丰新村将在园林绿化设施、市政基础建设、公共服务设施、环境综合整治、环境卫生设施、医疗卫生设施、文化设施等方面进行全方位的建设，具体内容涉及道路、绿化、治安视频监控、家政服务、垃圾分类、文化长廊和历史陈列馆等，充分体现出社会主义新农村的现代化。

目前规划建设中的华圣公园位于永和经济开发区北部，首期开发建设区以华峰寺为核心，包括文化体验区和景观协调区；二期开发建设区主要为天山虾场及其周边生态休闲区。

2. 科学规划禾丰村经济发展用地

将禾丰新村东门外的10亩地用于规划建设面积11 170平方米的禾丰居委综合楼及社区卫生站。综合楼内设置“禾丰社区政务服务中心”，将社区民警、计生、综治信访、劳动就业与社会保障、安监、出租屋和流动人口管理等行政部门集中办公，提供一站式便民服务。

建设美丽乡村，打造魅力禾丰。因地制宜推进美丽乡村建设工作，以完善基础设施为起点，以科学规划为支点，以壮大集体经济为落点，整合资源，形成合力，营造靓丽的居住环境，让村民安居乐业、邻里和睦，安全意识、文明素质明显提高，村风民风明显改善。

第四章

加强文化建设
提升文明水平

精神融入村民，文明落在实处
——黄埔区联和街玉树村

一、玉树村概况

玉树村处于台地和平原之间，自然条件比较理想，属于南亚热带季风气候区，气候宜人，又处于水源上游，农田大部分是自流灌溉，农作物可以四季生长，是旱涝保收的好地方，尤其适合栽培水稻、水果、蔬菜等作物，其中玉树老树荔枝更是名噪一时。

1999年开始，玉树村的土地因广州科学城发展规划陆续被征用后，于2005年4月完成“村改居”，村民分两批整体搬迁至玉树新村居住。玉树村位于广州科学城南部，下设三个居民小组（经济社），现有常住人口6057人，其中本地户籍人口1094人，外来人口4963人（包括新村2039人，工业园2924人）。新村占地面积152.25亩。村民主要收入来源为工资性收入、村集体经济分红及房屋租金收入，据2017年统计，村集体经济总收入为3087万元，人均收入为49 874.64元。集体经济逐渐步入良性发展轨道，形成以物业出租为龙头，生产发展、生活富裕、生态良好的文

肇基里门楼（摄于2004年）
长胜里（摄于2004年）
玉树村东头大街（摄于2004年）
玉树村西头大街（摄于2004年）

明发展道路，实现了集体资产的保值和增值，保障了居民的增收。

二、经济社会发展成效显著

1978年，党的十一届三中全会召开后，党和国家的工作重心转移到经济建设上来。改革开放对玉树村的影响是巨大的、深远的、广泛的。

（一）经济建设方面

1980—1981年玉树村各生产队先后实行家庭联产承包责任制，第一期按口粮数分田到户，承包期到1985年为止；从1986年起第二期按人口数平均承包到户，承包期为20年。1992年11月，经广州市农场管理局批准，玉树村设立槎龙村和三个经济合作社，并确定其法人地位。1997年

项支出计划，确保工作到位，保护精神文明建设成果，建立长效机制。

（二）加强宣传，深入发动

一是强化宣传效果。玉树社区结合宣传重点，在人口密集的新村和市场悬挂宣传横幅，及时更新辖区内各个宣传栏，张贴精神文明建设宣传资料，在社区派发宣传单张，供居民阅读，确保精神文明建设工作知晓率、支持率和满意度越来越高，使宣传实效显著，深入民心。二是群众广泛参与。以“多开展、齐参与、共发扬”为方针，组织干部职工和辖区群众开展各类精神文明建设宣传活动，如开办讲座、晚会等，以点带面，相互影响，使精神文明建设工作家喻户晓，营造良好建设氛围。三是创新工作方式。在信息传输网络化、高效化的年代，精神文明建设工作更应与时俱进，虚实结合。以微博、QQ、微信等网络平台为主体，搭载玉树社区精神文明建设相关内容，让社区群众足不出户就可获取相关信息。

（三）专业服务，功能齐全

2012年7月，玉树社区成立广州市首家社区级的家庭服务中心。家庭服务中心建筑面积840平方米，采取政府购买服务的方式营运，由中大社工服务中心的专业社工全程参与研发、设计和监理。该中心的主要特点有：一是功能齐全。设有社区博物馆、社区组织孵化室、社区庇护所、星光老年之家、创意馆、多功能会议室、舞蹈室、阅读室、个案工作室等12个功能室。二是服务专业。通过政府扶持和购买服务的形式，每年投入30万元项目经费，由中大社工服务中心承办，配备专业督导1名、项目主管1名、专业社工2名，实现精细化团队管理，确保服务的专业性和高品质。三是品质延伸。面向玉树社区所有人，将成熟服务延伸至家家户户，从空间上拉近居民与社会服务的距离，实现“社会服务就在家门口”，提升居民的生活质量。四是体现融合。以传统儒家“和文化”为载体，以“茶道”和“饮食”为切入点，有机整合各类社区资源，淡化“外来工”“少数民族”标签，促进外地人与本地人、少数民族与汉族之间的交流互动。从“个人成长、社区交往、社区关爱、社区参与、社区互助”着手，培养社区的互助友爱精神，使居民在互助、友爱、融合的社区中共融发展、幸福生活。另外为推进廉政文化进社区工作，玉树社区精心打造了长160多米的廉政文化长廊，内容涵盖社区基本情况、党建、民主管理、廉政政策、名言警句、生活百事通等。以图文并茂的形式使居民在文化艺术知识氛围的浸润中接受廉政文化教育，得到心灵的净化。

（四）志愿服务，凸显成效

玉树社区以志愿者团队、社区家庭服务中心为核心，秉承奉献、友爱、互助、进步的志愿服务精神，开展文化、环保、医疗卫生等各项工作，详细记录服务情况并建立记录档案，做到服务群众能看到，书面有记录，展示有成果。一是文化志愿服务方面，面向不同人群开展有针对性的活动，如面对学生，以功课辅导及学习性活动、亲子活动为主；面对年轻人，则以舞蹈、瑜伽、书法等兴趣活动吸引他们参与；面对老年人，要以热情主动的服务心态开展相关工作，如定期上门探访、打扫卫生、排忧解闷等，同时不间断举办周末电影放映会、节日活动、文化会演等。二是环保志愿服务方面，继续全力推进垃圾分类，普及环保观念，增强软硬件建设。以家庭服务中心为平台，玉树小学为载体，通过开展清理卫生、环保、踏青等活动，从小培养孩子的绿化环保价值观；每月开展2～3次上门宣传、分类讲座、互助学习等活动，不断加强居民

环保意识和提高居民知识水平，帮助居民树立正确的环境价值观和环境道德风尚；通过垃圾收集间升级改造，实行撤桶设箱；提高二次分拣率，在社区进行二次分类试点并建成便民回收点，加强居民的垃圾分类意识，助力资源循环利用。三是医疗服务方面，依靠黄陂医院义务助诊进社区，为社区高龄、残疾等弱势群众提供上门服务；根据气候变化，有针对性地开展健康知识讲座；邀请眼科医院志愿服务队开展白内障筛查活动，并安排本地户籍60岁以上、检查出患白内障的长者到医院进行二次检查或免费手术；医疗志愿服务队定期进社区宣传健康知识，包括春节健康饮食、防暑等专题宣传活动。据统计，2017年玉树村共开展各类服务76次，累计参与服务人数560人，累计服务达6000人次，占社区人口总数99%，达到社区全覆盖。这些服务成为玉树村精神文明建设的主要阵地，使社区内形成了“文明、和谐、友爱、互助”的良好氛围。

功夫不负有心人，玉树村的努力得到了肯定，村因此获得了70多项荣誉，包括：2006年“广州市文明社区”、2007年“广东省平安和谐社区”、2007年“广东省文明社区”、2007年“广东省精神文明建设先进单位”、2007—2008年“广州市安全社区（村）标兵”、2011年“广州市民族团结进步模范社区”、2015年“广州市幸福社区”、2016年“广州市绿色社区”、2017年“广州市慈善社区”等。2015年更获得了“全国文明单位”的称号，是黄埔区唯一获得此项荣誉的社区。2015年1月5日，国务院总理李克强来到玉树村进行考察。

四、未来发展方向

（一）深化社区教育，努力提高居民素质

习近平总书记在党的十九大报告中明确提到，教育是提高人民综合素质、促进人的全面发展的重要途径，是民族振兴、社会进步的重要基石，是对中华民族伟大复兴具有决定性意义的事业。第一，坚持开展爱国主义、集体主义、社会主义教育，进一步坚定社区群众对决胜全面建成小康社会的决心。第二，坚持在社区开展文明礼仪和社会诚信宣传教育，广泛深入宣传公民道德规范，全面提高居民的文明礼仪素养和增强居民的社会诚信意识。第三，与家庭服务中心共同携手，组织开展垃圾分类知识、法律知识、职业技能等学习培训，继续普及科学文化常识，增强法制意识，更新传统观念，引导居民养成文明、科学、健康的生活方式；第四，继续加强道德讲堂建设，引导广大群众遵守社会公德、职业道德、家庭美德、个人美德，弘扬中华民族传统美德；第五，做好社区文明行为规范和社区自治公约教育，并引导群众学习《广州市民礼仪手册》，在社区中形成团结和睦、友爱互助的人际关系；第六，坚持进行科学知识、科学思想的教育，通过讲座等形式大力倡导科学文明的健康生活方式，形成崇尚科学、抵制歪理邪说、杜绝邪教的良好氛围；第七，充分利用社区文化长廊、文化广场、廉政法治长廊，以图文并茂的案例展示，向群众普及“三公开”（党务公开、政务公开、财务公开）和党的十九大精神，以及法治、廉政方面的知识；第八，利用宣传栏在辖区内广泛开展安全、法制宣传，环保绿化教育活动；第九，建立社区

短信群发平台，及时向居民和企业员工通报治安形势，宣传加强防范意识；第十，通过社区各类民间艺术文化团体，寓教于乐，加强群众学法、用法、依法维权的意识，增强群众的法制观念。

（二）拓展社区服务，为居民排忧解难

首先，继续加大对社区服务设施的投入，优化配置社区各类资源，努力提高社区服务水平、产业化水平。一是发动社区居民发挥各自特长与优势，热心参与社区的志愿服务工作；二是为社区失业、下岗职工提供技能培训、就业信息；三是推广“社区信息网络–公共服务平台”查询服务，为居民提供政务公开、医疗服务查询等服务，并定期更新平台的信息，供群众进行查阅，逐步使综合信息网络形成规模，提高为群众服务的档次和水平。

其次，玉树村以“两代表一委员”（党代表、人大代表、政协委员）驻点直接联系群众工作机制为依托，为社区群众提供反映问题与困难的平台。每周组织党代表、人大代表和政协委员及相关领导深入社区收集居民意见、建议，以及群众反映的问题。若社区自身能解决这些问题，尽快进行解决；若遇到社区自身不能解决的问题与困难，及时向有关部门进行反馈，并安排专人对问题的处理情况进行跟踪，做好与群众的沟通和服务工作，做到群众心声烦恼有处诉、有人答，事事有回音，件件有落实。

再次，坚持定期开展动态性矛盾纠纷隐患排查工作，保证24小时绿色信访渠道、工作QQ群畅通，尽快掌握群众纠

纷信息，使信访矛盾得到高效解决，做到苗头问题早发现、早协调、早处理，有效维护社区的和谐稳定。围绕排查调处社区矛盾纠纷，充分发挥纠纷调解工作小组的职能，定期开展“访民情、解民意、化民忧”行动，对各类矛盾纠纷开展拉网式滚动排查，对重点人群的行动、去向了然于胸，有效弥补社区调处矛盾纠纷的不足之处。

（三）活跃社区文化，满足居民日益增长的精神需求

以社区家庭服务中心为服务平台，在社区内逐步建立一个覆盖面广、牵动性强的社区文化活动网络，提高社区综合资源的利用率。利用社区家庭服务中心志愿服务队、社区党员志愿者队伍广泛开展志愿服务活动，以弱势群体为重点，积极为社区居民提供环保宣传、科技培训、文化互动、法律咨询、帮扶未成年人、照顾孤寡老人等多种志愿服务；大力弘扬尊老爱幼、互敬互爱、互信互助的社会风尚，营造家庭和美、邻里和睦、社区和谐的良好氛围。在社区范围内建设和开辟公益性文化体育场所，开展喜闻乐见、健康有益的群众文化体育活动，组建老年志愿服务队，发挥他们在宣传政策、丰富居民文化生活、促进社区和谐等方面的作用。

以社区文化意识活动室为宣传教育主阵地，将社区文化融入各项民间文化艺术活动内容中，以寓教于乐、喜闻乐见的形式发动社区居民参加各类文化体育和比赛活动，丰富居民和外来务工人员“八小时以外”的休闲娱乐生活，不断增强社区群众的归属感、自豪感和幸福感。

以社区粤剧社、广场舞队、歌唱团等民间艺术团队为主要牵头力量，经常性组织居民开展各类敦亲睦邻的文化娱乐活动，广泛传递幸福生活的“正能量”，全面营造“见面问个好、出门捎句话、有事及时说、有难大家帮”的邻里和睦氛围。

（四）优化社区环境，全面提高居民生活质量

按照科学规划、合理布局、方便生活、强化管理的原则，社区进一步绿化、美化、净化、亮化，为居民创造舒适、安静、祥和、美观的人居环境。搞好社区的环境整治工作，要一条一条道路、一个一个角落地进行拉网式整治。有计划地使社区内环境设施、交通设施、照明设施等装置配套完好；保证环境卫生、干净、整洁，生活垃圾全部实行袋装化、分装化，密封中转，日产日清；使居民有良好的卫生意识和卫生习惯，无乱扔乱贴、无乱堆乱放、无随地吐痰、无噪声污染、无违章饲养宠物等；基本做到无蚊、无蝇、无鼠、无蟑螂；坚持建设与管理相结合，杜绝出现侵占绿化带的现象，大力搞好社区的绿化建设。

（五）维护社区秩序，使居民安居乐业

在社区内坚持开展经常性的普法宣传教育活动，引导居民增强法律意识，自觉遵纪守法，主动维护社区秩序，并积极同各种违法犯罪行为做斗争。进一步完善社区治安群防群治体系，落实各项安全防范措施。努力做好刑释解教人员的安置帮教和失足青少年的教育转化工作。建立健全民事调解组织网络，认真做好对外来务工人员的教育和规范管理，做到“底数清、情况明”。发动群众参与社区建设，保持社区秩序井然，增强居民的安全感，发动群众自发形成群防群治巡逻队，做好社区的治安巡逻工作，以此来保证社区无刑事案件、无治安案件、无吸毒贩毒、无重大灾害事故等。

玉树社区以民主法治、弘扬社会正气、生活富裕、和谐安定、最终实现共同富裕为方向，坚定不移以不断满足人民日益增长的美好生活需要为根本目标，继续加强基层工作，创新农村社会治理，实现新农村的长治久安。

弘扬传统文化，守护精神家园
——黄埔区长洲街长洲村

一、长洲村概况

长洲岛，地处珠江三角洲北部，位于广州市东郊珠江口铁桩水道、黄埔水道、新造水道航道的交汇处。长洲岛四面为珠江所环绕，东望黄埔港，南与番禺化龙一衣带水，西与深井一河之隔，北与海珠区新滘镇新洲及黄埔区鱼珠街隔江相望，水道距广州天字码头15公里，下游离虎门27公里，距香港68海里（1海里=1.852公里），距澳门71海里。这里山清水秀，空气清新，一派田园风光。岛内有众多的革命遗址、名胜景点和纪念胜地，是广州市唯一的文化旅游风景区，丰富的历史文化资源和优美的自然风光远近闻名。岛上的长洲村隶属于黄埔区长洲街道，管辖区范围面积约2.8平方公里，有上庄片、下庄片、洪福市片3个自然村，下辖12个经济合作社。现有耕地1800亩，户籍人口4154人，其中转制居民2369人。长洲村是个农业耕作区域，主要种植粉葛、香蕉、大果杨桃及龙眼、黄皮等经济作物。2017年农业总收入1119万元，农民年人均收入

15 510元，与经济发达地区相比，处于相对较低水平。但改革开放的40年间，长洲人民在这块土地上努力地描绘出了一幅又一幅的新图。

二、长洲村发展历程

改革开放前的长洲村，地理位置偏僻，又位于四面环水的小岛上，相对比较封闭、落后，村民一直以耕种为生。改革开放的春风，唤醒了一直沉寂在这片土地上的种子，它开始生根、发芽并迅速成长，彻底改变了这个原本闭塞、落后的小岛面貌。

（一）初始阶段：1978—1988年

改革开放前的1978年，长洲村经济年总收入71万元，农民年人均收入243元，劳动力年平均收入554元，只能勉强填饱一家人的肚子。与此同时，生产生活物资供应严重短缺，粮油副食品、生活用品等统一凭票限量供应，“一穷二白”就是当时的真实写照。

1978年12月党的十一届三中全会以后，长洲村落实以家庭为单位的联产承包责任制，逐步调整种植业和养殖业结构，转向多品种、多层次、效益型、创汇型的商品农业发展，形成经营集约化、生产机械化、产品商品化、市场国际化的趋势，初具现代商品农业雏形。1984年9月，为鼓励农民增加投资、培养地力，实行集约经营，延长了土地承包期。并尽可能把每户的承包田连成一片，规划桥梁、道路、水利、集市和宅基地，使家庭联产承包责任制稳定下来。

家庭联产承包责任制推行后，土地开始向耕田能手集中，农村出现种养业和其他生产的专业户和重点户。家庭联产承包责任制和专业户、重点户的集约经营方式大大提高了农产品的商品率，提高了劳动生产率和经济效益，农民的生活不断改善，彻底解决了温饱问题，同时出现大批富余劳动力，为发展第二、第三产业提供了劳动力保障。

1980年前后，长洲村贯彻改革开放政策，经济发展速度加快。在搞好农业的同时，长洲村大力发展工业企业，先是发展“三来一补”企业，跟着发展合资企业、外资企业，引进了资金和技术设备，带动发展了本地工业，开拓海外市场。1979年长洲村在香港同胞的支援下率先办起了长洲制衣厂，它是长洲地区最具规模的企业，为本村大批富余劳动力解决了就业问题。随后又陆续合作开办五金加工厂、长岛拆船厂、穗清废油处理公司、洪福服装厂、洪福楼酒家、水上加油站、储运仓库等，彻底改变了村社与村民经济收入来源单一、仅依靠农业耕种的局面。

在政府的鼓励和扶持下，个体商户、私营企业犹如雨后春笋般冒起、壮大，巅峰时期，仅长洲村范围内就有几十家大、中、小型的服装加工厂和私人作坊。由此，陆续诞生了年收入万元户和月收入万元户。在“勤劳致富”口号的带领下，大家都憋足了劲，争相要在经济发展的舞台上演出自己的好戏，形成了相互竞争又相互促进的良好氛围，呈现出一片欣欣向荣的景象。

（二）起步阶段：20世纪80—90年代

改革开放的第二个十年，大抵是经济高速增长伴随着严重环境污染的阶段。20世纪80—90年代，实行农、林、牧、副、渔全面发展的方针，各地因地制宜调整作物布局。长洲村逐步恢复种植经济效益较高的水果（如柑橙、香蕉）、蔬菜及其他经济作物，成为黄埔区重要的水果生产基地。20世纪90年代，长洲村经济体制改革继续深入开展，进一步完善集体经营和家庭联产承包责任制的双层经营体制，健全农村集体经济组织，建立经济合作社，开展多层次的经济活动，促进农村生产力发展。1993年推行股份分配，社员开始富裕起来，大量扩建房屋，衣、食、住、行各方面都得到改善。

伴随着经济的高速发展和生活条件的改善，环境污染的问题正变得日益严重。有的地方由于片面追求经济发展而忽略环境保护，常常出现以牺牲环境来换取经济利益的情形。长洲岛上的黄埔水泥厂为满足市场需求，几乎全年无休地生产。生产过程中形成的大量污染物，严重危害到长洲村民的身体健康与生产生活。同时，水质污染也成为影响长洲村人民生产和生活的一大问题。上游员村、东圃和鱼珠一带的化工厂、氮肥厂、煤场等未完全处理的废水、污水、煤粉等流入珠江，造成污染。岛内的黄埔造船厂产生油污，对水质造成严重污染，原本村民饭桌上常见的珠江河内的大小鱼类及其他水产在短短几年内便几乎完全绝迹，导致渔民不得不忍痛放弃自己最擅长的手艺，另谋出路。随着人们环保意识的增强，1995年，长洲岛的“污染大户”黄埔水泥厂停产并搬迁到从化的山区，化工厂、氮肥厂、煤场等也相继关闭或搬迁，长洲村得以恢复了青山绿水和宜居的环境。

（三）缓慢前行阶段：2000—2010年

踏入新千年，已经是改革开放的第三个十年，劳动密集型企业的生产模式已逐渐适应不了新时代的形势。国内经济重心转移至长三角，长三角以优惠政策和相对低廉的成本吸纳了大量资本的涌入，建立起众多资本密集型和技术密集型企业。它们相对于劳动密集型企业，能够产生更多的利润，并提供更高的工资报酬。珠江三角洲在这样的竞争当中显然不具备优势，甚至处于下风。在国外，欧美、日本等发达国家经济长期低迷，失业率一直处于高水平，当地居民的消费购买欲普遍偏弱，服装加工业的海外订单逐年递减。受此影响，长洲村原有的服装加工业及与之相关的行业经营状况一落千丈，无论是镇办的、村办的，还是经济社办的加工厂，都无法避免地走进了死胡同：头一年先是拿不到足够的订单，无法为工人提供足够的工作机会和工作薪酬，令工人心生去意；第二年就出现劳工短缺，进一步削弱竞争力；第三年苦苦支撑却无力挽回颓势，最后只好转让或倒闭。在短短的几年间，长洲村里的服装加工厂由几十家骤减至两三家，服装加工业一下子就从朝阳产业变成了夕阳行业。至此，长洲村的集体经济发展陷入了低谷，进入转型的阶段。在苦苦探索、尝试适合自身发展的模式的同时，长洲村通过转让和租赁的方式，盘活集体土地和物业，增加村社的经济收入，提高固定资产的附加值，迎接新一轮的机遇到来。

（四）转型起飞阶段：2010年至今

改革开放的第四个十年，正逢2010年广州举办亚运会和2011年辛亥革命百年纪念等重大活动，海内外的游客纷至沓来，原本宁静的长洲岛变得热闹、拥挤起来。但游客们兴冲冲而来，到黄埔军校缅怀一番历史之后，便急匆匆而去，并没有在岛上多停留，更不要说消费了。如何吸引游客，让他们的脚步停下来，在长洲岛深度旅游，而不仅仅是“到此一游”，这个问题摆在了长洲村的面前。为了打造自己的特色，长洲村采取了合作经营与土地出租两种方式，分别建立了长洲旅游度假村、简朴寨、阳光欢乐谷、青青牧场等特色旅游景点，提供食宿、玩乐、探险、野战、野炊、种植与采摘的一条龙服务。岛上有特色的餐厅、农庄、果园等纷纷与旅游公司签约，让顾客品尝富有长洲特色的美食与土特产。每逢节假日，大批家长会带着小孩到长洲这个空气清新、富有田园气息的小岛上亲近大自然。旅游产业正逐渐成为长洲村经济的支柱产业。

三、长洲村发展成就与设想

40年后的今天，长洲村迈过了经济发展的高潮与低谷，经历了对环境、资源的破坏与保护，忍受了经济转型所带来的阵痛，终于走进了新时代、走进了现代化。

（一）不断改善民生

1. 居住条件大改善

改革开放前，村民居住的民房中，泥墙盖瓦的房屋约占40%，砖墙盖瓦的约占40%，茅棚木屋占20%。自改革开放之后，随着人民生活日趋改善，新建楼房如雨后春笋般出现，每个自然村都统一规划新村的宅基地，三至五层的混凝土框架结构的坚固楼房不可胜数，将原来的旧屋、茅舍改建为楼房，基本消灭了泥屋和茅棚，有些房屋还建成别墅式，村民的居住条件大为改善。

2. 环境卫生大改观

过去全村大大小小的下水道，有90%以上是露天的明渠，污水积聚无法排清，招来蚊蝇集结繁殖，恶臭难闻。1990年以后全村超过95%的明渠改成暗渠，即使特大暴雨来袭也畅通无阻。改造之后村容村貌、环境卫生大为改观。

3. 社会风气清正

1982年党的十二大提出，社会主义精神文明是社会主义的主要特征，号召全国开展“讲文明、讲礼貌、讲纪律、讲秩序、讲卫生”“心灵美、语言美、行为美、环境美”“热爱祖国、热爱社会主义、热爱党”的“五讲四美三热爱”活动。1988年长洲镇开展“文明村”“文明巷”“文明单位”和“五好家庭”评比，以及尊老爱幼等活动，成绩显著，被评为当年的区、镇级文明建设先进单位。

（二）传承传统文化

1. 传统建筑：上庄曾氏宗祠——明德堂

明德堂约有500年历史，建筑基本保持完整，建筑面积1373平方米。全座三进：第一进为大门口，上下两扇大门，正上方悬挂“曾氏宗祠”牌匾，楹联为“支派远从沂水起，渊源近自吉安来”。第一进后为两级白麻石天井，中间拾级而上，过天井后为第二进，大堂中央镶“明德堂”木匾。隔小天井为第三进，后面原有神龛，“破四旧”时被拆。1995年重修祖志，重立各传祖宗，石刻牌位，对联为“武城扬世泽，沂水振家声”。宗祠除正座三进外，两边还有一排厢房，前为两层更楼。

宗祠一向被用作学校校舍，1952年国家接收小学后，宗祠被划为校产。1992年，经教育局有关部门同意，该宗祠产权拨归上庄联社。2001年曾氏宗祠由上庄联社倡议重修，黄埔区文化局对宗祠修缮工程方案表示支持，并建议坚持“修旧如旧”原则，其原有的壁画、砖雕、木雕、灰雕均按原作，恢复旧貌，保护了古建筑文化遗产。重修后的明德堂，作为联系氏族宗亲的纽带，平时被用作上庄村民的老人活

动中心，遇到重大节日、结婚嫁娶等喜庆活动时则成为设宴场所。

2. 传统习俗：民间节日——金花诞

金花古庙位于下庄村福聚坊街尾，建于清代中期，是广州地区唯一保存完整的金花庙，今日的金花古庙已被列为广州市保护文物单位。汉族民间奉祀金花娘娘最隆重的日子是农历四月十七日“金花诞”。旧时诞日，四乡信徒，必到庙中祭拜。妇女组织“金花会”，集资庆祝，到期备办祭品，请戏班，唱八音，非常热闹。时至今日，人们拜金花的美好愿望已经从以前的“多子多福”转变为优生优育，不得不说是时代的进步。为使“金花诞”民俗文化得以更好地传承，长洲村在2009年把金花古庙修缮一新，并恢复中断了上百年的文化活动——“金花诞”庙会。2015年5月，金花庙广场周边环境重新整治完毕，以崭新的面貌迎接新一年的“金花诞”。“金花娘娘的传说”同时被列入广州市非物质文化遗产名录。

3. 传统曲艺：粤曲粤剧

新中国成立前，长洲地区没有专管文化体育的机构，娱乐活动是随乡村风俗，由民众兴趣自发组织的，一般有演大戏、舞狮子、耍武术、划龙舟、菩萨行乡等民间娱乐活动。1986年，长洲村办起文化室，使村民的文化娱乐生活逐步丰富起来，后来相继成立星岛乐社、月新乐社。这两个乐社历年参与演出和比赛活动，获许多荣誉。如1995年7月13日，月新乐社折子戏《女驸马》参加黄埔区粤曲粤剧及青年粤剧大赛获二等奖；1995年7月13日，平喉独唱《卧薪尝胆》获黄埔粤曲粤剧及青年粤剧大赛老年组三等奖；第七届羊城群众粤剧大联展，广州市振兴粤剧基金会授予月新乐社“优秀演出团队”奖状；2006年、2007年春节，国家一级演员谭佩仪先后两次来长洲村与乐社同台演出。

4. 传统节日：端午节划龙舟

端午节，长洲村民按老习惯家家裹粽子，凭吊屈原，全村健儿划龙舟到各相好乡村，往来互访，盛况空前。1981年国家号召发展体育运动，举行龙舟邀请赛，长洲村借此机会邀请港澳台同胞和海外侨胞回乡观看，借此进一步宣传国家开放政策和华侨政策，激发港澳台同胞和海外侨胞思国怀乡之情，并叙天伦。长洲上庄龙舟队在历届龙舟竞渡中，曾于1981年、1982年、1983年连续三次获得第一名。

5. 传统手工艺：中式新娘服——裙褂

长洲岛上的深井村与长洲村有专门从事裙褂生产业务的“凌氏旗袍”与“金喜华服”。尽管服装加工业已经普遍利润微薄，但是两家生产裙褂的商户仍然敏锐地从中捕捉到商机，在坚持传统手工刺绣的同时，引进设备生产加工，确保了从剪裁到缝制再到成品的每一道工序的做工都达到精细的水准，高标准要求所带来的是良好的口碑。裙褂上鲜艳的大红底色与金黄刺绣极为符合中国人对婚服的要求，深受老百姓的喜爱。国内外的订单源源不断。在获取丰厚利润的同时，传统手工艺得以延续发展和创新。

6. 民间艺术：舞狮

舞狮是我国优秀的民间艺术。每逢佳节或集会庆典，民间都会以舞狮来助兴。20世纪80年代起，每逢春节大年初一早上，长洲村三个片区的村民都会在屋前吊起一棵绑着红包的生菜，等待醒狮队表演“采青”，喻义是“大吉大利，鸿运当头”。长洲村一直保留醒狮队，平时积极操练，每逢喜庆或重大活动，必出场表演。

（三）大力推动基础设施建设

1. 交通建设

中华人民共和国成立前，长洲岛的水陆交通极不方便，陆上交通除了大军工企业修筑的公路可勉强通行汽车之外，其余大部分是羊肠小路，每遇大风雨，交通中断，出行十分不便。到了20世纪60年代，广州市轮渡公司开设了鱼珠至长洲客轮航线服务；20世纪80年代，随着经济的高速发展，长洲镇政府动议修筑金洲大道，分别修建了长洲及鱼珠的车渡码头，结束了汽车不能进出长洲岛的历史，使全岛工企业和人民受惠。金洲路建成后横贯长洲、深井到小谷围（现大学城），可通达番禺各地，成为长洲岛上的交通大动脉，彻底改善了长洲岛内部交通出行状况。与此同时能源和通信、供电和供水建设也同步发展，改变了城乡面貌，加快了现代化的进程。

2. 水利建设

长洲的围田，原本是单造潮田。清末民初，陆续开发围垦成为双造禾田，但是大多土堤单薄低矮，经受不起洪水考验。中华人民共和国成立之后，政府农业部门重视水利建设，逐年加高加固砌石防波。1990—2000年，防洪砌石质量标准越来越高，采用浆砌及混凝土捣制，逐步实现路堤结合，除堤围加固之外，还建有4座水闸，新建桥梁4座，机耕路1000多米。截至2017年，堤围加固长度8公里，耗资合计近1000万元。路堤工程完成之后，可抗御百年一遇的洪水，为村民的生命财产安全提供了可靠的保障。

近年来，广州市、黄埔区明确长洲岛的发展定位，确定将长洲岛打造成广州市唯一的文化旅游风景区。为此，长洲村通过招商平台引资，和黄埔区文化集团正式签约，将村的土地集体出租，既可以提高土地的利用率，又可以确保每年有稳定的收入来源，用作股份分红。村民还可以在文化集团辖下继续从事耕种，挣取工资，一举两得。另外，为杜绝沿街摆卖水果的现象，长洲村计划在杨桃基农庄旁边新建一座市场，设置一些专门售卖旅游纪念品及土特产的摊位，供游客进餐前后前来选购。

弘扬麒麟艺术，传统文化活起来

——南沙区黄阁镇莲溪村

莲溪村位于南沙区黄阁镇中心偏西北，是黄阁镇中心城区“四大村”之一。至2017年，全村占地面积3.3平方公里，共1条自然村，分为5个自然片区。全村现有村民3700人，1050户，下设20个村民小组，共有党员129名，外来务工人员近5000人。现有村经济发展留用地755亩，村内经济收入以物业收入及土地出租收入为主，年经营性收入约1000万元。厂企多为制造业，部分村民从事饮食业、制衣业、建筑业、装修业、运输业等，以及承包土地种植香蕉、荔枝或养猪养“三鸟”。村民主要收入来源于

工资性收入、村集体经济分红、个体经营及房屋出租等。

莲溪村原称“莲塘坊”，于宋代立村。南雄珠玑巷麦必达兄弟5人，于南宋咸淳九年（1273年）为避祸而携家眷200多人南迁到此建村。因建村时荷花盛放，故取名莲塘坊，后认为“溪”较“塘”意境更好，遂易名“莲溪”，寓意“莲香益远，溪水长流”，此名一直沿用至今。南宋及元明清时期属香山县黄旗角；民国时期属中山县第九区黄阁乡；中华人民共和国成立初期属珠江专区中山县，1959年起属番禺县黄阁公社，2005年至今属广州市南沙区黄阁镇。

一、莲香益远，麒麟阵地

莲溪村除了莲香益远、风景宜人，也是一条历史悠久、民风淳厚的文明古村，有着丰富的历史文化和文物资源，如麦氏大宗祠、瑞辉麦公祠、洪圣古庙、天后古庙、亮彩麦公祠、麦氏南方堂、炮楼、古井、蚝壳屋等。其中非物质文化遗产“麒麟舞”更是熠熠生辉。麒麟舞是以纸扎麒麟为道具的民间舞蹈，是民间传统艺术里的一颗璀璨明珠，极具岭南传统文化特色。莲溪村因麒麟文化而广为人知。

莲溪村与麒麟自古以来就有不解之缘。麒麟是中国传统瑞兽，性情温和，传说能活两千年。古人认为，麒麟出没处，必有祥瑞。麒麟在民间流传着美丽的传说，传说龙生九子，各不成龙，个性不同，长子为麟，而貌似龙。所以民间的麒麟头为龙头，以表示它为龙的长子，并奉“麟为毛虫之长”。相传古时候，灵兽麒麟神游百粤，当驾临南海之滨的古海村（黄阁镇的古称）时，放眼蓝天白云，满目山峦秀丽，一派祥和气象，仿如蓬莱仙境。于是降落群山之中，寄情山水之间，流连忘返，后来化为神石，人们尊称其为“麒麟石”。人们根据古代有关麒麟的传说，将纸扎麒麟做成龙头、鹿角、狮身、羊蹄、牛尾的传统灵兽形象，色彩鲜艳，造工精细，生动传神，内涵丰富。麒麟舞者的服饰配合麒麟袍的颜色、图案，达到人与麒麟合二为一。

莲溪村麒麟文化源远流长、传统气息浓厚，麒麟舞盛行迄今已有一百多年的历史。目前村内组建麒麟舞队伍1支，名为“崇乐社”，目前成员50余人，老中青幼皆有，并独创表演“麒麟献瑞”，曾获2001年广东省首届麒麟舞大赛银奖、2003年中国麒麟舞大赛银奖、2012年水乡文化节银奖、2016年水乡文化节银奖等多个奖项。除麒麟舞外，村内还设有麒麟文化旅游线路和麒麟文化展示馆，麒麟元素随处可见、丰富多彩，莲溪村也因麒麟文化而闻名。

二、“两个文明”比翼齐飞（1978—1999年）

（一）农村生产制度改革，迎来物质文明建设高潮

改革开放前，莲溪村一直实行以集体生产劳动为主的耕作模式，粮食的平均分配制度影响了村民的生产积极性，普遍存在生产积极性不高、出勤不出力的状况。

1982年，家庭联产承包责任制正式在全国推行，成为农村土地制度改革的重要转折点。莲溪村也随之淘汰集体生产劳动的农业生产模式，建立家庭联产承包责任制，从此莲溪村跟上改革开放的步伐，物质文明建设加

速发展。

实践是检验真理的唯一标准。自建立家庭联产承包责任制后，村民脚踏实地、埋头苦干，有效地提高了生产积极性和生产力水平，温饱问题迎刃而解，村民的生活得到初步改善。莲溪村跟上时代变迁的节奏，包产到户（分田到户）的耕作模式在村内掀起热潮并逐步趋向完善。

（二）麒麟舞复苏，促进精神文明建设前行

莲溪村盛行麒麟舞迄今已有一百多年历史。每逢佳节喜庆、神诞醮游，村民就舞起麒麟迎祥纳福，祈求风调雨顺、国泰民安。自清末以来，麒麟舞曾两度中断，一次是抗战期间，因战乱中断；一次是“文化大革命”期间，因政治运动而中断。1982年，村内实行家庭联产承包责任制后，村民的生活水平逐步提高，物质生活基本得到满足后，精神文明建设方面的需求就显得更重要了。麒麟舞既具备观赏性，又能集体参与，为村内的生活带来活跃喜庆气氛。麒麟舞初步复苏，在村内得到有效传承和发展。

三、走向协调可持续发展（2000年至今）

（一）设立村级党委，培育基层党建工作示范点

为了深入贯彻落实科学发展观，大力加强新形势下农村基层党组织的建设，不断提升基层党组织的凝聚力、战斗力和创新力，使广大党员在建设社会主义新农村过程中更好地发挥先锋模范作用，从而提高基层党组织的执政能力，巩固党的领导地位，2010年，莲溪村党委正式设立。2017年，莲溪村党委在区、镇党委的正确领导及大力支持下，有效地推动党内政治生活和加强基层党组织建设。

切实加强基层党建工作的重要部署，积极探索基层党组织先进典型的示范引领、促进带头作用，落实基层服务型党组织建设要求，坚持“示范带动、规范提高、分类指导、整体推进”的思路，以创建促规范，以示范带全盘，以党建促发展，促进基层组织建设工作上台阶、上水平，村党委正在向成为南沙区基层党建工作示范点的目标前进。

（二）经济跃升，产业结构升级转型

自改革开放开始至2003年，莲溪村共被征地5000多亩。广汽丰田汽车有限公司落户莲溪村打造大型生产厂，同时吸引了多个配套生产企业落户，形成发展汽车产业的优势，增加大量就业岗位和吸引大量外来人口。2006年广州地铁4号线正式开通，在莲溪村设置“黄阁汽车城站”，优化交通枢纽功能，提升交通便利化水平，促进旅游业快速发展。莲溪村经济逐步由第一产业向第二、第三产业发展。

进入21世纪，莲溪村顺应农村产业结构的升级发展要求，积极开发村经济发展留用地，加快推进“货币+物业”的经济项目发展，集思广益、想方设法盘活村内各项经济，创新发展思路，提高村集体经济收益。2017年莲溪村坚持“货币+物业”的经济发展模式，其中90亩的村经济发展留用地已完成土地招拍挂流程，目前该经济项目正在如火如荼地进行。借助现有的优势条件，莲溪村大力发展村集体经济，合理开发利用村经济发展留用地，发展区域特色经济项目，增加村民收入；借助利好的汽车产业形势，通过出租土地、合作发展等方式，以汽车产业文化为主题，着力开发剩余的村经济发展留用地，主动协调，尽快解决历史用地问题，保障经济项目顺利快速落成，优化产业结构，提高村集体收益。

（三）以制度建设规范村庄发展

自改革开放以来，国家高度重视农村改革发展。为配合全面深化农村改革，按照上级政府的统一安排，莲溪村于2017年修订自治章程与村规民约，实行农村集体经济组织股份合作制改革。结合村内实际情况，制定了《广州市南沙区黄阁镇莲溪村自治章程》《广州市南沙区黄阁镇莲溪村村规民约》《广州市南沙区黄阁镇莲溪村集体经济组织股份合作制改革方案》《广州市南沙区黄阁镇莲溪股份合作村章程》《广州市南沙区黄阁镇莲溪股份合作村股东及股权管理办法》。莲溪村推进民主法治建设，维护社会稳定，注重树立良好的民风、村风；创造安居乐业的社会环境，建设文明新农村，发扬民主，贯彻村民自治原则，注重维护村民合法权益。为促进社会主义新农村建设，正确处理好经济的发展与人口、资源、环境的关系，维护社会和谐稳定，莲溪村努力促使全村协调可持续发展，建立产权清晰、权益明确、利益共享、保护严格、流转规范、监管有力的现代化制度。

（四）麒麟舞再次迎来春天

直到2000年，由黄阁镇组织莲溪村和镇内兄弟村以“黄阁麒麟舞”参加浙江省杭州市举办的首届全国广场民间歌舞大赛，勇夺全国民间艺术最高奖“山花奖”第一名和杭州市民间艺术最高奖“金桂花奖”，这一民间传统舞蹈再次迎来春天。之后全镇各村十分重视传承和发展麒麟舞队伍。镇文化站成立了“麒麟民间艺术协会”，在莲溪村开设了麒麟舞训练班，向群众传授舞麒麟的方法，培养舞麒麟的精英。2001年10月，黄阁镇被中国民间文艺家协会授予“麒麟之乡”美誉，经过各家电视台和杂志报道，已名扬八方。2006年5月，“黄阁麒麟舞”被广东省人民政府列入广东省第一批省级非物质文化遗产名录。

莲溪村致力于发展本村麒麟队伍“崇乐社”，传授和创新舞麒麟的动作，有“出动、绕头、耍尾、寻青、探青、踢青、食青、醉青、吐青、打沙、吐玉书、游花园、回洞”等艺术套路，有分有合，起伏翻腾，错落有致，技艺性和观赏性强，并独创表演“麒麟献瑞”。为有效地将麒麟舞传承给下一代，2015年，莲溪村组织麒麟舞“非遗”传承人进校园传授技艺，传承优秀的麒麟舞文化。自2000年以来，莲溪村重整麒麟舞队伍建设和发展创新舞步套路，之后多次参加省、市、区的比赛，屡获殊荣。

（五）传承麒麟文化，打造麒麟文化旅游线路

2014年，在镇党委、镇政府的支持下，以“传承麒麟文化，展示黄阁风采”为口号，莲溪村打造了首期“麒麟文化旅游线路”，以莲溪牌坊为旅游线路的大门，由莲丰路、新丰南街和宿国新街组成独特的旅游

线路，并建设了广州市唯一全面反映麒麟文化发展与变迁历程的“麒麟文化展示馆”。文化展示馆展出了66件有麒麟元素的展示品，包括麒麟铜像、兵器、麒麟头纸扎艺术品、帅旗等，还展示了黄阁的风土人情和美食特产，通过展板和文化墙的形式讲述了麒麟文化在黄阁的发展历程和荣耀。该旅游线路除了有丰富的麒麟文化元素，更融合了村内的麦氏大宗祠、莲溪牌坊、莲花池、炮楼、石板广场、旅游驿站及十八式传统麒麟舞套路文化墙等文物建筑，创造了集旅游、商业、休闲于一体的特色旅游线路和新的旅游方式。

以美丽乡村建设作为契机，依托特有的麒麟文化历史元素，发掘内涵、培育特色，莲溪村将美丽乡村规划发展定位确定为：明确了以麒麟与岭南文化为主题双线发展，结合莲溪村民风淳朴等特色，建设生态环境保持良好、宜居宜业宜游的美丽乡村。以莲溪村麒麟品牌效应打造特色旅游，建设村容村貌整洁、配套设施齐全、村风文明和睦、经济持续发展、管理机制完善的文化旅游名村。创建美丽乡村项目库，项目共10

个，总投资3272万元，项目逐步推进完成。将美丽乡村与麒麟文化旅游线路有机结合，独具匠心，有效地传承发展了麒麟文化，极大地推动了莲溪村第三产业的发展，充分发掘了本土文化与旅游资源，增强了莲溪村的文化软实力、知名度及影响力。

四、发展经验借鉴与启示

（一）不忘初心，传承传统文化

麒麟起初是传说中的美丽神兽，后来演变成为文化图腾。莲溪村民崇尚麒麟精神体现了对仁、义、礼、智、信的执着追求，以及对和平盛世、如意吉祥的美好渴望。自改革开放至今，莲溪村逐步走向农村现代化，村集体经济有了大幅度跃升，村民生活逐步走向小康，幸福感显著增强。

莲溪村在改革开放的40年里经历了农村土地改革、农村土地征收、农村集体经济组织股份合作制改革、农村集体经济产业结构升级转型等重大改革，除了村民自身艰苦奋斗、顽强拼搏，还有麒麟精神作为精神食粮，潜移默化地激励着数代人。经济快速发展，难免导致文化信念有所淡薄。如若一味只顾发展现代化经济而忽视发展本土文化，莲溪村只会沦为“文化沙漠”。因此，在大力发展经济的同时也要高度重视文化保育与教育事业发展，这就必须传承和创新麒麟文化，加强对莲溪村崇乐社麒麟队的建设，丰富麒麟文化旅游线路，扩大麒麟文化的影响力，让麒麟文化与精神流芳百世、历久弥新，引导村民树立胸怀宽广、不卑不亢、刻苦自勉的传统精神。

（二）文化与经济相互交融、相互促进

文化是经济发展的基础结构，要充分发挥文化的基础性作用，发

展文化产业，创造产值。莲溪村在长期的发展中，经过积累、沉淀、改造、创新，形成特有的文化。这些文化成为支撑莲溪村经济发展的无形力量，既能丰富社会内涵，提高村民素质，展示莲溪村形象，又能团结和凝聚力量，产生精神动力，鼓舞人心，激励斗志。将莲溪村的文化资源转化为经济资源，能够培育新的经济增长点，推动新兴产业发展，拉动经济增长。如麒麟文化旅游线路的打造建设将麒麟文化、旅游、商业、休闲融为一体，就能优化资源配置，有效地增加人流，刺激经济发展，促进莲溪村的第三产业发展。

五、未来发展设想

（一）充分发掘文化资源，打造历史文化名村

莲溪村拥有深厚的文化底蕴、丰富的历史文物资源、便利的地理位置和淳朴的村民村风，坚持以文化传承与发展为己任，目前已取得一定的成效。未来，要以实际行动响应习近平总书记提出的文化自信理念和社会价值观，在新农村建设的思想指导下，积极加强农村现代化建设，做好历史文化保育工作，切实加强对传统文化的保育与创新，充分发掘优秀资源的发展潜在性，有效将文化资源转化为经济资源，达到经济与文化开发利益的最大化。利用天时、地利与人和，达到纵向与横向的双向发展，发展新农村经济，打造历史文化名村，以传统文化带动产业转型。

继续丰富麒麟文化旅游线路，增加旅游特色元素。麦氏大宗祠与麒麟文化旅游线路相辅相成、相得益彰，形成莲溪村建设历史文化名村的信心品牌。未来，要对麦氏大宗祠进行修缮，通过雕像、展板、石刻等方式，在宗祠内部增加历史渊源、家谱家训、名人名事等元素，打造麦

氏宗亲文化展示馆，弘扬麦氏“敦厚崇礼”家训，展示麦氏宗族的精神志气。加强对莲花池的日常管理与维护，展现莲花独特风采；对古井、炮楼加以围栏保护并添加文字介绍，既能防止其遭人为损害，又能展示文化渊源。通过以上保育工作，夯实历史文化名村的基础。

（二）推动莲溪小学扩建，促进教育事业发展

百年大计，教育为本。坚持“优先发展教育事业”的重要思想，把教育事业放在优先位置，深化教育改革，加快教育现代化，促进莲溪村的教育事业发展，推广“立德树人”的育人理念，培育践行社会主义核心价值观。提高教育质量，培养更多高素质的人才，并在教育中加大传承传统文化的力度。

（三）加强新农村建设，推动各项事业发展

努力践行乡村振兴战略，加强现代化农村建设。优化村内生产结构，因地制宜，多策并举，转变村集体经济增长方式，坚持“货币加物业”的经济开发模式，促进可持续发展，增加村集体收益。大力发展村内公共事业，尤其是加快发展村文化教育事业，加强完善农村公共卫生、基本医疗服务和基本养老服务，提高村民生活水平，增强村民幸福感。大力培育特色产业，支持村民就业创业，增加就业岗位，刺激村内经济。努力把莲溪村建设成为经济繁荣、文化深厚、设施完善、环境优美、文明和谐的社会主义新农村。

传承古村精华，彰显历史文化
——番禺区石楼镇大岭村

大岭村，位于广州市番禺区石楼镇以北约2公里处，面积约3平方公里，下辖9个村民小组，5个自然片，总人口2591人，交通便利，地理位置优越。改革开放以来，大岭村坚持以农为本，积极发展工业和服务业，经济和社会各项事务持续、稳步、健康发展，村的综合实力不断增强，人民生活水平不断提高。2017年，大岭村农业总收入达8500万元，村民年人均收入约20 000元。

2007年5月31日，大岭村被国家住房和城乡建设部（简称“住建部”）、国家文物局评为“中国历史文化名村”，是广州市唯一获得此项殊荣的村。大岭村还先后获得“广东省旅游特色村”“广东省文明村镇”“广东省卫生村”“广州市观光休闲农业示范村”等多项荣誉称号。

一、破除“大锅饭”，“筑巢引凤”促发展

改革开放初期，大岭村积极推行家庭联产承包责任制，将村民从依靠“大锅饭”的生活中解放出来，激发了村民的生产积极性，解放了农村生产力，较好地发挥了土地的潜力。1985—1987年，大岭村将耕地、坡地等生产地出租或发包经营，发展“三高”农业，土地收益甚为可观。

1987年起，大岭村开始“筑巢引凤”，经过“三通一平”（通水、通电、通路和场地平整），建成了占地面积约180亩的菩山工业区，开发面积在临近村落中数一数二。同时，大岭村积极招商引资，大大增加了村集体经济和村民收入。1992年底，大岭村开始推行农村股份合作制，进一步改变农业经营模式，推动生产力发展，促进社会稳定。

（一）发展特色产业，调整农业结构

大岭村结合自身优势，一方面通过积极发展特色产业，引导农民调整农业结构，保障传统农业发展；另一方面通过推动农业从单一化生产逐步向“三高”农业转化，使得本村鱼塘养殖户逐年增多。随着村中路网建设完善，村的土地价值也逐步提升。

大岭村的支柱产业是农业与工业。种植业和鱼塘养殖业是大岭村

的传统产业，近年来养鸭、养猪，种植蔬菜、水果等产业发展较快。但农业利润较低，目前主要是雇用外地人从事。大岭村的工业主要有两部分，村东南部工业区，以电子、皮革等为主；大岭涌西侧工业区，即菩山工业区，是村办工业区，以五金、钟表、化工等为主。工业收入主要来源于出租土地、厂房。大岭村工业模式较为粗放，布局随意，工业区内多为单层厂房建筑，道路为土路，基础设施缺乏，企业污染较为严重。与周边的工业区相比，大岭村的工业区小而分散，技术含量低，效益较差，污染严重。2007年，大岭村全村工农业总产值为4553万元，其中工业总产值3260万元，农业总产值1293万元，人均年收入8456元。总的来说，大岭村虽处于广州番禺这样的国内发达地区，但仍属于欠发达村落。在改革开放浪潮的冲击下，大岭村也开始注重招商引资。

（二）修缮历史建筑，整治村庄环境

20世纪90年代以后，随着社会对古村落的研究保护意识增强，2000年12月广州市政府发出《关于公布广州市第一批历史文化保护区的通知》，要求市规划部门开展对37片历史文化保护区的保护规划编制工作，以充实完善广州市历史文化名城保护专项规划。大岭村作为其中的一个历史文化保护区，正式拉开了保护工作的帷幕。

在成为“中国历史文化名村”之前，大岭村的保护工作主要是由村民自发展开的，历史建筑也是靠民间集资修缮。经过一年的修复，两塘公祠终于重现当年风貌。据估计，当时民间自发投入大岭村保护工作的资金大约200余万元。

同时，大岭村深入推进村庄环境整治，努力彰显村容整洁、环境美。大岭村将9000平方米的古村落划为绝对保护区，将环境整治工作作为村的常规性工作来抓；每年投入清洁经费90多万元，升级改造村容村

貌，治理河涌；建立环境保洁日常管理长效机制，将环境整治纳入村规民约；加强环境卫生宣传，培养村民保护环境、爱护卫生、人人有责的意识；做到村中主干道干净整洁，无卫生死角，河涌水面清洁干净，无垃圾杂物。2017年，大岭村投资30多万元用于治安建设，从治安队组建、业务培训、装备配置、治安监控等方面着力，充分保障了村内良好的治安环境。

（三）完善医疗保障体系，村民得享改革实惠

大岭村建立完善的医疗保障体系，由区、镇、村出资为村民购买住院医疗保险，并为60岁以上的老人购买了农村养老保险，设立重大疾病帮扶机制，使村民在医疗保障方面得到了实惠，留住了本村青壮年劳动力。

二、挖掘古村落资源，发展生态旅游业

大岭村历史源远流长、底蕴深厚。据史籍记载，大约在南宋高宗绍兴年间（1131—1162年），陈氏和许氏族人同时迁入大岭村，其后马、郑、何诸姓相继迁入，聚族而居，逐渐形成村落。根据大岭村陈、许诸姓族谱记载，大岭文风鼎盛，人才辈出，自南宋至清代共计有进士5人、举人14人、贡生6人，知县及以上官员10多人。村内留存的古塔、祠堂、门楼、牌坊、功名碑、石巷等古迹诉说着大岭在悠悠岁月长河中的辉煌历史，让这古村显得古朴而厚重。

改革开放以来，大岭村党支部积极配合广州市、番禺区、石楼镇各级文化部门的工作，充分认识加强历史文化载体的保护、传承与利用工作的重要性和紧迫性，使一大批历史文化遗产得到有效的保护和利用。

2007年5月31日，大岭村被国家住建部和国家文物局评选为“中国历史文化名村”；2017年被国家住建部评为“国家级美丽宜居示范乡村”。

（一）以规划为引领，保护与开发并重

2008年11月以来，广东省出台了《珠江三角洲地区改革发展规划纲要（2008—2020年）》《关于加快广东旅游业改革与发展建设旅游强省的决定》《关于试行广东省国民旅游休闲计划的若干意见》等文件。石楼镇政府拨款2000万元，对大岭村进行了全面的修复整治，分别完成显宗祠的抢救维修、姑庙的维修、始祖柳源堂的复建、玉带河的整治。有关方面明确大岭村的保护范围和建设控制地带，对于在范围之内的影响大岭村历史文物价值的建筑物进行拆除或其他处理。对于目前仍在使用的传统建筑，其保护措施分为两个层面——技术措施与管理措施。

技术措施包括对传统居住建筑的修缮与维护，以及改造与增添现代生活设施等内容。修缮原则是修旧如旧，严格遵循建筑原始风貌，同时尽可能在其中增加现代生活设施。

管理措施是长期维护大岭村传统建筑风貌的基本保障。统一管理村内的建筑风貌、公共场所、供水排水设施等。在法律法规之外，在大岭村保护工作的实际操作中可以更多地依靠居民间的默契与自觉。

遵循保护与开发相结合、保护与旅游相协调的原则，把大岭村具体分成5个片区，分别按片区特色进行保护工作。对大岭村主体历史文化区的古

建筑、传统民居、村落形态、自然环境、非物质文化遗产等进行整体上的保护，并与旅游开发和当地居民的生活发展结合起来，以实现文化区的保存、开发、再利用和再发展，从而振兴地方经济。

（二）展现文化原真性，推动旅游商品化

1. 独具特色的宗祠文化

大岭村作为拥有近900年历史的文化名村，在历史上曾出现不少名人，古时候也曾备受皇族的恩宠，因此过往因村中名人扬名耀祖而修建的祠堂林立。其中最具有代表性的祠堂分别有陈氏大宗祠、陈氏显宗祠、两塘公祠、陈永思堂等。

2. 古桥古塔建筑文化

大岭村现存两座历史悠久的古桥——接龙桥和龙津桥。其中，龙津桥建于清朝康熙年间，至今已有300多年历史，是番禺现存最古老的石拱桥之一。接龙桥始建于清朝同治年间，一拱二墩，全桥由花岗岩石砌成，东北向横跨玉带河。由于接龙桥年久失修，残缺严重，大岭村已于2007年12月按原貌对其进行修葺。每年端午节，大岭村一年一度的请龙神、起龙船、吃龙船饭、游龙船景、藏龙船等精彩活动将在五月初一前逐渐开始，届时附近乡村的龙舟

都赶来“串门”。接龙桥取名之意，亦即“迎接龙舟”。

3. 道教赤松宫

道教黄大仙，又名赤松子，一生为民赠医施药，广积善德，备受尊奉。黄大仙文化在岭南地区传播，最早可追溯至广州番禺大岭村创办的黄大仙普济坛。鉴于大岭村黄大仙祠的重要影响力，为配合打造历史文化名村的工作，弘扬优秀传统文化，经广州市道教协会申请，广州市、番禺区民族宗教部门批准，同意在番禺区石楼镇大岭村马山岗西南麓恢复修建道教赤松宫。复建工程于2017年8月开始。赤松宫复建后，将更加注重道教文化传承，积极弘扬道教优秀文化，为番禺区大岭村建设广州市的国家级历史文化名村发挥应有的作用。此外，广州市道教协会拟在赤松宫开办内部培训机构，培养和发展道教人才。

4.“龙舟之乡”的顶梁柱

石楼镇是“中国龙舟文化之乡”，大岭村的龙舟文化更是赫赫有名，是“龙舟之乡”的顶梁柱。每年农历五月初一为大岭村龙船景，附近各村龙舟云集大岭探亲，龙舟赶来“串门”，爆竹震天，龙舟竞渡，人声鼎沸。两岸观众情绪高涨，鼓掌呐喊，现场热闹非凡。大岭村龙舟分为白桡、黑桡和红桡，各具特色，实属罕见，其中白桡、黑桡算得上“明星级”龙舟。大岭村龙舟队曾获得广州国际龙舟邀请赛标准龙竞赛第一名、第二名，番禺区“莲花杯”连续三届冠军、一次季军等好成绩。

三、以文化旅游为主导，打响名村品牌

大岭村作为中国历史文化名村，建村历史悠久，且文教兴盛，拥有大魁阁、墨砚池、旗杆夹等具有浓郁耕读文化的历史文化资源。同时，还保留了大量具有显著岭南特色的古建筑。今后，大岭村将重点加强历史文化名村的保护和发展，彰显历史传统精华，借此加强当地旅游开发，促进经济可持续发展，让发展成果惠及每一位村民。

（一）坚持文化为根本，推动可持续发展

以岭南文化为本，以宗祠文化、龙舟文化为核心，以岭南建筑和岭南园林为表现方式，以创新游憩方式为手法，重现古村山水格局，呈现古村浓厚的乡土风情。现阶段，大岭村正通过菩山公园的古炮楼重修、登山小径建设，玉带河河涌截污、两岸河堤绿化升级改造及小型水闸建设等整治措施，还原古村“菩山环座后、玉带绕门前”的意境。大岭村古村落文物的保护与管理工作任重道远，应加快抢救保护不可再生的文化遗产资源。

（二）完善功能设施，形成较为完整的产业配套体系

现阶段，大岭村通过旅游沿线建筑外立面改造、龙津桥片区“三线”（电线、视频线、电话线）整治，以及在全村保有大树200棵左右的基础上，完成了村庄及周边道路绿化，整治街头废弃用地，新增街头绿地及宅间绿地，使村庄绿化美化水平大幅度提高。同时，要通过道路建设、路灯建设、指示指引牌标识建设、旅游停车场建设、游客服务中心建设、文昌街商业氛围打造等一系列措施，实现旅游发展与宜居村庄建

设相协调的目标。

（三）整合古村历史文化资源，打造旅游主题文化

大岭村因地制宜，在显宗祠建立了家风馆，陈列了历代姓氏的家谱，记录了大岭村人世世代代的迁徙过程和家族口耳相传下来的家训，还陈列了古往今来的家风家训故事，家风馆还体现了独具特色的岭南风格建筑文化。此外，大岭村结合新媒体传播的特点，整合古村落情怀，做好营销推送工作，推出古村落摄影大赛、学生绘画写生、歌舞艺术比赛、传统民俗巡游、龙舟竞渡等特色活动。

（四）借助黄大仙文化优势，打造道教文化旅游区

大岭村赤松宫是广东黄大仙信仰发源地，可借助黄大仙文化优势，打造道教祈福文化旅游区。如利用黄大仙文化旅游塑造自身独特的休闲度假主题和氛围，形成独特的旅游休闲度假品牌，使该文化旅游区成为人们体验道教文化和传统文化的重要载体及媒介。同时要加大推介力度，注重黄大仙文化氛围的营造，利用境内外媒体和网络，大力开展黄大仙文化宣传工作，扩大其海内外的影响，提升其知名度，以增强大岭村黄大仙信俗对海内外信众的吸引力和感召力。

（五）整合资源，大力打造文化旅游产业链

继续推进大岭村文化旅游发展产业链条的延伸，与周边地区莲花山、海鸥岛打造连片旅游景区，实现旅客“一程多站”的旅游路线，使之成为集文化、休闲、观光、体验于一体的古村落旅游区。开发旅游文化产品，如特色美食、纪念品、农家乐、古村风情民宿、不同主题的博物馆等。

改革春风拂水乡，岭南文化耀古镇

——番禺区沙湾镇沙湾北村

沙湾北村地处沙湾镇中心北面，青萝路以南，面积约2.42平方公里，下设13个村民小组。至2017年，沙湾北村共有人口3903人、1185户：其中城镇居民人口2010人、460户，农村人口1893人、725户，流动人口2300人。现有耕地面积115亩，鱼塘面积75亩，林地面积1174亩，工业、商业等用地面积1312亩。改革开放以来，沙湾北村的经济持续稳步发展，2017年，工农业总产值接近2.5亿元，经济总收入突破1700万元，村民收入不断提高，如今的沙湾北村已是一片欣欣向荣的景象，而在这一片繁荣的背后，是一段艰苦奋斗的历程。

沙湾北村有800多年的历史，古街巷建筑布局精妙，各大街小巷均采用花岗岩石板铺砌而成，辖内有省级文化保护单位留耕堂、光裕堂、车陂街等古建筑群，堪称岭南古建筑的代表。坐落于村中心以北的象贤中学有着近百年的办学历史，文化教育底蕴深厚，是一所国家级示范性普通高中。村的西面有滴水岩森林公园，园内山塘湖泊布局合理、绿树成荫，是一个休闲天然氧吧。民间艺术沙湾飘色，起源于明代，闻名全国，是不可多得的民间艺术瑰宝，其中沙湾北村的飘色艺术作品“哪吒伏魔”“赛龙夺锦”多次获得全国及省、市的民间艺术大赛奖项。

一、乘改革开放的东风，踏上小康生活道路

改革开放前的沙湾北村，贫穷落后。村民每天都起早贪黑地在地里干农活，顶着烈日，挥舞着沉重的锄头，面朝黄土背朝天，挥汗如雨，但劳动所得仍不能满足温饱，村民仍没有摆脱贫穷生活。

（一）以家庭联产承包责任制为里程碑，开启农村改革进程

1980年，中国农村开展了以家庭联产承包责任制为主要内容的经济改革,农村人民公社集体所有制失去了赖以存在的基础。农村的改革取得突破，不但加速了沙湾北村的发展变化，也大大调动了农民的生产积极性，最主要是彻底改变了村民的思想观念。村民已经不是只会挥动锄头的“粗二哥”了。沙湾北村部分农民在改革开放的大潮中，勇敢地冲向商海，学会了经商办企业，逐步改变了“面朝黄土背朝天”的宿命。被唤起对富裕生活的追求的农民，不再墨守成规，守着“一亩二分田”过日子，在打工赚钱、经商致富的意识驱动下，不少人走出村庄，到城里务工做生意赚钱，相当一部分村民由此成为“城里人”。

根据国家关于进一步深化农村土地承包制度改革，积极引导和规范农村土地承包经营权流转，加快农业产业化进程，提高农业综合生产能力的文件——《中华人民共和国农村土地承包法》，农业部《农村土地承包经营权流转管理办法》，以及番禺区委、区政府《关于统筹城乡经济社会发展一体化的实施意见》有关规定，沙湾北村村民利用土地流转实行农业经济规模化发展。这种土地流转的运作模式的运用，让很多村民突破了“离村不弃土”的观念，放手务工经商。村民也懂得了土地的重要性，慢慢开始将村内的闲置土地出租。村企事业持续发展，村民的经济收入提高了，生活得到改善。

（二）依靠招商引资发展集体经济，为村民谋幸福

沙湾北村有工厂企业40多家，以生产纸品、木制品、音箱、服装、广告材料和电子五金为主。2002年工业总产值2.06亿元。同时，沙湾北村大力发展“三高”农业，以种植兰花等花卉、绿化苗木和蔬菜等为主。得益于对外招商引资和民营企业的不断壮大，村民收入不断提高。2009年工农业总产值24 880万元，村集体纯收入810万元，村民人均收入10 367元。

经济发展稳步上扬，村民福利待遇不断提高，村每月为60岁及以上的老人发放“生果金”100元，每年举办敬老活动，发放慰问金及礼品，充分发扬敬老爱老的中华美德。村实行合作医疗保险制度，村民住院治疗费按办理合作医疗保险部门的有关规定报销。自2007年底起，为年满40岁的村民购买农村养老保险，每年由村集体出资参加新型农村合作医疗，使村民老有所养、病有所医。

2007年，村里投入30多万元安装治安监控系统，社会治安得到了改善，群众满意度不断提高。2007年至今，村里共投入200多万元升级改造

了村的垃圾中转站、街巷的下水道工程，增设了街巷路灯，建造了群众休闲公园等设施，村民群众的生活环境日臻完善。

（三）转变粗放型农村工业，创造新高经济效益

沙湾北村与全国大多数农村一样，在村办企业发展初期，由于本地原材料缺乏、技术力量薄弱及运输成本较高，引进了一批“三高一低”（高投入、高消耗、高污染，低效益）的粗放型企业来村投资办厂，经济增长模式尚未发生根本改变，而发展所付出的代价却非常巨大。可以引用一民谣形象地描述沙湾北村水质的演变：20世纪50年代淘米洗菜，60年代洗衣灌溉，70年代水质变坏，80年代鱼虾“绝代”，90年代不洗马桶盖。进入21世纪，沙湾北村全村企业主要集中在轻工机械、化工、洗涤设备制造这几个领域。尽管村民的经济收入持续增长，然而高速发展带来的环境污染问题也更加严峻。村民们认识到，这种以污染环境和消耗资源为代价的乡村发展模式，不可能为他们带来持续的繁荣。

沙湾文化是以传统历史文化和民间文化为主体的水乡文化，具有丰富的物质和非物质文化资源。沙湾是广东省古村落，也是中国民间艺术之乡、广东音乐之乡、飘色之乡、中国龙狮之乡、广东省民间艺术之乡、民间雕塑之乡。多年以来，沙湾北村尽管对本地的历史文化资源高度重视，然而，这些久负盛名的历史文化资源的开发利用模式却非常单一，主要注重的是旅游开发价值。由于旅游业的发展只局限于表层的开发，缺乏对历史文化资源的人文价值进行深度挖掘，缺乏整体规划，相关负面问题“按下葫芦浮起瓢”，因此给当地带来了社会治理与经济发展的困惑。

2012年元旦，沙湾古镇旅游推广项目正式开启。沙湾北村绚烂的历史文化，让她逐渐发展成为当之无愧的番禺文化旅游新名片。恰逢其

时，沙湾北村被广州市正式评为“番禺区美丽乡村试点村”，沙湾北村以此为契机，于2012年下半年开展美丽乡村示范村庄规划编制。在建设美丽乡村过程中，沙北村经常召开村民会议讨论美丽乡村建设项目，充分听取村民的要求和意愿，激发村民的责任感和积极性，让大家共同参与和监督美丽乡村建设。

二、推动农村社会治理，打造文化特色名村

为进一步巩固名村创建工作的成果，不断深化沙湾北村的建设，切实把沙湾北村打造成为环境优美、生活便利、文明和谐、文化特色鲜明的广州市名村，结合番禺区城乡社会治理工作实际，沙湾镇选定了沙湾北村作为试点地区开展农村社会治理特色平台创建项目。通过开展农村社会治理特色平台创建项目，全面地对沙湾古镇优秀历史文化资源进行深度挖掘、大力推广，推动农村文明建设，凝聚人心人气，激发基层社会组织活动，促进城乡基层社会和谐稳定，着力将沙湾北村打造成有影响力、值得推广的“亮点村”。

（一）以规划为指引，有序推进美丽乡村建设

沙湾北村加强规划引导，结合实际情况，在符合《沙湾镇名镇建设规划》《沙湾镇历史文化名镇保护规划》《沙湾镇中心区控制性详细规划》的基础上，结合“美丽乡村”创建工作，拟订美丽乡村建设方案，聘请了华南理工大学编制《广州市番禺区沙湾镇北村村庄规划修编（2011—2015）》《广州市番禺区沙湾镇北村村容村貌专项规划》，将沙湾北村再现村庄规划定位为“建设成集现代新型工业、历史文化与生态旅游于一体的现代历史名村”，有序推进美丽乡村建设。从2012年6月

开始，通过多种途径四次征求村民意见，完成了美丽乡村的发展规划并经番禺区政府审批通过。

沙湾北村“两委”为美丽乡村建设打基础，大力整治村容村貌，整饰建筑外立面，完成了大巷涌路、四方塘周边房屋的外立面整饰，统一了古镇的建筑景观；村内设有垃圾集运点和垃圾箱，实行定时定点清运，做到“日产日清”，生活垃圾集运点规范美化，周边环境整洁干净，合理设置垃圾收集点或垃圾房，推广建设卫生厕所；大力推进村庄绿化美化工程，利用空闲地、边角位、道路两侧、村前屋后等地方，“见缝插绿”，建设小花园，铺石筑径，开辟体育健身、休闲娱乐场所，营造了宜人的生活环境。开展新农村建设和村容村貌升级改造工程，着力改善村容村貌和卫生环境。通过实施农村设施工程，实现了村内道路100%硬底化、农村路灯光亮化、村内供水普及化、生活排污规范化、卫生死角整洁化、通信影视“光网”化。交通方面，目前有番7和番29两条公交路线连接北村及镇区中心，居民出行便利。公共设施得到了极大改善，确保了美丽乡村建设“共谋、共建、共管、共享”的目标。

（二）搭建文化平台，凝聚人心激发干劲

1. 开展特色活动

为提高村民的文明素质，沙湾北村大力开展社会主义新农村建设、创建文明城市等文明新风宣传活动，努力营造良好的道德氛围。一方面，建设文化活动中心，建有西广场、安宁广场等户外休闲文体活动广场，丰富村民的文化生活；另一方面，积极组织村民群众开展体育竞赛、文艺演出等活动，如组织村民参加镇或村举办的运动会，定期开展飘色文艺演出。通过各种健康向上、丰富多彩的文化活动，把浓郁的乡土气息和强烈的时代精神有机结合起来，进一步凝聚人心，激发干劲。

2. 弘扬飘色艺术

沙湾飘色是充满沙湾本土特色的汉族民俗艺术活动。每逢农历三月初三“北帝诞”，沙湾北村都会在沙湾镇政府的组织下举行飘色巡游活动。此项活动已成为本地群众喜闻乐见的民间艺术活动，它展示了沙湾人良好的精神面貌，并引来无数商机，成为联结海内外乡亲的纽带。因此，弘扬飘色艺术，吸引更多年轻人参与，有助于将飘色艺术更好地传承下去。为此，沙湾北村邀请村内拥有高超技艺的飘色师傅给京兆小学的学生授课，让学生在第二课堂接受沙湾本土非物质文化教育熏陶，让非物质文化遗产沙湾飘色得到更好的传承与弘扬。

（三）弘扬传统历史文化，发展生态旅游产业

1. 挖掘村史文化

整理关于沙湾北村发展概况、人口、经济、文化、建制、行政、乡规民约、姓氏宗族、民间艺术、重大事件、村民典型等方面的文字资料和实物；联合社会组织和热心为村社服务的群体及个人，引导村民自觉参与村史文化工作，对村内的历史古建筑进行整体修整与开发，建立村史文化陈列室，展示村庄文明形象。

2. 推广本土旅游

一直以来，沙湾镇和沙湾北村注重保护和传承传统历史文化，充

分发挥该村的传承精神和文化认同优势。一方面，对辖内古建筑进行了妥善的维修保护和修建复貌；另一方面，组织村民参演各类活动，该村的“哪吒伏魔”“赛龙夺锦”多次获得全国及省、市的民间艺术大赛奖项。沙湾村充分整合利用村史文化、粤曲文化和景观环境资源，着眼民俗文化传承，借助端午、中秋等传统节庆，策划举办传统饮食文化节、传统民俗文化节等活动。同时，利用传统的民俗文化来宣传沙湾北村的另一个生态旅游景点——滴水岩森林公园。

（四）探索善治模式，再塑淳厚乡风

1. 组建沙湾北村共建参事会

参事会由老党员、老干部、祖籍为该村或在该村工作生活过的领导干部、德高望重的宗族前辈，以及村内的党代表、人大代表等组成，在村“两委”的领导下，主要负责对涉及本村村民重大利益事项进行协商、沟通；参与对村党组织和自治组织的民主监督，引导村不同阶层人士积极参与对村服务管理的探讨；针对社会热点，组织参事会成员或志愿者通过蹲点观察、实地考察、入户访谈、召开小型座谈会、问卷调查等方式及时收集社情民意，定期观测、记录村建设与发展的重大事件，为上级党委、政府提供意见、建议。

2. 修改村规民约

增加“惩恶扬善”等内容，把村民非法上访、赌博等违反法律、公德的行为予以谴责并进行相应经济惩罚（如在股份

分红中扣除相关费用等），对于见义勇为等好人好事予以褒扬和奖励。

3. 倡导包容理念

沙湾北村既重视对本村传统文化的挖掘，又重视吸纳和包容外来务工人员的优秀文化，特别注重引导以外来务工人员为主体或有外来务工人员参与的社会组织，倡导外来人口和原住民的社区融合，重视发掘并培养外来务工人员的骨干和志愿者参与本地新农村建设，借助沙湾北村共建参事会这一平台，积极构建多元协调的治理格局。

4. 开设青少年传统文化教育培训学堂

采取举办开笔礼盛典、孔子学堂、村史故事会，开设乡土课程等多种形式，继承和发扬沙湾北村“耕读传家”的文化传统，传承“孝悌忠信礼义廉耻”等中华传统文化精髓。

5. 促进社会协同

为提高社会治理项目的知名度和群众认同感，番禺区社工委积极邀请社会各界人士参与沙湾北村创建广州市农村社会治理特色平台的工作。通过推进农村社会治理特色平台项目，有效提高了村民对社会组织服务管理机制的认识，凝聚了各方力量，以此更好地传承沙湾北村和谐共处的历史文化。发挥村规民约在引导村民行为规范中的作用，培养了青少年的道德品质，重新塑造沙湾北村纯朴浓厚的传统乡风。

三、不懈探索勇于实践，小康道路越走越宽广

沙湾北村的发展日新月异，展望未来，沙湾人将不懈探索，将百年古镇打造成适宜人们居住和创业发展的地区，让父老乡亲们都过上美好的小康生活。坚持创新，不断实践，使村民的小康道路越走越宽广。

（一）完善治理体系推进振兴

继续完善沙湾北村共建参事会的建设，广泛邀请社会贤达、港澳台同胞、妇女代表、青年代表、村辖区内企业的负责人、异地务工人员代表担任参事会成员，充分发挥社会各界人士在农村建设中的作用。

加强与上级部门的沟通，争取获得上级部门的政策性指导和资金扶持。继续通过扩大农村社会治理特色平台创建项目的宣传面，提高村民群众的知晓率和参与度。

（二）全力擦亮文化旅游品牌

大力擦亮“中国历史文化名镇”的招牌，着力加强古镇保护和旅游开发力度，采用“政府主导、社会参与、企业投入、合作经营、利益共享”的运作模式，在保护现有历史街区风貌和文物的基础上，带动沙湾飘色、广东音乐、特色饮食等民间文化向产业化发展，为民间文化提供生存的空间，促进其传承，目标是把沙湾古镇打造成为集历史、文化、商业于一体的“AAAAA国家级旅游景区”。

传统与现代文化交融，古老侨乡焕新姿

——增城区新塘镇瓜岭村

瓜岭村，位于增城区新塘镇东北部、广园东路沙埔出口旁，是一个有500多年历史的古村。明成化年间，因此地气候适合种瓜，便有大批瓜农到此，搭棚种瓜，逐渐定居成村，久而久之，此地便被当地人叫作“瓜洲”，又称作“瓜岭”。瓜岭村既是行政村也是自然村，现有面积约0.6平方公里，下辖4个经济社，220多户，户籍人口720人。这里是广东省著名侨乡、广州唯一的清代水上建筑民居群，也是民国时期增城县长黄国民的祖籍地。改革开放40年来，瓜岭村在建设、发展和保护之间取得平衡，把“根”和“乡

愁”留住，努力打造具有岭南水乡特色的宜居宜游示范村，并取得了明显实效。

近年来，瓜岭村先后获得“中国传统村落”“全国绿色村庄”“广东省卫生村”“广州市美丽乡村”“广州名村”“广州市地方志工作先进集体”“增城区文明示范村”等荣誉称号。

一、历史嬗变

改革开放前，瓜岭村经济基础比较薄弱，但有着独特的历史文化。首先，村内文物古迹众多：有四房黄公祠、圣匡黄公祠、爱闲黄公祠等九座祠堂，还有标志性建筑——取名为“宁远楼”的碉楼。宁远楼是目前全省发现的唯一建在水上的碉楼，是广州市文物保护单位，它像一枚巨大的火箭倒插在地上，门前设有横跨护楼沟的铁吊桥。战乱时期如遇险情，吊桥一收，楼便成孤岛，留守的村民只要有水有粮便可固守待援。在村西头，还有一座与宁远楼形状相同的碉楼，叫“棠荫楼”。两座碉楼遥相呼应，在过去的战乱年代护卫着古村。村子四周分别建有门楼，过去每到夜晚，门楼大门关闭，不准外乡人进入村内，有效地保护了村民和侨眷的安全。此外，还有庙宇“玉虚宫”一座，侨居若干，因此瓜岭村称得上是一个“露天博物馆”。瓜岭古村落建筑在明代中期、清朝乾隆年间、清朝同治和光绪年间等阶段先后建成，街道设计、民居建筑、祠堂群和村东西对角位所建的碉楼，均为岭南水乡风格。

瓜岭村教育底蕴非常深厚，民国元年（1912年）就由华侨募捐办起了增城第一所初级民办小学——瓜洲小学。该学校为瓜岭培养了许多优秀人才，如原广东省甘化研究所所长黄廉章，曾为广东制糖业做出过卓越的贡献；黄业广，武汉医科大学教授，曾受聘于澳门镜湖医院；黄汉威，曾任香港建筑学会会长；等等。

瓜岭村是广东著名的侨乡，拥有古老的华侨历史文化。虽然村里人口只有数百人，但旅居海外的华侨却超过2000人。瓜岭村民世代耕耘，以农为业，亦有出海外谋生之风。据有关资料查考，早于清朝咸丰六年（1856年），瓜岭村已有首批村民到美洲、澳洲等地谋生，至第二次鸦片战争以后，在海外谋生的男丁已超过50%，后逐步移居新西兰、澳大利亚、加拿大、美国等地。这些华侨中，有追随过孙中山闹革命、曾任增城县长的黄国民，有当选新西兰新中友好协会秘书长的黄潮喜，有当过美国旧金山市侨领的黄雨芝，还有成就卓越的科学家、教育家、企业家等。

岁月沉淀，历史长达500年的瓜岭村成为自然环境优美、建筑风格独特、教育底蕴深厚、华侨文化悠久的村落，还拥有名人文化、龙舟文化、庙会文化、荔枝文化和土地文化等历史文化资源。村“两委”认识到瓜岭村这些宝贵而独特之处，把人文环境和历史文化视为村民生存的“共同体”，改革开放以来，着力在保护和传承文化资源上狠下功夫，走好“四步棋”，从而实现了瓜岭村社会经济和文化的发展。

第一步棋：中华人民共和国成立后“土改”时期，为了调动农民生产积极性，曾把村内的祠堂分给贫下中农。直到20世纪80年代初，有部分村民外出谋生

赚到“第一桶金”，希望拆了自己分到的祠堂来建水泥洋房。村委对祠堂很重视，当机立断制止村民这个“歪念”，明确祠堂是暂时分给他们居住或放置农具的，“祠堂在，瓜岭村的‘根’就在”。

第二步棋：改革开放以来，村里每年都聘请专业人士对古建筑除白蚁，适时上油漆保护，并先后两次重修碉楼和祠堂，使村里的古建筑群历经沧桑却历久弥新。

第三步棋：20世纪80年代末90年代初，为了保护旧村落和古建筑，重新在村的西面规划了一片村民住宅用地，并自筹资金铺设水管，解决了瓜岭村多年来的环境和卫生问题。

第四步棋：进入2000年以后，严格贯彻落实《中华人民共和国文物保护法》，专门制定村规民约，不准村民有任何破坏古旧建筑的行为，不准搭建任何影响古旧建筑美和自然环境美的建筑。在文化教育方面，2009年瓜岭小学被并入邻村久裕小学后，为延续教育传统，瓜岭村于2011年引进师资办起了以国学教育为基础、中医教育为特色的南华书院。为让村民的文化生活丰富起来，瓜岭村还特别将一个建于清朝的家塾改造成配有现代化设备的农家书屋。2014年，瓜岭村被确定为广州市美丽乡村试点。把瓜岭建成人与自然和谐相处、环境优美、别具岭南特色和休闲观光功能的传统村落，成为全村民众的心声。当地政府亦科学规划，推进建设，使“老树长出新叶”，呈现出“美丽瓜岭”。

二、主要成就

“每一个古村落，都是一个传奇”，瓜岭村的发展承载着极其丰富的历史记忆、人文生态和社会发展轨迹。

（一）景观独特，建成传统古村落典范

通过长年对保护工作的贯彻执行，村里旧街、大门楼、北帝庙、祠堂群、宁远楼、棠荫楼、魁星楼、黄国民故居等古建筑保存完好，各古建筑顶上各式各样的精致图案即使已过多年仍然清晰可见。弯弯的河道、古朴的小桥、婆娑的榕树、独特的田园风光、宁静的碉楼、明清时期的建筑群……到处弥漫着一股浓郁的民间传统文化气息，彰显出瓜岭村的地方特色和文化情调。走进瓜岭村，错落有致的古旧建筑便呈现在游人眼前。水上碉楼、祠堂群等建筑，成为全省的亮点。瓜岭村因此于2015年入选第三批中国传统村落。

2016年11月27日，来自海内外的数百名选手在瓜岭村参加了南粤古驿道定向大赛（广州·增城站）。这项赛事由广东省体育局主办，在全省范围内设站开展，所选站点均是省内具有鲜明地域文化特点的古村落或古驿道，代表一方文化特色。增城站是这次大赛设立在广州市的唯一站点，而瓜岭村也成为本次大赛广府地区的文化代表。

（二）魅力提升，古村旅游经济发展

漫步瓜岭村的古街幽巷，文物古迹举目

可见，文化故事张耳能闻。近年来，瓜岭村除了注重保护祖宗保留下来的文化遗产外，还注重进行保护性开发，带动村庄发展和村民增收。目前，瓜岭村正积极发展以古村文化为主题的乡村生态旅游业，村中逐渐建设了“万家旅舍”和餐饮配套设施等。随着旅游业的发展，村中的人气旺了起来，村集体经济收入和村民收入也有所增加。

村里全面推进42个项目建设，河滨公园、荔枝公园、绿道、景观桥等的一张张规划设计蓝图变为村民看得见、摸得着、享受得到的建设成果。

（三）教育扎实，优良文化蔚然成风

在2011年引进师资成立的南华书院内，立着一尊孔子铜像，题刻“孔子行教像”，孔子像前有将近10个十来岁的小孩在老师的带领下打着八段锦。一间教室里面，集中坐着3～6岁的孩子，正在跟着老师念诵中文经典篇章，教室后面还贴着一些国画与书法作品，全部作品都是出自幼儿之手；另一间教室，里面坐着7～13岁的孩子，正跟着老师念诵莎士比亚的英文著作。书院通过传统文化讲座、培训、交流以及少儿传统文化教育实践，推广弘扬中华传统文化，并配合各级政府在新塘地区开展社会协同治理试点工作，取得了丰富的经验和广泛的社会认可，被授予“增城道德讲堂”“明代真儒湛甘泉文化教育实践基地”“随安堂传统中医教育实践基地”等称号。

村里由清朝家塾改造成的农家书屋配备了电脑、电视机、DVD机等设备，有藏书1300多册。此外，书屋还编写“家文化”读本，打造传播“家文化”的专业教材和系统课程；举办“家风讲堂”系列文化讲座，传播现代“家文化”；搭建“家文化”展示平台，建立“家文化之窗”活动展示平台，围绕家文化每月更新一期，每期一主题，深入挖掘展示

瓜岭“家文化”历史，同时内设“名人家训”“我身边的家文化故事”等系列栏目，促进村民参与瓜岭“家文化”建设，使更多的家庭更加和睦，促进了乡村的和谐与社会稳定。

通过实施一系列传统文化宣传教育，村民人人以本村教育传统为自豪。孝顺、尊老爱幼、诚信待人蔚然成风。走进瓜岭村，便见一片文明和谐，就连3岁小孩都知孝达礼。

随着岁月的流逝，瓜岭村历史教育文化永远被铭刻在故乡和海外后人的心中，传为佳话、万古流芳。村民无不以华侨先人为榜样。瓜岭村的做法，也激励着华侨后代。近年来，仍然有许多华侨支持家乡建设，多次捐资，为公益事业做出过很多贡献。

（四）生活怡然，人居环境明显优化

每到傍晚时分，村里的广播准时响起，村民们在河滨绿道或是健身中心，聊天、听广播、健身；一到放学后、周末或假期，学生们就会争相来到农家书屋，看书的、借书的人络绎不绝；天气晴好时，周边地区的游客三三两两来到这里，览水上碉楼、明清古建筑群、中西合璧的华侨民居，听先人爱国爱乡、勤劳致富故事。放眼如今的瓜岭，村中繁花似锦，公园绿地茵茵，道路整洁贯通，环境卫生水平不断提高，人居环境明显优化，正是：精雕细琢出美玉，古老侨乡焕新姿。

三、经验借鉴

“中国要美，农村必须美”“小康不小康，关键看老乡”“美丽中国要靠美丽乡村打基础”……近年来，习近平总书记在提及新农村、美丽乡村建设以及乡村振兴战略时的重要论述，饱含着对农村和农民的深

情，也为瓜岭村“活化”古村落、建设“美丽乡村”提供了基本准则。瓜岭村运用科学理念，采取了合适的举措，保护了古旧建筑等多层次的历史传统文化，留住了瓜岭的“根”，绽放了瓜岭的“花”。

（一）规划引领，“活化”古村落

“活化”古村落，须在“古”字上下功夫。为了让瓜岭“古”出激情，“古”出创意，“古”出格调，“古”出情怀，当地政府可谓煞费苦心。瓜岭村自2014年被确定为广州市美丽乡村试点以来，坚持问题导向，注重做好规划引领，精准定位，利用“两个法宝”，多方合力全面推动美丽乡村建设。

法宝一是政策主导。制订《新塘镇瓜岭村美丽乡村建设工作方案》《瓜岭村集体经济发展工作方案》，从基础设施、环境整治、发展现代休闲农业、旅游资源开发四大方面指明实施方向，并印刷《瓜岭村旅游发展招商方案》，为瓜岭村下一步的旅游发展方向奠定基础；编制《瓜岭村村庄规划》《传统村落保护规划》《旅游发展规划研究》，这些规划明确了瓜岭村文化历史和乡村旅游的发展定位，同时指导了瓜岭村的建设。

法宝二是坚持以人为本。让瓜岭村集体和村民全过程参与美丽乡村规划实施，全方位听取意见和建议，充分尊重瓜岭村集体和村民意愿，保障村民和集体利益，调动全民参与的积极性，使农村健康持续发展。在此基础上，通过民主议事，根据瓜岭村集体和村民意愿，建立了包含环境卫生整治、公共设施配套、旅游发展项目等42个项目的《瓜岭村美丽乡村建设工程项目库》。

具体来说，积极推进“千园计划”实施，提高绿化覆盖率；科学规划建设垃圾中转站和公厕，完善垃圾收集模式和村庄日常环卫保洁制度，切实搞好村容村貌建设；对辖区内的碉楼、祠堂、名人故居等进行统一修葺和维护，加大对瓜岭村人文景点的保护性开发和综合治理；对瓜洲河及两岸进行全面整治，美化居住环境，实现“清清洁洁，整整齐齐，漂漂亮亮”的目标；建设村级公共服务站，完善公交、金融等服务；在充分征求村民意见的基础上，根据村民的审美特点和房屋的状况，规划设计与现有房屋建筑风格相协调的整饰方案，力求使农村建房尽量保持统一外立面，让古代建筑与现代建筑相融合，整个村庄和谐自然。

（二）多元化投入，确保建设项目落地完工

在瓜岭美丽乡村建设中，建立了多元化投入机制，通过镇自筹、向上级申请资金、向各职能部门“求援”等手段，形成中央、市级、区级和镇级共4级资金筹集来源，共筹得规划建设总投资4600万元（其中，中央保护资金300万元，市级资金1343万元，区级资金1181万元，镇自筹资金1776万元），全面推进42个项目建设，将一张张规划设计蓝图变为实实在在的建设成果。

（三）多措并举，深度挖掘华侨文化

乡村美不美，既要看“颜值”，更要看“气质”。除了进一步营造传统文化氛围，激发村民看书、学习的热情，深入弘扬传统文化，村里为传承先贤精神，还多方挖掘华侨文化。

一方面，加强与海外华侨的联系。改革开放以来，村每年组织华侨召开座谈会，鼓励动员他们支持家乡办学和建设。华侨不忘祖先发源之地，满怀爱国爱乡之志，长期为祖国为家乡做出过许多贡献，使瓜岭村的人文色彩更加浓厚。另一方面，对华侨所建故居、街道等竭力保护，对华侨遗留下来的相关资料一一妥善保存。与此同时，广泛收集华侨事迹，将村里的华侨名贤及其故事收集整理成册编印成书，同时挖掘村史文化，编印《旅纽瓜岭黄氏世系》，再版《侨乡瓜洲》等书籍，编纂《瓜洲乡土教材》。

（四）创新思路，合理开发与保护并存

“东方日出照瓜洲，碧水环村汇海流。历代耕耘乘古渡，沧桑繁衍记回眸。林间鹤雀惊空现，河面鱼虾静影浮。故里登楼宁远望，花香鸟唱伴君游。”（引自《瓜岭吟草》）瓜岭村可以说是一个物华天宝、人杰地灵的世外桃源。

近年来，瓜岭村充分利用古建筑保存完好、历史人文资源丰富的

特色和优势，大力发展生态旅游业，打造文化旅游新热点。在上级部门大力支持下，瓜岭村的生态旅游规划及各项整治工作开展得如火如荼，修复或升级改造建筑立面、古村景观等一项项工程相继竣工。值得一提的是，作为第三批中国传统村落之一，瓜岭村注重对传统村落风貌和风俗习惯的保护，特别是对瓜岭老街、碉楼、龙舟、水系、田园、民俗文化等旅游资源进行深度挖掘，开发具有岭南水乡特色的旅游产品，将瓜岭村打造成为具有自身特色的岭南文化水乡旅游品牌。2016年11月南粤古驿道定向大赛（广州·增城站）比赛及其摄影艺术创作活动举办，这是对古驿道、古村落宣传保护的一种积极探索，是落实让文物“活”起来、保护历史文化遗产，提高文化自信的具体行动，是瓜岭村文化魅力展示的过程，也是其借力发展的契机，为瓜岭村近年大力发展的乡村旅游业再添“一把火”。这些做法，既提高瓜岭村民生活环境质量，促进古村旅游经济发展，又达到对古村传统资源进行保护的目的。

（五）守住“家底”，调动村民建设家园积极性

村民是村落的主人，传统村落的保护和开发离不开村民的努力，只有让古驿道和传统村落留好“家底”、继承“遗产”，村民才能守住“乡愁”、经营“未来”。传统村落的特色农业是最重要的“家底”之一。瓜岭村拥有自然的农业生态，农林用地面积约41万平方米，占村域用地面积的66.18%，生态资源丰富，村里正在进行农田标准化建设，且联合有关部门开发特色生态农业，既留住乡村本色，又带动村民致富。

四、未来发展设想

“借我几小时，还你数百年。”从500多年前到数十年前，再到现

代，无须穿越时空，只要沿着村道走一圈，用几个小时的时间，便可感受“美丽瓜岭”的无穷魅力。

下一步，瓜岭村将继续围绕“挖掘历史文化资源，打造特色美丽乡村，辐射带动周边村庄发展”的目标，把瓜岭村打造成新塘乃至增城的一个乡村典范，并带动周边村社的发展。

推动古村保护，振兴历史文化

——从化区太平镇钱岗村

钱岗村始建于宋代，距今已有800多年历史。村子至今还保持着“古而不拙”的古朴风貌，现存古村建筑全部为明清建筑，位于钱岗村的广裕祠在2003年荣获“联合国教科文组织亚太地区文化遗产保护杰出项目奖”，是国家重点文物保护单位。回顾整个钱岗村的发展历程，离不开对历史文化的保护和传承。

一、钱岗村概况

钱岗村位于从化区太平镇东南部，距离太平镇政府7.5公里。该村东接红石村，西至影田村，北临文阁村、颜村，南与高田村相连。全村现有总面积4.67平方公里，其中耕地面积1700亩，下辖2个自然村、15个经济社。全村村民共497户，人口2197人，村民的经济来源主要是种植、养殖、开办农家乐、外出务工和经商。2017年，全村的农业总收入达到500万元，农民人均收入为11 800元。

当地盛产糯米糍荔枝，是广东省和广州市名优品牌。2009年，钱岗糯米糍荔枝入选国家地理标志产品名录。钱岗古驿道作为广东省首个古驿道示范段试点项目，为南粤古驿道建设树立了建设标准和示范效果，2016年12月成功举办了南粤古驿道定向大赛总决赛。而位于钱岗村的广裕祠在2003年荣获“联合国教科文组织亚太地区文化遗产保护杰出项目奖”，被列为国家重点文物保护单位，在中国古村落群中具有极高的历史文物价值。

二、发展历程

钱岗村改革开放40年的发展历程，离不开历史文化的保护和传承，大致可以分为三个阶段。

（一）第一阶段（1978—1999年）：钱岗古村的沉寂

改革开放后，全国都将工作重心转移到经济建设上来，钱岗村也抓住了这一波浪潮，村民也逐渐富裕起来。生产队统一规划建房地，村民

纷纷到村外建楼房居住，形成了“新楼环绕古村”的景观。在这样的一股潮流中，喧嚣了600年的钱岗古村一下子沉寂下来了，那些没有自来水和卫生间的古老的房舍被村民遗弃导致荒废，原有4000多名村民居住的古旧村落只剩下几位孤寡老人默默守护。

（二）第二阶段（2000—2014年）：钱岗古村文化的发掘和保护

2000年，从化市（现广州市从化区）展开了为期8个多月的文物“家底”大普查，发现包括广裕祠在内的200多处极具价值的清代以前的古建筑、古村落。在原从化市领导的重视下，这些古建筑、古村落得到了及时保护。

2002年，广裕祠被评为广东省文物保护单位，从化市政府决定筹集资金重修广裕祠。在经济比较拮据的情况下，政府和有关部门尽力给予支持，村民也踊跃捐款捐物。同年修复广裕祠的工作由对古民居颇有研

究的华南理工大学教授陆元鼎负责。经过专家组和施工人员3个多月的维修，广裕祠修旧如旧，得到了有效保护。2003年，广裕祠成功地获得了“联合国教科文组织亚太地区文化遗产保护杰出项目奖”。获奖后，随着广裕祠知名度的提升，前往钱岗古村和广裕祠的游客络绎不绝，但由于未形成旅游产业链，加上基础设施太薄弱，未能带动钱岗村的文化旅游发展，钱岗村错失了发展机会。

（三）第三阶段（2015年至今）：钱岗古村的振兴和发展

2013年开始，广州大力开展“美丽乡村”建设和实施传统古村落保护战略，钱岗村成为2015年广州市级美丽乡村创建点和2016年广州市级名村创建点，获投资700万，主要用于钱岗古村和新村的基础设施建设和环境升级改造。

2016年12月18日，在钱岗古驿道成功举办了南粤古驿道定向大赛总决赛。在省、市、区三级政府的关心和支持下，钱岗村2017年投资1219万用于钱岗古驿道的相关配套设施建设，并计划到2020年共投资3071万用于南粤古驿道相关的修复、开发和保护工作。

在水环境的治理方面，2017年钱岗村共投资约50万元，对村内河流池塘进行修复和清淤，使水体从过去的发黑发臭变为现在的清澈，村貌焕然一新。随着崭新的社道、休闲活动广场、古驿道标识

牌、文史馆和污水处理设施的相继建成，村庄环境有了明显的改善，给村民的生产生活带来了便利。钱岗村也希望抓住这一波基础设施建设的浪潮，通过古建筑、古村落的历史文物和南粤古驿道的修复建设形成特色文化产业，带动旅游业和文化保护事业的发展，为村民带来实实在在的收入。

三、主要成就

改革开放以来，钱岗村经历了翻天覆地的变化，村民陆续搬离了古村，住进了新家，喧闹600年的钱岗古村一度沉寂，但这也让古村落得以保存，免受现代文明的冲击。

（一）村民人均收入有了显著提高

过去，钱岗村民主要靠种植水稻、荔枝等农作物获得收入，收入来源单一，后来村民开始外出打工、经商，经营农家乐等。广州市从化钱岗糯米糍荔枝专业合作社成立后，专门收购村民的荔枝，村民人均收入有了显著提高。2017年，村民人均收入达到11 800元。

（二）实现了义务教育全覆盖

钱岗八一小学，是服务于周边5个行政村的一所农村小学，2008年被评为“广州市义务教育规范化学校”。目前钱岗村中小学的适龄儿童入学率达到100%，实现了义务教育全覆盖。

（三）基础配套设施不断完善

钱岗村获得2006年“广州市文明示范村”，2015年“广州市美丽乡村”，2016年“广州市级名村”“中国传统古村落”的荣誉称号。截至2017年，钱岗村家家户户都已通电、通网、通水，村道、社道也都完成了硬底化并设置了路灯照明，农村污水基本实现回收处理后再排放，村里建设了文化室、老人活动中心、卫生站和展览馆，还有小型足球场、篮球场和活动广场，新的农贸市场也投入使用，基本满足了村民对生活、文化、娱乐方面的需求。

（四）广裕祠文物保护修复

钱岗村大部分村民姓陆，是宋末名臣陆秀夫的后裔，广裕祠是陆氏的宗祠，始建于明朝永乐四年（1406年），距今近600年。广裕祠遗址上刻有六个确切重修时间，是岭南建筑历史的一把标尺，在全国乃至全世界的文物古迹里都是罕见的，被著名考古学家麦英豪称为“非常宝贵的建筑标本”。

从2000年的文物普查，到2002年组织专家对广裕祠进行修复，再到

2003年广裕祠获得“联合国教科文组织亚太地区文化遗产保护杰出项目奖”。如此成就是钱岗陆氏子孙和文物保护专家不懈努力的结果。广裕祠就是钱岗人的“根”和“魂”。祠堂大门对联“诗书开越，忠孝传家”，是钱岗村陆家的祖宗训诫，子孙们竭尽所能，保护着祖宗留下的这个精神家园。

（五）钱岗特产糯米糍荔枝

钱岗糯米糍荔枝果大、核细、肉滑、汁多、浓甜，是广东省和广州市名优品牌，是从化乃至广州地区的一个响亮品牌。早在100多年以前已远销香港、澳门、新加坡等地，名扬四海。20世纪70年代末，钱岗村的糯米糍荔枝被作为礼品送给朝鲜领导人。2009年，钱岗糯米糍荔枝荣升国家地理标志产品，得到国家的专门保护，不仅成为从化一张响当当的地域名片，而且打入国际市场，在加快区域经济社会发展、推动从化名优农产品远销国内外起到积极作用。

（六）南粤古驿道

南粤古驿道是指1913年之前广东境内用于传递文书、运输物资、人员来往的通路，是经济交流和文化传播的重要通道。钱岗古驿道示范段全长约12公里，涵盖古村、古墟、古祠等历史元素。2016年12月18日，南粤古驿道定向大赛总决赛在钱岗古驿道举行，吸引了众多目光，成为令人们熟悉钱岗村的另一张名片。同时钱岗古驿道也作为《南粤古驿道保护与修复指引》和《南粤古驿道标识系统设计指引》的首个古驿道示范段试点项目，为南粤古驿道建设树立建设标准和示范效果。

四、经验与启示

（一）钱岗村的发展离不开对文化资源的发掘和保护

钱岗村的今天离不开对文化资源的发掘和保护。如果没有2000年从化市政府开展的文物大普查，没有文物专家发现和研究这些古建筑的文物历史价值，没有钱岗陆氏子孙对古村、古建筑的保护，我们今天就看不到这个有着800多年历史的古村，有600多年历史的广裕祠和那幅尘封上百年的《江城图》。钱岗历史文物得以完整保存，这不仅体现钱岗村民风的淳朴和对文物保护的重视，更重要的是发掘出来的文化资源都是钱岗人的历史，是老祖宗留下来的文化，绝不能被用于满足私欲，更不能被破坏。如今我们肩负使命，将这些文化瑰宝传承下去。

（二）钱岗村的发展离不开广裕祠的修复和各方的支持

历经600多年风霜的广裕祠虽然残旧但依然骄傲地矗立在古村中央，在华南理工大学教授陆元鼎所带领的专家团队的指导下，广裕祠终于迎来了200年来又一次大修。文物修复是耗时、耗力、耗钱的工作。虽然省、市政府都对广裕祠的修缮做出了支持，但资金仍是不足，在专家组和维修工人绞尽脑汁想办法时，钱岗村民主动捐钱捐物。正是有了各方的大力支持，广裕祠才终于能“修旧如旧”，处处彰显古朴风貌，钱岗村陆氏子孙的精神寄托得以回归。

（三）钱岗村的发展更离不开文化传承

文物是文化的载体，文化是文物的内涵。文物的价值不仅仅体现在它稀少的特性，更重要的是文物背后源远流长的历史和深埋在历史背后的文化。钱岗古村的价值在于其明清时代的建筑风格体现了这个时期的文化背景，广裕祠的价值在于其保留了多个时期的重修记录，并且这些文物都体现了钱岗陆氏子孙的文化传承。

桥有尽头，路有尽时。将来的某一天，钱岗古村甚至广裕祠都有可能被掩盖在尘埃里，但钱岗村的文化、陆氏宗祠的八字门联还在，文化的传承不会因时代的变迁而阻断。现在陆氏族中无论长幼，都知道自己是陆秀夫的第几代后人，均牢记着“诗书开越，忠孝传家”的祖训，默默传承先祖的民族气节。有人说，文物是死的，但文物代表的文化却是鲜活且生动的。“掉三寸舌能胜百万兵戈开越说佗归汉室，挺一孤身独操完全气节溺江负主仰崖门”，正是有了陆氏先祖忠烈铮骨的事迹加持，才使得广裕祠和钱岗古村更容易被世人熟知，钱岗村的历史文化更容易向外传播。

（四）钱岗村的发展在于把握契机，抓住机遇

俗话说“酒香不怕巷子深”，可事实上却是“酒香更怕巷子深”。

钱岗古村以及广裕祠的历史文化价值，钱岗村民知道，从化区的领导知道，文物保护专家也知道，但怎么样向外界宣传和推介，将钱岗村的名声和历史文化传播出去，以带动钱岗旅游经济发展，提高村民经济收入，钱岗村人却不得要领。

直到2003年，在得知联合国教科文组织要在亚太地区设立文化遗产保护奖的评奖活动时，从化的领导把握机遇，本着弘扬中国灿烂古文化和把岭南古迹发扬光大的目的，毅然提出申请参加申报评奖。最终，一举获得亚太地区文化遗产保护杰出项目奖，钱岗古村和广裕祠一下子享誉国内外。

（五）钱岗村的发展在于集中优势资源，合作共赢

以广裕祠为代表的钱岗古村落虽然有着深厚的历史底蕴和文化内涵，但作为单一景点开放项目，内容较单调，加上原本古村落就是免费开放，虽然游客不少，却没有形成消费氛围，没有增加村民收入，反而留下不少的垃圾。这一难题曾一度困扰着钱岗村和太平镇政府，直到2016年，省、市两级政府欲重新打造南粤古驿道，钱岗古驿道发展思路一下豁然开朗。如果让钱岗村“单打独斗”，势必势单力薄，也很难打造出好的景点，但假如同周边资源合作，统一规划、共同开发，那不仅是量的提升，也是质的飞跃。

钱岗村坐拥良好地理区位优势，背靠沙溪水库和沙溪湖森林公园，紧邻“天人山水”健康产业园，这些景点通过南粤古驿道贯通，把沿途秀丽风光和产业园的生态资源与钱岗古村落、古建筑、古遗址等历史文化资源相结合，打造古与今、旧与新的视觉对比，再加上钱岗农业特色产品——糯米糍荔枝、龙眼、黄皮等水果的吸引，农家乐的发展，定能让游客流连忘返。

五、未来构想

党的十九大报告提出实施乡村振兴战略，并提出了“坚持农业农村优先发展”和“产业兴旺、生态宜居、乡风文明、治理有效、生活富裕”的总要求，2018年中央一号文件也论及乡村振兴战略的重要意义。钱岗村的发展要站在乡村振兴这一战略高度，抓住历史机遇，转型升级，利用自身优势，打造最美乡村。

钱岗古村虽有着无与伦比的文物价值和文化内涵，但和大多数村庄一样，面临着基础设施薄弱、环境卫生差的情况，而实施乡村振兴战略的一项重要任务就是改善农村人居环境，建设美丽宜居乡村。

钱岗村实施乡村振兴战略，首先要做的就是完善农村基础设施建设，改善人居环境。虽然钱岗村的基础设施有了非常大的提升，但距离成为历史文化旅游型特色乡村，吸引全国游客前来做客，仍有很大的距离。随着人民生活的改善，自驾游成了越来越多游客的首要选择。钱岗村也要把握现实，完善村庄道路改造、增加游客接待中心、设置道路标识牌、配置果皮箱等基础设施，方便村民和游客；对村面卫生和水体卫生进行清理整治，村民生活污水，全面实施收集处理再排放；制定长效机制，安排专人负责垃圾收集，还村民和游客一个干净、整洁、文明的钱岗村。另外利用美丽乡村建设、钱岗古驿道修复等项目投资，由点及面，一步一步完善钱岗村整体基础设施建设。

钱岗村实施乡村振兴战略，不能单靠政府的力量，还需引入社会的力量，形成“政府扶持、企业经营、村民实施”的良性互动机制。实施乡村振兴战略，不仅需要“输血”，还要能自我“造血”，引进企业，就是满足其“造血”功能。钱岗村有着非常鲜明的自身优势和资源，但

也存在相当大的不足。比如，2003年由于资金所限，只对广裕祠及其周边进行了修复，而古村内的其他房屋大部分都已破烂甚至倒塌。如果引进企业前来经营，不仅能解决古村房屋的修复问题，而且还能带来新的经营理念，通过市场化的运作，吸引游客。同时企业的经营离不开村民的参与，假如再得到政府提供的基础服务或者信贷支持，相信钱岗古村必定大有可为。

实施乡村振兴战略，对于村民本身而言，他们最关心的就是收入的增长、生活水平的提高、生活环境的改善。钱岗村实施乡村振兴战略，须立足自身特点，调整农村产业模式，提高村民收入。目前钱岗村民的主要收入来源还是种植业收入和外出务工收入。荔枝的种植受气候环境的影响非常大，而且分摊到农户手中的利润也不高。外出打工的收入也是平平。钱岗村要实现村民收入的增长，必须调整农村产业模式。例如充分利用以广裕祠为代表的古村资源，通过南粤古驿道与周边景区相连，发展古村旅游经济。在古村旅游的带动下，村民可以通过开设农家乐、特色民宿、商店，制作古村纪念品等方式增收。如能引进企业经营，村民还可以通过自家古村老屋参股或者出租的方式增加收入，企业也需要雇佣村民来实现古村的持续经营，再加上钱岗特色农产品带来的收入，实现全村齐奔小康指日可待。

钱岗村，一个有着800多年历史的文化古村，经历过繁华也经历过破败。站在新时代的今天，国家对农村的重视史无前例，大力发展乡村振兴战略。钱岗村要利用这个机遇，以历史文化的保护为载体，整合自身优势资源，实现振兴。

传承宗祠文化，弘扬乡风文明

——花都区炭步镇步云村

改革开放40年来，步云村坚持科学发展，在经济建设、美丽乡村建设、新农村建设等方面取得显著成绩，特别是在传承宗祠文化，弘扬乡风文明方面，彰显了广州改革开放的成就，以及花都农村的历史变迁、建设成果，具有独特的代表性。

一、步云村概况

步云村位于花都区炭步镇中心偏东部，坐落在风景秀丽的丫髻山下，地处珠江流域巴江河南岸，紧靠炭步镇中心，距离镇政府1.5公里，毗邻炭步工业区、花都汽车城片区以及港口工业区，自然环境优美，地理区位优越，交通便利，乡风文明，为炭步镇城中村。2017年，全村总面积1.33平方公里，共有5个居住片区，分别是南社、北社、别墅新村、毕岭新村和炭步经济社，其中炭步经济社片区已发展为城镇居民用地。传统经济以种植水稻为主，兼种植玉米、花生等作物。中华人民共和国成立前，北社村民多往广州等地谋生，南社村民多留在村里种田。特色农产品为炭步芋头，其有别于文岗香芋，出产于炭步圩附近村庄，以个头较小，口感粉、糯、软的特色而闻名。中华人民共和国成立后，村内建有集体砖窑，20世纪70年代办有步云木积厂，70年代后期，经营有木塞厂、车床厂、零件厂等工业企业。

步云村建村时，村民以烧炭卖炭为生，后来在附近租地买地种植水稻。民国年间，村民到炭步圩摆卖，售卖果蔬、布匹等商品。改革开放后，该村办有多家企业，多数村民“洗脚上田”，打工或经商。20世纪90年代初以来，已没有村民从事农业生产，现有的田地和鱼塘大部分外包给外来人口种植蔬菜和养殖家鱼。村内企业有塑料厂、五金厂等，多为民办企业。村民收入主要是工资性收入、村集体分红等。截至2017年，户籍人员582户，常住人口1494人。2017年，村集体经济收入130多万元，村民人均收入16 000多元，经济社会各方面发展良好。

二、乡村振兴硕果累累

从总体来看，改革开放40年来，步云村坚持科学发展，乡村振兴已取得可喜成绩，主要表现在：

（一）获得多项荣誉

近年来，步云村先后获得国家、省、市等多项荣誉。2004年荣获“广东省生态示范村”称号；2006年被广州市评为“生态环境中心村”“广州市文明示范村”；2007年荣获“广东省文明村镇”称号，被广州市评为“文明示范村达标村”，被国家科技部定为社会主义新农村建设试点村；2008年被定为“广东省新农村建设科技示范”试点村；2012年被评为“广东省卫生村”“全国人口和计划生育基层群众自治示范村（居）”“广东省宜居示范村庄”；2017年11月，获第五届“全国文明村镇”称号，这是步云村于2007年获得“广东省文明村镇”称号后，经过十年的努力，所获得的全国文明创建领域的最高荣誉。

（二）美丽乡村建设：展现步云现代农村风貌

步云村有村道连接炭步大桥和东风大道。20世纪60年代通电，20世

纪80年代通过建水塔抽地下水，实现村通自来水。20世纪80年代中期村道实现水泥硬底化，由村民集资铺成文明路，连接炭步圩的东街路。20世纪90年代后期村民普遍安装电话，2000年通信网络覆盖全村。村内有小公园两个，其中一个为步云村消防主题公园。篮球场一个，村民活动中心一个。改革开放以来，步云村紧紧围绕美丽乡村建设的要求，完善基础设施建设，实现公共服务配套，在全镇率先完成农村生活污水治理工程；全村主干道和公共场所装上路灯，完成农村光亮工程；村内主要道路全部实现硬底化；自来水普及率达100%，饮用水合格率和粪便无害化处理率100%；完成了村委会门前鱼塘改造、南社祠堂至村委旧会堂段“穿衣戴帽”工程、村委会外墙装修、会堂翻新、休闲广场绿化建设，通过整饰建筑外立面，彰显属地的建筑特色。同时，积极开展村庄环境卫生专项整治活动，清除道路两旁、河岸两旁、村民房前屋后的垃圾、杂物，使步云村呈现出环境整洁、设施完善、风光秀丽、舒适宜居的现代农村风貌。

（三）新农村建设：缩小城乡差距

20世纪90年代，步云村紧紧围绕“生产发展、生活宽裕、村容整洁、乡风文明、管理民主”的社会主义新农村建设的目标，按照“以民为本，规划先行，突出重点，创新机制，积累经验，示范带动”的要求，结合本村实际，突出建设生态环境，注重发展生态经济，倡导绿色生态文化，积极统筹城乡发展，农村人居环境明显改善，农民现代文明素质不断提高，各项事业取得全面发展。建设了占地面积50亩（共53幢）的别墅新村区，并相继完成了新村别墅区铺设广场地砖、路侧石、道路，南社鱼塘护栏加固、鱼塘砌石方等建设项目。建立垃圾分类处理机制，健全生活垃圾收运网络，设置有垃圾收集点，实现了全村生活垃圾收集的全覆盖，聘请专职人员负责保洁，确保了村域范围卫生整洁。现在，大部分村民都住进了宽敞明亮的住宅楼，生活正在由“农村生活”向“城市生活”转变，城乡结合的步伐日渐稳健，城乡差别正逐步缩小。

（四）两个文明建设：物质到精神的富足

进入21世纪，步云村物质文明与精神文明日益彰显，村里按照“五个一”（举办一次学习讲座、组织一次专题讨论、开展一次廉政教育、上好一堂专题党课、举行一次知识测试）要求，建设配备了老人活动中心、卫生站、篮球场、乒乓球室、宣传阅报栏和无害化公厕，以及占地200多平方米、藏书6000多册的文化活动中心，占地500平方米的健身路径。组建了篮球队、醒狮队、乒乓球队、广场舞队等文化娱乐队伍，定期组织村民唱歌、跳舞，丰富了村民的文化娱乐生活。每逢春节、元宵、端午、中秋、重阳等传统节日，更是投入人力物力，在村内所有主干道挂上彩灯，组织村民舞狮、游灯、唱戏，既营造了祥和、热闹的节日气氛，又丰富了广大村民的精神文化生活。在步云会堂内建设了全镇第一所道德讲堂，定期为村民宣传道德模范事迹，加强思想道德建设。适时开展志愿服务活动，推动公益事业，举办“敬老节”活动，定期对低保户、五保户、困难家庭进行探访慰问。

三、文明传承可圈可点

从特色上看，改革开放40年来，步云村致力于传承宗祠历史文化，弘扬乡风文明，其成效可圈可点。主要表现在：

（一）历史悠久，人杰地灵

步云村，始建于明永乐二十年（1422年），原名为步头角。清代时，同宗李成光高中状元，平步青云，入朝当官，村人视为荣耀，请来拜祖认宗，作匾刻上“李成光状元及第”挂于祠堂留念。于是改村名为步云阁，后称步云村，人才辈出。主要人物有李汉光，步云村南社人，抗战时期担任过“抗日杀敌队”队长、联防队长；李功保，步云村北社人，黄埔军校第4期学员，曾任国民革命军第63军的团长；李彤，曾是黄埔军校第13期江西分校的学员，18岁加入了抗日队伍，参加过抗击日军最激烈的粤北、翁源两场战役，最远去过山东参战，从1939年到1945年，参加抗战整整达六年之久；蔡国施，黄埔军校毕业，当过舰长。

村中旧区以传统民房为主，新区以新建楼房为主，一般首层作商铺或小工厂。传统民居为广府风格，现存约70座。现存宗祠2座，分别为北社李氏宗祠、南社李氏宗祠。现存书舍、家塾8座。村头村尾原建有炮楼，于20世纪60年代，建炭步排灌站时被拆除，其砖块用作水利设施建设。古渡口十乡渡，位于炭步排灌站附近的巴江河岸，中华人民共和国成立后向西迁移了几百米，作为炭步往来广州的客轮停泊码头。20世纪80年代末炭步往来广州的客轮被取消，渡口逐渐被弃置。

（二）沧桑宗祠，孕育家风

步云村由步云社、炭步社两个自然村组成。据《炭步镇志》（1988年）记载，相传在南宋期间，北方居民南迁至此，以烧炭为生，在河边堆放木炭成了外运的码头，俗称“步头”，故名炭步。因建村于炭步圩旁，又称炭步社。世居步云村的村民主要姓氏为李姓。据步云村南社《李氏族谱》旧谱记载，明朝永乐二十年（1422年），南海县山脚村义禄房第六代子孙李雨泉迁居步云村南社，为南社始祖；其兄李月池则定居步云村北社，是北社的始祖。据民间流传，五百多年前，义禄房之第六代子孙李雨泉与其兄李月池，自南海县的山脚村，扶老携幼，一齐来到丫髻山下的巴江河边，以放鸭为生。李氏族人见此处依山傍水，土壤肥沃，河涌纵横，灌溉便利，便开垦农田，种植水稻，边种边养，定居下来，世居此地繁衍生息，渐成村落，定名为“云溪村”。李月池定居北社，李雨泉则居南社，兄弟两人便成了云溪村的始祖。云溪村后来更名为“步云阁村”，寓意子孙万代，直步青云，丁财两旺，步步高升。

祠堂是供奉祖先、家族议事、传承礼德、团结族人的重要场所。步云村自明朝立村后，由于先贤艰苦创业，团结拼搏，加上地理环境优越，村庄建设渐成规

模，至清朝光绪年间，全村已发展到七八百人。为了纪念先贤艰苦创业的丰功伟绩，为了子孙后代有一个良好的拜祭活动场所，当时村中父老商议，要兴建一间全社的宗祠——李氏宗祠。南社李氏宗祠，建于清光绪二十三年（1897年），2000年重修。宗祠坐西北朝东南，三间三进，建筑占地405平方米。镬耳式封火山墙，灰塑博古脊，碌灰筒瓦，绿色琉璃瓦当、滴水剪边，青砖墙。大门镶嵌花岗岩门夹，石门额阴刻“李氏宗祠”，上款“光绪丁酉十二月吉日”，下款“苏岩瑚书”。现保存完好，仍作宗祠使用。兴建偌大一间祠堂，资金从何而来？当时由于经济落后，村民收入不多，资金来源十分困难，但在兴建宗祠的强大精神动力鼓舞下，全村上下，团结一心，有钱出钱，有力出力，除动用各房太公全部积蓄外，还将门口池塘和近百亩公偿田抵押给石湖村人。在筹集到整个工程所需大部分资金后，即到省城（广州）雇请著名的设计师和建筑队伍，于1896年初破土动工，竣工之后定名为“敦本堂”。

北社李氏宗祠，始建于清光绪二十三年（1897年），2000年重修。宗祠坐西南朝东北，三间两进。镬耳式封火山墙，灰塑博古脊，碌灰筒瓦，青砖墙。大门镶嵌宽二米花岗岩门夹，石门额阳刻“李氏宗祠”。该宗祠为李氏族人喜庆时设宴之地。北社宗祠与南社宗祠同年破土动工，同于次年建成。北社资金较南社充足，其建筑材料比较讲究，使用花岗岩较多，屋顶横梁杉角密度较大，瓦檐下全部画上精美图画，加上环境衬托，祖祠气势非凡，别具一番景致。

李氏宗祠自建成后，便成为村民的精神寄托和心灵港湾，成为全体村民的活动中心。村中各项活动都在宗祠举办，每年清明祭祖、春分日、秋分日，都由太公公偿支付，宴请全村男丁。婚庆嫁娶之日，新郎新娘穿上礼服，在民间乐队欢快的乐曲声中，参拜祖祠，并在祠堂摆酒设宴，款待各房亲朋。每逢春节，村中新生男丁点灯，在祠堂摆设灯酒，请全村男丁饮用，由正月初一到正月十六，天天如此，好不热闹。每年举行的“礼斗”和十年一次的“打醮”，更让全村上下聚集祖祠，拜祭祖先，祈求风调雨顺，国泰民安。因此，李氏宗祠建成后，一直人气鼎盛，香火缭绕不断，李氏子孙丁财两旺，欣欣向荣，步云村逐渐成为屹立在巴江河畔的璀璨明珠，至今熠熠生辉。

社会在发展，时代在飞跃。经过几十年的艰苦努力，步云村人终于摆脱了贫困，走上了富裕之路，但是由于种种原因，祖辈经过千辛万苦建造的历史文化遗产——李氏宗祠，终年大门紧闭，饱经风雨，虫蛀蚁食，年久失修之后变成残垣断壁，岌岌可危。优秀的文化遗产和先辈艰苦创业的精神是无价之宝，必须发扬光大，代代相传。全体乡亲父老经过反复商议，决定重修李氏宗祠。于是以李达文、李党荣和李汝端、张燕英为首的南北祠堂修缮委员会便应运而生，开展了组织策划发动捐资和重修施工的各项工作。2000年初，南、北二社重修祠堂的工作相继开始。经过几个月的组织发动，南、北二社的村民纷纷慷慨解囊，捐资者达500多人，募集款项达20多万元。又经数月紧张施工，至同年9月，两间祠堂的修缮工作相继顺利完成。李氏宗祠以其巍峨的风姿，庄严肃穆的气势，又屹立在巴江河畔，重新焕发出熠熠光辉，照耀千秋万代。此后，村里利用祠堂这一载体，帮助宗亲慎终追远，弘扬祖德，传承孝道，团结互助，引导村民遵纪守法，

互帮互助，扶孤济困，捐资助学，适时开展积极向上的民俗活动，传承优秀中华文化，丰富精神生活，造福邻里，为民解难。时光飞逝，步云村人口不断增加，先后还有过百人到新加坡、马来西亚、越南、美国、加拿大、澳洲等地发展。如今祖籍为该村的港澳台同胞有二百多人，海外华侨华人30多人。

（三）千年民俗，乡风文明

中华民族具有5000多年文明史，中国是世界上屈指可数的文明古国之一。中华民族的祖先，在长期生活和劳动中，创造了丰富多彩的中华传统文化。投灯文化就是中华民族的优秀传统文化之一。古人制作灯笼，为的是照耀前程，彰显喜庆。故此有新年“闹花灯”、中秋“圆花灯”、元宵“投花灯”之习俗。炭步的投灯文化历史悠久，寓意深远。《花县县志》有记载：正月十五元宵节又叫“上元节”或“灯节”……晚上各家各户挂灯笼，并以社（里）为单位提灯游行，从灯棚中抬出菩萨开路，醒狮紧随，锣鼓喧天。同时各家各户都在巷口摆设香案，迎接花灯的到来。

元宵投灯。投灯文化代表着村民心中对美好生活的向往。炭步镇的投花灯活动始于清朝初期，至今已300余年，至中华人民共和国成立初年，因种种原因而停顿。自1997年炭步镇水口村恢复投灯活动以来，该镇各村紧跟其后，纷纷恢复了投灯活动。如今，每年元宵节前后，炭步镇的石湖村、步云村、藏书院村、华岭村、塱头村、水口村、鸭一村、鸭湖村、民主村、新太村等，都会举行盛大的投灯会，热闹喜庆的气氛，制作精巧的花灯，吸引众多本地人甚至外地游客参与，村民争相投灯，人们热情游灯，场面十分震撼，充满浓浓的元宵味。2007年，投灯被列为花都区非物质文化遗产。

游灯拾福。步云村的游灯，元宵节当天，临近傍晚时分，在响亮而又节奏的锣鼓声中，两支狮队各显神通。狮头时而跃起猛立，时而翻卧滚地，不断变换各种姿态，嬉闹逗乐，频频向人群眨眼拜礼祝福，口里不断吐出一张张恭贺丁财并进的红纸条，人们争先恐后“拾福”。随后，土地公香案引路，龙凤灯在前，游灯队伍一个接一个紧跟其后，狮队助势，伴着锣鼓声和鞭炮烟花声，从祠堂前出发，由近而远，向各村落送去和谐富裕的祝福和增添节日的热闹气氛，给村民带来吉祥希望之灯。

四、承前启后，继往开来

为深入学习贯彻落实党的十九大精神和中共中央、国务院《关于实施乡村振兴战略的意见》，以及省、市关于加快构建和巩固现代公共文化服务体系、加强农村精神文明建设的要求，进一步擦亮“全国文明村镇”这一名牌，提升农民精神风貌，培育文明乡风、良好家风、淳朴民风，步云村将根据区实施乡村战略的部署，在2020年前打造一个集理论政策阐释、法律法规普及、思想道德建设、文娱活动开展、知识技能传授、优秀文化传承于一体的文化综合体——新时代农村文化家园，以不断满足农民群众对精神文化生活的新期待。

一是统筹建设场所设施。建设一个具有学习、宣传、教育、培训、创业、带富等功能的，面积不小于50平方米的乡村建设讲习堂；建设一个面积不小于200平方米的礼堂，从满足农民群众举办节庆活动、文化仪式、文体活动以及村民议事集会等功能需求；建设一个面积不小于100平方米的群众性体育活动小广场；要有完备的农家书屋、邻里茶坊、艺术工坊、广播室、活动室、健身房等功能室。

二是合理设置展示展览。新时代农村文化家园将紧紧围绕“文化驿站、精神乐园”的定位，按照“五有三型”（有场所、有展示、有活动、有队伍、有机制，学教型、礼仪型、娱乐型）以及“四堂六廊”（乡村建设讲习堂、文化礼堂、道德讲堂、村民议事堂，村史廊、家风廊、励志廊、成就廊、艺术廊、民俗廊）的标准进行建设。根据实际情况，建成展览墙、室、馆、廊等不同展陈形态，以图片、文字以及实物等展示村史村情、乡风民俗、崇德尚贤、美好家园等内容。

三是丰富文化家园活动载体。结合中华民族传统节日和重要节庆假日，开展春节祈福迎新、庆祝国庆、重阳敬老、儿童开蒙、成人仪式、嫁娶婚庆等礼仪活动和民俗活动；结合“文明村”“文明家庭”“星级文明户”创建，开展“最美乡村教师”“最美乡村医生”“最美村干部”“美德少年”“好邻里”“好公婆”“好媳妇”“好儿女”评选；着眼提高农民群众素质，大力宣传党的十九大精神、时事形势、富民政策、法律法规、生态文明、传统美德、社会公德、科学常识和健康养生等内容，并针对农村干部群众关心的热点、难点问题，深入解读党和政府各项政策措施，引导农民群众听党话、跟党走。

四是广泛开展致富技能、创业就业、家政服务等实用知识和生产技能的培训和讲座，培养有文化、会技术、懂经营的新型农民，合力建设“农业强、农村美、农民富”的好生活。

第五章

完善基层治理
促进社会和谐

民主商议促发展，村民自治树模范

——增城区石滩镇下围村

下围村地处广州市增城区石滩镇东南部，与东莞市隔江相望，与惠州市接壤相连，村域现有面积约4平方公里，共有9个农民专业合作社，现有户籍人口2300多人，外来人口1000多人。村民的收入主要来自外出打工、自主创业以及村集体经济分红。村集体收入主要用于村民分红、

基础设施建设维护、卫生整治、环境美化等。在治村理社领域，下围村推行“民主商议、一事一议”的村民自治新模式，已建成为增城村民自治的模范村。

一、村民代表议事制度发展历程

下围村紧邻东莞城郊，区位条件优越，因此成为原增城市的改革开放前沿阵地，也是原增城市经济技术开发区的所在地。下围村由乱到治，走过了近20年的艰苦探寻历程，在基层民主政治建设上作出了成功的改革探索。

（一）民主管理催生阶段：20世纪90年代初至1998年

20世纪90年代初，一时的大开发、大建设热潮，推进了下围村的大发展，但这种盲目无序的发展犹如昙花一现。缺乏科学民主管理，缺乏上级组织的规范引导，导致以征地拆迁、物业出租及工程建设为核心的村务、财务管理混乱，下围村干群关系紧张长达20年，发生了一系列的集体越级上访、进京上访和群体性事件，一批干部因违纪违法而受到法律的严厉制裁。

（二）基层民主制度构建阶段：1999—2007年

1999年的第一届村级直选，因选情激烈，上级政府安排警力维持秩序，村级直选工作一度不顺畅，下围村因此成为当年全省最后完成村级直选的行政村之一。1999—2005年约6年时间里，为控制局面，维持运作，当时的石滩镇先后委派两名领导班子成员指导下围村工作。直到2005年的第三届村级直选，下围村才重新选举出党支部书记。

（三）村民代表议事制度探索阶段：2008—2013年

2008年第四届村级换届选举以来，下围村在新“两委”班子的共同努力下，村务、财务逐步趋于规范，社会秩序逐步趋于稳定，但由于长期积累的各类矛盾和问题无法得到有效解决，干群关系依然高度紧张，村民代表议事因缺乏干群共识、议事规则、统筹组织，议而难决，决而难行。连年的村务混乱，让石滩镇委、镇政府伤透了脑筋。下围村也因此在对民主与法治的艰苦探寻中走过了多年的时光，错过了发展机会。

（四）村民自治新模式促发展阶段：2014年至今

2014年初，第六届村级换届选举以来，在原增城市委、市政府和石滩镇委、镇政府的指导下，下围村积极探索和实践以规范村民代表议事制度为核心的村民自治新模式，实施治村变革与创新，大力推行“民主商议、一事一议”，落实依法治国、依法治村，促进了下围村的和谐稳定，从“上访大村”和“问题大村”转变为村民自治的模范村。

二、推行“民主商议、一事一议”村民自治的主要成就

新机制带来了新文明，促进了新发展。实施了村民自治新模式的下围村，实现了华丽转身，广大村民也因为民主与法治得到了实实在在的利益，生活更加充实、更有保障。中央电视台、《人民日报》《南方日报》《广州日报》等主流媒体也分别对下围村的创新实践进行了深度报道，推广了下围村“民主商议，一事一议”村民自治新模式。

（一）促进了干群和谐

以前群众对干部不信任，干部对群众不满意，干部与干部之间貌合神离，群众与群众之间拉帮结派，干群关系紧张的局面持续了近20年。推行“民主商议、一事一议”村民自治后，所有的村务、财务都被摆上了村民代表议事平台，众人的事情众人商量，彻底公开透明。干部主动消除了暗箱操作、寻租谋私的空间，个个坦诚面对群众；群众对村务、财务一目了然，消除了心中的猜疑和对干部的误解。干群关系缓和的主要障碍清除了，相互信任、相互尊重、共同担当的干群关系逐步形成。2014年以来，下围村共召开村民代表会议36次，对77个议题进行了民主商议，决策通过事项76项，否决事项1项（不同意出售原商贸城烂尾楼，只同意出租）。目前，有70项表决通过的事项已办结，其余事项也在顺利落实中，无一受到村民阻挠和质疑，村民满意度极高。当年的“上访大村”，现在实现了“零上访”；当年的“问题大村”，现在各类问题迎刃而解，以往的负面形象逐渐消失。现在的下围村，村“两委”班子团结、村务运作正常、干群关系融洽。

（二）促进了村风文明

以前由于干群关系紧张，大家对村内公共事务无法形成管治共识，村庄到处脏、乱、差，治安问题多，文体设施严重缺乏，村民休闲无去处，有新房无新村，群众抱怨，干部无奈。推行“民主商议、一事一议”村民自治后，下围村以创建“广州市文明示范村”为契机，干部带头，群众参与，共建幸福家园的积极性空前高涨，连暑期回村的大学生也放弃休假和打工的机会，积极参与到文明村创建工作中。经过一年多的艰苦努力，下围村修建了公园、广场和其他休闲平台13万平方米，增加了绿化面积6万多平方米，清理了臭水塘、臭水涌，安装了覆盖全村的

治安视频系统和有线广播系统，建立了镇挂片领导、挂村干部、村“两委”干部、环卫保洁员、村民家庭“五位一体”的环卫保洁网格化目标管理责任制，组建了“两违”（违法建设、违法用地）村民自治巡查管理队伍，村容、村貌焕然一新，社会管理秩序井然，村民文明意识大大增强。

（三）促进了经济发展

近20年的内耗和争斗，使下围村丧失了一轮又一轮的发展机遇，从原增城市经济技术开发区的核心区，一度沦落为小五金作坊、小化工作坊和“散小乱”养猪场的重灾区，高峰时“散小乱”养猪场多达314家，平均每平方公里近80家，形成了“生猪围村、猪场围城”的尴尬局面，投资环境和人居环境一落千丈，企业和村民怨声载道，曾经盛极一时的商贸服务业项目纷纷闲置或烂尾。推行“民主商议、一事一议”村民自治后，面积达2万多平方米、闲置达20年的东江酒店、天丰酒店、海龙商贸城等项目经整体收回后重新出租给发展商建设沙庄商贸中心，每年可为村集体经济增加50多万元的租金收入；一批闲置土地得到盘活，引进了多个优质项目；300多家“散小乱”养猪场也被全面取缔，为发展高端产业腾了“笼”、换了“鸟”。全村集体经济收入也从2013年的390万元迅速提升到2016年的1300多万元，村民人均收入增加了3000多元。此外，还建立了老人生活福利金制度，凡年满60周岁以上的村民，每月可领取150元的老人生活福利金，着力于让老人“老有所养”。

三、经验借鉴

下围村“民主商议、一事一议”模式的核心理念是，对村务、财务事项的决定，都要先经村“两委”联席会议研究形成议题和方案后，再按程序提交村民代表会议进行民主商议，一事一议，民主表决，从而打造一个公开透明、民主公正的议事决策平台，从而变“人治”为“法治”，变“村干部自治”为“村民自治”。

（一）立足法治与自治，着力推行“众人的事情众人商量”

下围村村民代表议事制度的指导思想很明确，开宗明义就是要规范议事规则，推行“民主商议、一事一议”，在村“两委”领导下，实现从“人治”到“法治”，变“村干部自治”为“村民自治”，切实做到“三个防止”，即防止村党支部书记或村委会主任的个人意志代替村“两委”的集体意志，防止村“两委”的简单少数意志代替村民代表的大多数意志，防止人民群众“形式上有权，实际上无权”，把权力关进制度的笼子里，打造阳光下的下围村。

（二）参会人员的构成具有广泛性，确保了村民代表会议的代表性

下围村村民代表议事制度规定，村民代表会议参会成员由村民代表和村委会成员组成，不是村民代表的村党支部委员和农民专业合作社主任应当列席村民代表会议，享有议事权，但对需要决定的事项没有表决权，并规定村务监督委员会成员也应列席会议，进行现场监督。同时还设立旁听制度，允许村民到会旁听。会议参会人员的广泛性，确保了村民代表会议的代表性。

（三）议事内容全面具体，致力于把权力清单晒在阳光下运行

为最大限度减少和压缩权力在制度的笼子外运行的机会和空间，下围村村民代表议事制度规定，村民代表会议的议事内容（即权力清单）涵盖了村中大小七个方面的事务或事项，即村经济和社会发展规划及年度计划、村庄建设规划的制订；村民自治章程和村规民约的修订；村集体经济项目的立项、承包方案，集体经济大额资金的使用，集体举债，集体资产处置等；兴建道路、水利、电力、自来水等村公益事业的经费筹集方案，以及建设承包方案的制订；村集体土地、房屋等集体资产的承包和租赁，宅基地的安排和使用，征收土地各项补偿费的分配和使用；计划生育政策落实方案的制订；涉及村集体和村民利益的其他重大事项。

（四）强化了村党组织对会议的主导作用，使村民代表会议始终在党组织的统筹领导下依法进行

下围村村民代表议事制度规定，村民代表会议由村“两委”负责召

集，由村党支部书记主持，村民代表会议一般每个月举行一次，特殊情况时，经村“两委”提议，可随时召开会议，而且每次会议到会代表人数必须超过代表总数的三分之二以上，会议方为有效。

（五）建立会议议题会前公示制度和会议过程实时转播制度，赋予了广大村民对村民代表会议的知情权、参与权和监督权

下围村村民代表议事制度规定，村民代表会议实行“一事一议”，议题一般由村“两委”提出，经由村“两委”联席会议充分讨论，并形成初步方案后提交村民代表会议审议。同时，规定村“两委”要将村民代表会议议题及相关方案细则提前三天公示。公示期间，村“两委”干部和村民代表要按照“从群众中来，到群众中去”的要求，主动深入群众，广泛征集广大村民和党员同志对议题的意见和建议，零距离听取村民的呼声，做到全民知情、全民参与、全民监督。同时，村民还可以通过微信问政平台对商议事项进行讨论和发表意见。这个制度设计，确保了表决能够真正代表大多数村民的意志，有效杜绝了人民群众形式上有权，实际上无权的现象。

（六）建立会议发言制度，保障参会人员的充分发言权

下围村村民代表议事制度规定，村民代表会议讨论决定问题时，与会代表以及列席人员都可以申请五分钟的发言时间和三分钟的补充发言时间。这一制度安排，既可以让参会人员充分表达意见、建议和诉求，更使参会人员对商议事项的表决结果心悦诚服，会后不会因会议过程“言而未尽”而出现风言风语。

（七）建立会议决议和决定的公开制度和确认制度，提高了村民代表会议决议和决定的权威性

下围村村民代表议事制度规定，村民代表会议决定事项须经到会代表总数的2/3以上通过，方为有效，表决可采取举手方式或投票方式，表决结果应当场宣布。同时，规定凡经村民代表会议通过的决议、决定，要通过微信平台、村广播站或村务公开栏等渠道予以公开和公告，任何人不得擅自改变或另做决定，村“两委”和全体村民必须执行，并由村“两委”负责组织落实。还规定村民代表会议有专人记录；会议形成的决议和决定，需经村民代表签名及捺手印确认；及时做好会议资料的收集归档工作。

（八）建立会议纪律处罚制度，形成了良好的会风

下围村村民代表议事制度规定，对与会人员违反会议纪律情形实行红黄牌警告制度。给予红黄牌警告由主持人及村“两委”提议，并经到会代表总数的2/3以上投票表决通过，方为有效。累计两次黄牌警告或受到一次红牌警告的，村民代表暂停行使表决权和议事权一次，列席人员暂停行使议事权一次。

（九）设立有严格功能分区的议事平台，确保了村民代表会议的严肃性

下围村村民代表会议设立议事大厅，并按主持席、代表席、列席席、旁听席、监督席、发言席六个板块进行功能分区和布局，要求与会人员须佩戴相应的会议牌证对号入座和履职尽责，营造了庄严神圣的会议氛围。

四、未来发展设想

下围村将进一步推广和擦亮“民主商议、一事一议”村民自治新模式品牌。加强与上级党组织的对接、沟通与联络，发挥村党支部领导核心作用，继续完善、补充和创新村民代表议事制度规则，加大对村民议事厅建设的投入，提升村“两委”班子思想理论水平和履职能力，加强村民法治和民主教育，建立和完善信息化现代化村务公开渠道，打造基层治理的样板。

下围村将加大力度建设美丽乡村。围绕“农业强、农村美、农民富”的目标，以产业发展为主要抓手，大力实施乡村振兴战略。加快推进农村土地承包经营权确权和成片土地流转，强化龙头企业的带动作用，加快农民专业合作社发展。推进农村集体“三资”交易管理提速增效，按照产业业态对农村资产进行管理，做强做大村集体经济，促进乡村繁荣、农业增收、农民致富、乡风文明。

加强基层治理，完善乡村治理机制

——从化区鳌头镇西塘村

改革开放40年，西塘村为了摆脱困境，走过一段异常曲折的发展之路。21世纪初期，西塘村发展依然落后，农民收入水平低，基层党组织涣散，村务管理混乱，制毒、打群架等治安和刑事案件多发，2012年村民人均收入仍不到5000元。从“问题村”变身为“童话小镇”，西塘村的发展是中国农村改革开放的缩影，西塘村的基层治理之路则是西塘村的“再生之路”。

西塘村地处从化区鳌头镇，因位于从化之西侧和多见清澈的水塘而得名。西塘村现有面积约4.2平方公里，东距从化城区约7公里，南距广州城区约60公里，毗邻京珠高速和大广高速出入口，交通便利，全村下辖8个经济社，270多户，共1200人。村内保存着完整的陈公祠、复初书舍、康熙五十年（1711年）铸造的古钟等人文古迹。现西塘村原25户贫困户已全部脱贫，2017年村集体收入达到40万元，村民人均收入超16 000元。

一、凤凰涅槃，美丽西塘的再生之路

2013年以来，新一届西塘村“两委”积极配合区、镇各部门，以“打、防、疏、堵”四个举措，对涉毒涉黑等违法违纪现象形成“铁壁合围”之势，又从“标、本、内、外”四个方面，合力打造村民安居乐业的发展环境，各项工作取得突破性进展。2016年，该村未发生上访及群体性事件，无吸毒、复吸人员，仅发生治安警情4宗，刑事警情1宗，与2013年相比分别下降了150%和100%。

（一）“打、防、疏、堵”，重拳打击涉毒涉黑等违法违纪行为

1. 打：雷霆万钧遏制“毒情”蔓延

从2004年开始，各级有关部门对西塘村的制毒吸毒犯罪进行了全面打击。通过打击重案要案、协作办案、建立列管人员名单等方式，以惩治利剑迅速斩断了西塘村“毒瘤”蔓延的势头。

通过法律的利剑对陈某等人制毒贩毒案给予坚决打击，对毒品案情形成有效震慑。强化跨区域协作办案能力，形成省、市、区“上下一张网”的打击合力。对于完成强制隔离戒毒后进入社区戒毒和社区矫正的人员建立了重点人员列管清单，定期开展列管人员尿检工作，严防列管人员复吸。

2. 防：润物无声筑牢法治防线

法制意识淡薄是西塘村民涉毒的一个重要原因，在涉毒人员中，认为“吸毒不违法”的大有人在。为此，西塘村委采取了“用法推动普法”、加强中小学生教育以及点面结合等多种方式，推动法律知识在西

塘村全面普及，通过润物细无声的方式，在西塘村民心中筑起自觉抵制毒品的严密防线。

一是建立法律服务站，帮助村民有效用法，推动村民知法、守法。二是在中小学引入禁毒教育，通过学生向家长进行禁毒宣传，形成全家参与的禁毒宣传氛围。三是点面结合，加大宣传教育力度：在“面”上，由禁毒和司法部门牵头集中禁毒宣传；在“点”上，通过“人到人”的方式进行点对点宣传教育，让群众真正认识毒品危害，树立防毒、拒毒意识。

3. 疏：以人为本构建帮扶机制

戒毒人员复吸的重要原因之一就是其在社会关系中的边缘化，缺乏社会认同。为此，西塘村“两委”通过“四给”，即给温暖、给出路、给资金、给压力，有效构建了涉毒人员回归社会帮扶机制。

村干部第一时间与强制戒毒回归人员谈心谈话，助其重塑信心，回归社会；及时了解涉毒人员的从业意愿，积极帮助寻找就业出路；对有经营基础及意愿的涉毒人员困难户，给予一定数额的资金借贷作为启动资金，在助其融入社会的同时，对其进行定期工作监督，要求根据营业情况按月还借贷利息，通过压力传导让涉毒人员参与正常的社会竞争，减少心理负担。

4. 堵：多措并举巩固治理成效

经过重拳整治，西塘村的“毒患”已经基本消除，经充分考虑毒品种类的多样性以及吸毒人群年轻化等客观现象，从化区采取完善工作机制、夯实群众基础、营造社会氛围等多种手段，进一步巩固治理成效，杜绝“毒情”复发。

从化区把禁毒工作纳入各单位职责范畴和工作规划，明确责任并分解落实到具体岗位人员，切实抓好责任落实，推动各有关单位齐抓共管。坚持“全民禁毒”，发动多种力量共同参与禁毒工作，形成了全区“一盘棋”、全民“一条心”的局面。利用当地新闻媒体，采访报道禁毒、戒毒的真人真事，促进禁毒教育“入心入脑”，营造全民积极参与禁毒的社会氛围。

（二）“标、本、内、外”，合力打造村民安居乐业的发展环境

1. 标：凝心聚力推进脱贫攻坚

贫困，是西塘村沦为“问题村”的重要原因之一。通过对违纪违法案件的调查发现，大多数涉毒或涉刑事案件人员是因为家庭负担较重，在强烈的脱贫欲望中误入歧途的。为此，从化区通过资金资助、项目资助、改善村容村貌等多种方式，帮助西塘村民解决燃眉之急，用治标的时间赢得治本的时间。

一是现金资助特困群众。支出11.5万元为13户贫困家庭16人购买养老保险，为7户危破房改造贫困户发放补助金3.2万元，捐资资助2名贫困大学生，临时救助重病患者2人，发放助学金3万多元。

二是项目资助贫困户。协调农业、畜牧部门争取“土猪放养技术的应用与推广”项目落户西塘，提供45头太湖母猪猪苗及10万元饲料帮助21户贫困家庭脱贫致富；落实苗木基地长效扶村，以每亩高于邻村200元的年租金完成120多个农户、280亩、近500幅地块的土地流转。

三是改善村容村貌。先后修建2条标准化排水渠，村道拓宽硬底化80米，申报50万元示范村资金，建设村道绿化和休闲小公园、文化活动中心等，不断增加西塘村村民的活动场所。

2. 本：致富奔康共建特色小镇

充分发挥西塘村地理优势和自然资源优势，在基础设施建设相对完善，并有产业进驻的基础上，融入“田园童话”元素打造“西塘童话小镇”。通过特色小镇建设，促进产业集聚，提高公共服务质量，保障村民收入持续增长，为西塘村民的致富奔康注入强大的动力。

根据西塘村的自然资源和产业基础，从化区不断加快将旅游、动漫、文化、生态等相关产业集聚到西塘村。比如西塘童话小镇与广东省动漫协会合作，计划将以农、林、牧、畜、渔为主题的动漫雕塑公园和以“三农”产业为主的动漫文化布局到西塘童话小镇，打造艺术创意展示殿堂。2016年西

塘童话小镇举办了“第一届广州西塘稻草节”，通过举办市级活动提高童话小镇的影响力和知名度。据统计，活动前三天共吸引游客超过20万人次，带动农副产品和餐饮美食销售超过百万元。未来，西塘童话小镇还将通过引入剧场、会展场所、公园等重大配套设施，打造集旅游、动漫、文化、休闲、生态于一体的产业集群小镇。

在西塘童话小镇建设过程中，从化区不断推进城乡交通、水、电、气、信息等基础设施建设，提高小镇基础设施和产业配套服务功能。并按照“干净整洁平安有序”的要求，开展规划和实施核心区域内全域环境和景观整治，以AAA国家级旅游景区的标准，打造“宜居、宜业、宜游”生态空间。

通过加强农民技能培训和就业服务，促进农村劳动力就近就业。目前西塘村入驻企业已能完全解决村内约100名有劳动能力的村民的就业问题，并根据农村群众的生活习惯，按照每天80元的工资计发标准让农民能够灵活就业。同时，还不断拓宽群众参与特色小镇建设营运渠道，引导农民以土地等资源入股的形式参与小镇建设，或者经营农产品进行增收，真正让农村百姓成为特色小镇建设的主力军和最大受益人，使特色小镇有自我生长、可持续发展的强大生命力。

3. 内：固本培元夯实基层党建

从化区西塘村着重从选好带头人、配强好班子、严格党内政治生活以及加强村务监督等方面，有力夯实村基层党建基础。选拔能够挑起重担并得到群众认可的带头人，通过镇党委考察和村民选举，党员中的社会能人高票当选村支部书记。选好带头人换出好班子，新一届村“两委”干部积极开展“暖心行动”，主动深入群众，帮助村民排忧解难。积极推行党员服务代办，为方便村民中午时段办事，主动取消村干部午休，改变了村“两委”在村民心中的形象。

西塘村党支部狠抓基层党员学习教育，认真组织好“三会一课”等党内政治生活，认真学习党的政策方针，提高党员理论学习水平和政治素质。同时组织村“两委”班子到先进村居学习取经，积极参加上级举办的各类专项业务培训班，加强村干部的创新意识、学习意识和战斗意识。

按照阳光政务的要求，西塘村进一步完善了镇、村（居）两级公开目录，镇、村（居）两级重大事项必须在事前、事中、事后全过程公开。特别是在特色小镇建设工作上，村里还专门召开了村民大会，通过全村表决的方式统一了思想，形成共同推动建设的合力。

4. 外：落实责任加强组织领导

坚强有力的组织领导机制是西塘“后进村”治理得以高效推进的护航利器。为推动实现各级各部门资源的有效整合，切实改变西塘村经济社会发展的落后面貌，从化区着重从区、镇两级党委政府层面，系统构建了区委一把手挂点、属地镇政府组建团队定期驻点以及各职能部门专项指导的组织领导机制。

一是建立区委一把手挂点联系制度，统筹协调西塘村经济社会发展各项工作。2015年撤市设区以来，从化区委决定由区委书记靠前指挥、亲自担纲西塘村治理的挂点联系工作。通过区委常委会、书记汇报会、专题调研、现场座谈等多种工作方式，统筹调动了各级各部门的帮扶积极性和西塘村的自我发展积极性，有效协调并推动了西塘村基层党建、扶贫脱困和特色小镇等各项事业的快速发展，为推动实现西塘村“农村美、农业强、农民富”提供了坚强的领导保障。

二是属地镇政府组建团队定期驻点帮扶，面对面提供上门服务和业务指导。由鳌头镇党委安排领导班子组成团队直接驻点联系西塘村，固定每周三作为驻点日，镇领导班子当面接待群众，确保反映情况的群众

全部受到接待。同时，团队成员分片走访群众，确保每年每户村民至少走访一遍，外出务工人员也要定期联系。当发生重大灾害或群众遇到重大困难等情况时上门慰问。以上做法，为西塘村经济社会的快速发展提供了坚强的组织保障。

三是各职能部门加强专项指导，按职责分工深入开展专项治理行动。从化区在注重区、镇两级党委、政府“抓总抓统”的同时，也高度重视各职能部门“抓深抓细”。经过对西塘村发展帮扶的多年实践，目前在普法、治安、妇女、教育、农业等各个领域，均已逐渐形成了普法宣传、禁毒教育、妇女工作、教育帮扶以及农业技能培训等常态化工作机制和专项治理机制，为西塘村的长治久安和经济繁荣提供了有力的专业指导。

二、“问题村”变身“童话小镇”，再现改革发展新奇迹

站在2018年的时间节点上，西塘村的面貌已发生了可喜的巨变。在西塘村村委大楼前，崭新的文化广场让人眼前一亮，旁边绿树鲜花环绕的池塘令人心旷神怡。村委大楼不远处的一片田地也“变装”成稻草

农业公园。西塘童话小镇不仅借助节庆活动的热度带动村民增收，还通过引进产业项目，注入可持续发展的动力。引进了广州市新优花卉苗木产业化示范基地、农耕田缘、龟博园等企业，采取企业与村集体、村民合作发展的经营模式，村民通过项目获得了土地租金、管理费、散养合作、劳动就业等各项收入，形成了村集体和村民的长效经济收益，实现了村委会、村民、企业三方共赢的局面。此外，先后与“世界500强”企业碧桂园、全国知名动漫企业奥飞娱乐等公司签订协议，共同对小镇进行规划建设，以市场化运营的方式发展童话小镇，增强小镇的“造血功能”，为童话小镇的未来发展提供专业资源支撑。

据统计，2016年，西塘村集体经济收入达30.04万元，22户贫困户54人共计收入78.93万元，各户独立计算人均年收入全部超过1万元，全面实现脱贫目标，并大步迈向小康生活。目前，西塘童话小镇正朝着产业兴旺、生态宜居、乡风文明、治理有效、生活富裕的特色小镇迈进，西塘

村获评为第11批广州市文明示范村。

三、以史为鉴，走好未来的光明之路

一是落实好招商引资服务工作。对小镇已落户产业做好服务工作，并通过出台优惠政策等方式继续积极引入具有区域特色的龙头企业，引入碧桂园集团建设木屋民宿，引入广东电视台建设珠江客栈民宿，引入广东羊城之旅国际旅行社建设亲子体验基地，引入润达农业建设现代农业和田园综合体，引入奥飞娱乐公司打造动漫农场、举办“第一届动漫嘉年华”等。全力打造生活气息浓郁，民俗、旅游、产业等文化相互交融的，既能持续协调发展，又可承接大规模团队旅游的特色小镇。

二是完善童话小镇的基层配套设施。进一步升级停车场、美食广场等基础设施，完善游乐体验、游客服务中心等旅游服务配套设施。大力开展环境整治工程，重点整治小镇范围内的污水排放，对河道等进行清淤改造，对鱼塘等进行水质恢复，打造洁净的生活环境。同时通过碧桂园集团对沿线景观的整体打造，充分挖掘西塘村的农耕特质、区域特点、传统艺术，发掘继承和创新发展稻田文化、编织艺术文化、传统饮食文化、稻草文化等优秀乡土文化，打造富有文化底蕴的小镇。

三是加强全村思想道德建设。通过基层文化教育工作等开展加强农村的思想道德建设，立足传承中华优秀传统文化，增强文化发展软实力，转变村民发展观念，把村民“要我做”的思想观念转为“我要做”，通过村规民约等硬性规定杜绝村民的不卫生行为，开展民风教育，培养村民自觉意识。通过制定环境卫生责任分片包干制度，树立责任包干牌，明确各片区责任人，将乡风建设落实到每个人。通过开展“最美庭院”“最美家庭”“最美民宿”“最美农家乐”评选，鼓励并树立一批具有带动作用的先进榜样，加强村民的自觉意识。同时落实奖惩制度，对严重不文明行为进行公开通报批评，对良好的文明行为进行表彰，形成优秀文明的乡风。

四是积极为村民构建多渠道增收方式。通过大力发展小镇产业，提供村民就业渠道，进一步拓宽农民的收入渠道，增加农民工资性收入。做好土地有序流转，增加村民租金收入。积极转变农业发展方式，围绕城市发展需求，充分发挥小镇建设的战略优势，积极发展设施农业、休闲农业等现代都市农业，增加农民种养收入。全力发展小镇旅游事业，做好“广州西塘稻草节”等系列节庆活动，增加村民农产品销售、民宿、农家乐等经营性收入。

五是完善基层组织建设。建立和完善以党的基层组织为核心，村民自治和村务监督组织为基础，集体经济组织和农民合作组织为纽带，各种社会服务组织为补充的农村治理体系。继续推行党组织共建工作。发挥镇驻西塘特色小镇工作组临时党支部以及西塘、珠江医院、建凌公司三方党支部共建作用，探索先进管理模式，提升村党支部综合能力和战斗堡垒作用，助力小镇发展。进一步完善便民服务平台建设。扩大平台服务范围，利用好法治议事大厅和“仁里集”智能治理平台。

深化网格化服务管理，夯实基层治理之路

——花都区花东镇联安村

联安村，是广州市花都区花东镇北部的一个远郊村，既没有特别便利的区位，也没有富饶的物产资源。改革开放40年来，联安村靠历届村“两委”的引领带动，靠科学的民主决策，靠大胆的改革创新，靠村民的辛勤劳动，实现了富民强村、长治久安，走出了一条具有鲜明时代特色的村级发展路子，形成了基层治理与经济发展的互促共进的良好态势，成为村级基层治理的典范。

一、联安村概况

花都区花东镇联安村位于花东镇原花东片机场高速以北，距离花都

新华城区约23公里，距离花东镇行政中心约6公里，有一条村级公路与花都大道和山前大道连接。中华人民共和国成立后，开民村、新民村、群丰村三条自然村合并为一条行政村联安村，下辖27个经济社，户籍人口6000多人，外来人员约1500人，属革命老区山区地带，是花东镇以北的远郊村。目前，联安村共有投资企业18家，工业园实现成功转型，有效地带动了工业经济的发展。2017年，联安村成为花东镇网格化管理试点村，充分发挥网格化服务管理重要作用，精准的网格化服务管理不仅提高了工作效率，还激发了居民参与社区管理的积极性和主动性。

二、发展历程

改革开放前，村民主要靠种植农作物自给自足，缺乏其他经济来源。改革开放的东风吹来后，村民紧紧抓住发展机遇，积极发展工农生产，将联安村打造成平安宜居新农村。

（一）工业由废车拆卸场向工业园发展

1. 20世纪80年代：无序、无牌照的报废车、废品回收经营

20世纪80年代开始，有些村民在农闲时进村入乡把一些废品回收回来，整理分类后再卖给回收厂，从中赚取差价。慢慢地，越来越多村民加入回收废品的行列，联安村因此形成了村民以回收废品当副业的景象，特别是报废汽车的回收、拆卸，蔚然成风，联安村早期的报废车拆卸场也由此而来，村民的经济状况有了起色。

2. 20世纪90年代：取得牌照的拆卸场让村民发家致富

到了20世纪90年代初，国家为了消除安全隐患，出台相关政策整治无牌照的报废车拆卸场，联安村的报废车拆卸场也在整治之列。国

家的政策不得不遵守，而且这对整顿报废汽车回收市场乱象而言确实是件好事。村民有意识打开门路，搞活经济，想办法解决问题。当时的村委会面对村民的难题，为了维护村民利益，也为更好地长远发展报废车辆的拆卸副业，决定向相关部门申请办证。功夫不负有心人，在全村上下齐心协力下，联安村拿到了“广州市花县报废汽车拆卸部”的牌照，联安村的报废车拆卸场也是当时花县唯一的正规报废车拆卸场。

拆卸场有了牌照，村委会就能很好地解决集体和村民的利益问题。经商议，由村委会负责拆卸场的统筹管理，报废车辆要经过检查，判断来源是否合法、确认是否为报废车辆等。报废车辆通过验收后才可以进入拆卸场，并支付一定的费用作为村集体收入。村民回收的车辆经检验后，除了交入场费，所赚取的钱归个人所得。这样就解决了村集体经费问题，又给村民提供了发家致富的路子，一举两得。特别是1994年后那几年，拆卸场业务兴旺，规模越来越大，场地达到200亩。村里不断涌现万元户，同时他们带动邻村村民参与到拆卸废车中，增加收入。联安村集体经济也跟着搞上去了，由原来亏欠银行30多万元到逐渐有结余，在20世纪90年代后期，联安村成了广州为数不多的亿元村。

3. 21世纪：实现报废车拆卸场到工业园的成功转型

发展的涌潮有起有落。21世纪初，国家严格报废车回收管理，且随着汽车技术的更新换代，联安村的报废车拆卸场不能继续办下去，留下了一个200亩的场地，时任村委团结村干部，集思广益，决定争取花都区政府的支持，把拆卸场转变为工业用地，招商引资。他们的想法得到了各级政府的大力支持。2004年，联安村的村级工业园建起来了，由村里引进企业，前提条件是不污染、不影响村民日常生活。如今，联安村的工业园集中了家电、家具等企业，村集体每年从中得到收入40多万元，实现了由报废车拆卸场到工业园的成功转型。如今，联安村共有投资企业18家，有效地带动了村工业经济的发展。但不论是曾经的报废车拆卸场还是如今的工业园，其所有权仍然属于联安村经济社。

（二）改革创新，发展农业经济

1. 土地实现集约化经营

联安村在改革开放初期是典型的农业村，耕地约有4000亩，当时村人口3000多人，人均耕地面积只有1.1亩，农业产业以水稻种植为主，村民自给自足，基本没有其他经济来源。

报废车拆卸场发展起来后，接纳了村里不少劳动力，但仍然有一部分村民还停留在自己的田地里。为了激发土地流转动力，搞活农业经济，打破经济发展瓶颈，让更多村民参与到经济大发展中，20世纪90年代末，村干部一起想出将村里土地集约化经营的办法。土地集约化，首先要每个经济社把耕地从村民手中集中，再把土地转租出去集中农业生产。既可以解放村民劳动力进厂、经营生意，提高村民收入，又可以让村民从出租土地中获得分红。可是，要从村民手中收回耕地，不是件容易的事。村民耕作的田地，一下要被经济社收回去，许多人都想不通。于是，打开村民的“思想锁”至关重要。

2. 土地由经济社统收统管实行有序流转

首先，村干部带头进行土地流转，交出土地，并动员经济社社长逐家逐户进行宣传讲解，同时制定规则，先把每个经济社承包到户的耕地集中到经济社，由经济社统收统管，如有村民选择从事种植业，可以自留田地耕作，但如果原有的耕地超过额定数就要交回给集体，且这户人家不参与分红。此外，交地的村民都免交公粮。经过一段时间的动员工作，许多村民深思熟虑，意识到把耕地交回集体，免受耕作的辛苦，进厂打工得到收入，年底还可以获得租地的分红。慢慢地，大家的“思想锁”打开了，都乐意把田地交回经济社，统一招租。这种模式在当时是走在前列的做法，广州市鲜见。

1999年，联安村与第一家进驻的蔬菜种植场签约后，越来越多的种植户看中了联安村肥沃的耕地，接二连三地找经济社租地种菜、种花卉。目前，联安村有菜场16个、花场10个、大型果园（230亩）1个，农业集约化种植面积2500亩以上。其中，无公害蔬菜生产基地产值2000多万元，且正向效益较好的花卉产业逐步转型，花卉种植面积现已有700多亩，产值1000多万元。此外，联安村利用村农贸市场的优势，鼓动村民参与农业生产，加强农村劳动力就业培训。2011年，联安村投入10多万元组织村民参加仓管、种植等技能培训，共培训了仓管员62人、蔬菜专业村种植人员200人，进一步加快了劳动力转移就业的速度，促进农民增收。

（三）实行社区网格化管理，打造平安宜居新农村

经济搞上去了，村民的生活要提质，新一届村干部为让村民过上

长治久安的幸福生活花了不少心思。2017年，联安村作为花东镇网格化管理试点村，按照区社区网格化管理工作相关要求，用心推进网格化管理工作，在工作的具体落实方面用心探索、创新进取，各项工作逐步开展，网格员更明确村居网格化管理工作指引、工作流程以及职责等；每一个网格专人专项管理村居工作，由以前的“专人单项、一岗一责”向“一专多能、一岗多责”转变，网格责任人包揽责任区内的各项事务及信息采集、登记等多项工作。

1. 完善规章制度，确保网格化管理施行

联安村建章立制，以村职责为核心，逐步建立健全了村每周例会制、网格员每天例会制、居民代表会议制度、民情收集和公示制度、居民代表议事制、网格员考核制度等，以完善的规章制度，为确保网格化管理顺利施行提供强有力的支撑。同时，为了让村居群众“有话跟我说，有事找我办，有难找我帮”，将网格负责人和信息员的联系方式制作为展牌，安装在网格醒目位置，方便群众办事。

2. 建立辖区内人口信息档案

做好摸清家底的工作。网格化管理实际上就是精细化管理，要达到“小事不出院落，大事不出村”的管理目标。联安村全面开展辖区内人口信息摸底工作，建网格、建立人口信息册，对辖区的情况清楚掌握，做到家庭情况清、人员类别清、区域设施清、隐患矛盾清，以翔实的基础信息，为网格化管理提供了其“赖以生存”的条件。

3. 加强网格管理人才队伍建设

组建人才队伍。按照“任务相当、方便管理、界定清晰”的要求，联安村设置五个网格，每个网格由专门的网格员进行管理，网格员实行打卡上下班和日常巡逻的工作制度，分别负责各自网格内的各项事务及信息采集、登记等多项工作的开展和实施。在实现网格化管理运转后，定岗定责任，推进网格员责任化。网格员坚持每天巡查，实现“人到格中去”，在网格中察民情、访民意、解民忧、促和谐，成为发现、受理、处置、协调、报告第一人。网格工作中的任何问题都由网格员第一时间接手处理，能处则处，不能办理，则逐级上报。

4. 加大网格化管理的资金保障力度

加大资金投入，确保工作有序开展。联安村在上级有关部门支持下，共投入25万元专项经费，加大对网格化管理工作财政保障。购置网格化服务管理工作办公台、网格员服装，安装宣传栏及其他有关该项目的建设支出等，并在村的死角位继续加装视频监控设备，共加装14支监控摄像枪，加强村社技防建设，有效减少村内各类案件发生，提高人民群众安全感。

5. 形成“三级联动”管理机制

网格化管理的运转方式是形成村整体一张网，网中有格，按格定岗，人在格上，事在网中，力求做到集中管理，条款结合，延伸服务，一岗多责，一员多能，最终形成“三级联动”管理机制。“三级”即网格服务管理工作站（“一站式”服务平台）、5个网格（分片管理）、院落居民自治小组（具体到每家每户）。要求网格员做到天天入户，把工作的触角延伸到网格，延伸到每家每户，及时了解居民的需求，及时解决一些矛盾和问题，积极开展综治维稳、计生、社会保障等各方面工作政策宣传，对网格内居民开展社会救助、拥军优属、社会保障、法律援助等服务工作，有效地避免了工作“盲区”和“真空”，实现了社区管理服务全覆盖。

6. 创新“站、片、院”三级联动调解机制

在调解机制上，联安村创新办法，及时化解矛盾纠纷。在人民调解网格构建上，联安村形成“站、片、院”三级联动，有利于矛盾纠

纷早发现、早化解，将矛盾解决在院落中。还有是“分流”调解，即网格员在院落调解→村综治工作站调解→镇综治中心调解。再有是联动调解，即镇、村两级调解员，法律工作者，社区民警明确专人，积极参与调解，形成社区矛盾化解的多方支持、联动调解新格局。

联安村的网格化管理，进一步创新活动载体，开展个性化服务活动，进一步畅通社情民意渠道，引导群众更理性化地表达诉求，进一步深化居民自治，培养群众主人翁意识，全村未出现一起群众集体越级上访案件，在村干部和网格员的努力下，真正团结力量做到邻里友爱、邻里守望、邻里互助，达到邻里和睦，最终实现大和谐、共发展，打造平安宜居新农村的目标。

三、主要发展成就

改革开放40年来，联安村坚持科学发展，在历届村“两委”的引领带动下，实现了富民强村、长治久安，走出了一条具有鲜明时代特色的村级发展路子；作为花东镇网格化管理试点村，按照区社区网格化管理工作相关要求，用心推进“网格化”管理工作，让综治工作汇聚到群众指尖，让群众在家门口就能办成事，村级基层治理发展态势良好。

（一）基层治理结硕果

2017年，联安村成为花东镇网格化管理试点村，充分发挥网格化服务管理重要作用，基层治理硕果累累。联安村先后获得广东省“民主法治村（社区）”、“广东省档案一级单位”、“广东省卫生村”、“广州市卫生村”、“花都区微型消防技能竞赛”三等奖、“花都区平安村达标单位”等称号或奖项。

（二）基础设施渐完善

联安村的基础设施完善，全村自然村庄道路现在基本完成了硬底化，总长达到12公里，全村道路和巷道分别安装了路灯和巷灯，其中路灯400多盏，巷灯1200多盏，实现了全村亮灯化。农田水利标准化建设完成了60%以上，特别是主水圳硬底化基本完成。全村用上了自来水，并进行了自来水二次升级改造，改善了水质和水压，且全村增加了足够的变压器，电压稳定，用电正常。同时利用科技手段，在村内各主要路口、公共场所共安装了56个监控摄像头，治安环境良好。村辖范围内有一所幼儿园、一所小学、一所中学，还建有一个卫生站、一个老人颐养居，基本生活设施完善。村委会有综合服务室、财务室、自来水管理办公室，还有专门的村务监督委员会办公室、治安调解室、蔬菜食品安全监测点，工作环境设施较为完善。联安村还开通了公交线路，各个经济社基本安装了免费公共Wi-Fi。

（三）乡风文明村容美

联安村环境整洁优美是为众人称赞的。村的主要干道和进入各经济社的社道全部种了绿化树。有8个经济社建了小型悠闲公园，14个经济社建了篮球场，并配备了广场灯等设施，以及相关健身路径和健身器材。10个经济社对庄前鱼塘进行了标准化建设。村里还成立了30多人的卫生保洁队伍，保洁设施齐全，加强了卫生整治，村的卫生干净整洁。此外，村的各项公布栏齐全，各个经济社都安装了社务、财务公布栏。

联安村民文娱活动丰富，村里建有一个文化活动中心，藏书4000多册，有专人管理，村委会还设立了道德学堂。村民自发组建了4个舞蹈队。近年，村里组织了拔河比赛，得到了村民的踊跃参与。

四、基本经验

联安村基层治理模式，归根到底是一切从群众的根本利益出发，既维护了群众权益，又赢得了群众支持。这也是新时代基层治理的必然要求。联安村在推进基层民主建设，实现村级发展转型，实施乡村振兴战略上得到重要启示：

一是农村经济发展要遵循时代发展规律，要实现由“粗放型”向“集约型”转变。二是村务、政务行使要遵循为民、务实原则，要实现由“管理型”向“民主型”转变。联安村能够协调一致，顺畅进行大规模产业调整和土地流转，并顺利地进行美丽乡村建设，根源在于民主型的基层建设。联安村积极探索村民参与村务治理的措施和途径，让村民广泛参与谋事议事，既集聚了群众的智慧，也规避了民间矛盾。同时加大了村务公开和民主监督力度，让群众心明眼亮，使村“两委”在群众中赢得了威信。三是村民要强化好的致富理念，固本求新，实现由“传统型”向“创新型”转变。联安村从前以单一的传统种植业为主，后优化了种植结构，提升农产品附加值，让农业增产增收，并对剩余劳动力进行技能培训，提高技能型劳动力的比例，实现了进一步增收。

五、发展愿景

党的十九大，党中央、国务院作出了实施乡村振兴战略的重大决策部署，明确指出实施乡村振兴战略，是决胜全面建成小康社会、全面建设社会主义现代化国家的重大历史任务，是新时代“三农”工作的总抓手。乡村振兴不仅是联安村村“两委”的目标，更是全村村民的心愿。美丽乡村建设工作开展后，联安村村“两委”带领全村村民共同努力，共建美好家园，在经济发展、基础设施建设、村容村貌建设、文化娱乐建设等各方面都取得了一定的成绩。村“两委”继续发扬团结干群的优良传统，加快全方位、进一步推进市级美丽乡村建设的步伐。接下来，联安村将结合联安大道的农家乐，青枣、葡萄采摘园，牛牯塘的草莓园，打造连片的农业生态观光、饮食旅游区。利用北部的蝻蝶石水库周边优美的自然风光，以及山前大道北的生态公益林，打造一个规模较大的康体、生态旅游公园。全体村民代表同意按照上级要求，主动配合上级部门，做好建设项目的用地工作，配合施工单位顺利推进项目的建设。

扬社区治理正气，促乡村振兴发展

——番禺区东环街甘棠村

甘棠村建村于北宋年间，坐落在东环街南部，毗邻市桥中心城区，占地面积约0.44平方公里，番禺大道从村域穿过，交通便利。甘棠村现有户籍人口1101人，外来人员5347人，2017年村集体总收入2825万元，村民股东人均分红1.2万元。从2008年到2017年，甘棠村集体收入从679万元

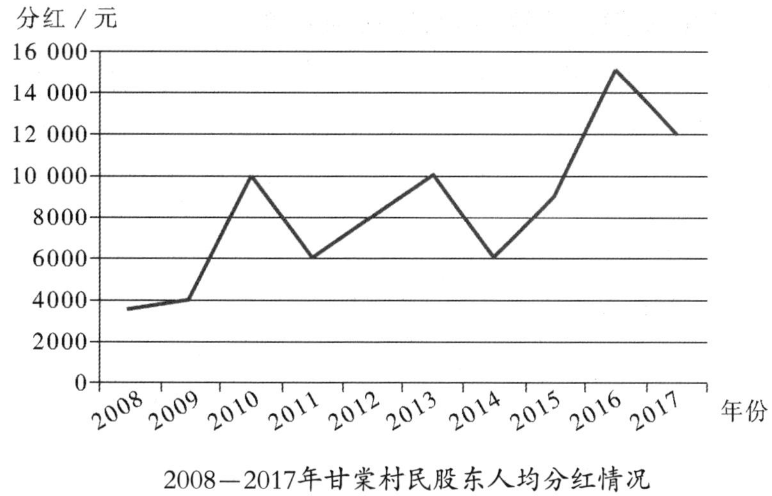

2008—2017年甘棠村民股东人均分红情况

增长到2800万元，增长了约4倍；村民股东人均分红从3500元增长到1.2万元，增长了约3倍，目前贫困户已基本脱贫。

改革开放至今，在上级指导下，甘棠村党支部带领全体村民解放思想、踏实奋进，以建立平安管理机制入手，一手抓阳光村务，一手抓民生幸福，使甘棠村从一个收入低、纠纷多的“问题村”一跃成为经济增长快、各项工作走在全区前列的先进村，全村经济、社会、文化发展迈上新台阶。

一、自治为基，勇于改革加快发展

改革开放前，甘棠村以种植业、养畜业为主，受经济状况局限，村民思想比较简单，仅仅满足于基本温饱。当时甘棠村共有4个生产队，负责按地、田亩面积上缴国家农业税。村集体的主要职责是贯彻上级的种植任务，指导生产队开展除虫、施肥等工作，全村的收入来源主要依靠农业种植、孵化场、玻璃纱厂以及碾米机，整体收入相对微薄。

（一）解放思想，探索农村经济发展新路

随着国家改革开放的春风吹遍整个南粤大地，珠江三角洲地区经济繁荣，国有企业、单位纷纷扩大生产规模，将城区厂房往农村迁移扩建，出现了农村征地热潮。甘棠村党支部带领全体村民解放思想，牢牢把握这一大好发展时机和形势，通过走访、调查、研究，于1987年促成番禺供销社对村内部分农户承包的土地进行征收，并由村集体对此前已承包给部分农户的集体耕地，按面积、产量一次性补偿，补偿金额按当时当地主要粮食稻谷的时价折款计算。

随后，番禺机电轻纺公司亦对该村进行了四次征地，每年补偿稻谷

达300吨，村集体用该批稻谷统征余下未征的所有承包地，此举既使承包户全部都可享受粮食补产，又为全村土地开发利用打下良好基础。至此，甘棠村全面完成集体耕地的征收工作，为后来的工业发展奠定基础，有效促进了农村经济发展逐渐由农业转向工业发展。

（二）真抓实干，奠定农村经济发展基础

2008年前，甘棠村的经济、村容村貌以及村风民风都存在较大问题，历史遗留问题纷繁复杂，村集体经济发展十分缓慢。保守思想让过去的村财务管理部门没有公开理财，也没有积极办理甘棠村土地及物业的产权手续，导致村民不能行使知情权和监督权，思想也相对顽固。2008年甘棠村新领导班子上任后，首要工作就是深入群众，充分听取村民意见，并于同年8月17日召开全体党员、村民代表大会。会议表决通过与华盈达工贸有限公司进行商讨，以解决困扰该村十多年的历史征地遗留问题的决定。经过数月的友好磋商，双方在互惠互利的原则下达成了由华盈达工贸有限公司用土地、物业和650万元补偿抵顶粮食方案。该方案在村里表决通过，并于11月10日举行隆重的签约仪式，为甘棠村的发展扫除了困难阻碍。

（三）发展壮大，奏响农村经济发展主调

为进一步提升村集体经济发展水平，盘活村集体用地，经村民代表大会、户代表大会审议表决同意，甘棠村于2012年开始筹备“东环天地”——大型综合商业体建设项目。该项目占地面积约5万平方米，规划总建筑面积约16万平方米，分3期建设，以“小地块，大商业，多层级综合利用土地，创建建筑的可持续发展”为规划理念。甘棠村严格按照报批手续流程规则，按要求取得土地规划证和建设用地批准书等证明，报区立项并申报成为区级重点建设项目。在区、街的大力支持和协调帮助下，成功以村集体名义向银行融资1亿元，投入招标建设，并于2014年6月顺利启动项目一期的施工建设。目前，“东环天地”项目一期已全面建成并于2017年4月完成不动产证办理手续；项目二期已引来纳税超亿元的电白集团等一批优秀企业进驻。截至2017年底，“东环天地”一期、

二期项目工程建设投入累计达到2.44亿元，通过东环街农村集体“三资”交易中心实现集体收入2.9亿元。

二、法治为本，严守规矩平稳发展

2008年甘棠村“两委”换届后，甘棠村以强化村务公开工作为切入点，致力于打造廉洁高效的阳光政务，开拓村民参与村务管理、实施群众监督的渠道，有效促进村民与村委会之间的互信，为推进村的基层民主建设发挥了积极作用，成为甘棠村快速发展的内在动力。

（一）推行民主管理改革，实现阳光治理

为进一步加强村民民主管理，甘棠村坚持所有村务决策均做到一事一议、议而有决，并及时公布结果，实现阳光操作、公开透明，让村干部的权力行使置于广大群众的有效监督之中。全面推行村“三务”（党务、政务、财务）公开，每个村务、财务管理活动事前公开征求村民意见，事中决策过程村民公开参与，事后实行过程公开村民共同监督；专门在村委大堂设置一台电脑，提供村务查询平台，村“二委一会”（这里的“二委”指村委会和村务监督委员会，“一会”指村务协商会）等会议的记录在会后24小时之内就上传到平台供村民随时查询，村干部随时作答，做到事事明白干净；创新成立乡村共建参事会，引导村民参与涉及其重大利益事项的协商、监督和建言献策，在推动农村管理更加公正透明的同时，进一步拉近基层党组织和村民群众的距离，改善了村务民主沟通的状态，促进了村党务公开、政务公开、财务公开，有效改善村干部作风。投入40万元建成全区首个村民议事厅，配套主持席、发言席、表决器、视频监控等设施，制定议事规则，有效改变以往村民代表

会议嘈杂、混乱、部分村民代表会内会外表态不一的现象；将会议视频监控连接村内大型电子显示屏，实现村民会议影像实时同步全村播放，让广大村民充分了解和参与民主议事的全过程，全面提升村民的议事能力。议事厅建成后已表决通过了76个重大事项，村务民主沟通效能有效提高。

（二）推行“三资”管理改革，维护村、民权益

甘棠村作为番禺区农村“三资”管理交易平台试点村，2012年底率先推行农村“三资”管理交易改革，严格推进集体资产资源管理与交易改革工作。村“二委一会”成员、会计、出纳组成清产核资工作组，分工负责清理、核实、登记村集体资产、资源情况，核查、整理合同等工作。同时，按照“二审核、一备案”的管理模式规范各阶段运作程序的操作，完善“甘棠村农村村务、财务信息系统查询平台”建设，实现“三资”管理信息平台与财务管理信息平台的统一，有效促进村集体经济的健康发展，维护村民的利益，减少农村纠纷。2013年5月28日，甘棠村完成全区首宗“三资”管理交易，2017年顺利完成公开交易竞投6宗，总成交金额超过17 581.96万元。为进一步规范甘棠村股份合作经济社资产、资源管理与交易，切实加强党风廉政建设，促进经济发展和社会和谐稳定，2017年9月甘棠村重新修改了甘棠村股份合作经济社的资产管理交易制度。另外，通过东环街资产交易平台对2017年合同期满的东兴塑料厂（占地面积1000平方米）以及基脚咀土地（占地面积350平方米）进行公开招租，目前已完成招标工作，有效实现村集体“三资”民主决策、规范管理、阳光交易和资产增值的目标。

（三）推行政经分离改革，构建高效体系

为实现村务管理和资产管理分离，更好地为将来农村户籍改革做准

备，根据省、市、区有关加强村级基层组织建设的工作要求，甘棠村成为番禺区首批“政经分离”试点村，成立村股份经济合作组织，于2013年8月在全区率先完成了股份合作经济社理事会选举工作，实现村党支部书记、村委会主任“一肩挑”和交叉任职，是全区首个顺利通过全村选举完成“政经分离”的村。甘棠村明确由村党组织负责统筹协调全局，决策全面性、方向性大事；村民委员会负责强化村务管理和执行落实具体事务，不再直接参与集体资产的经营活动；村股份合作经济社负责经营管理农村集体“三资”，落实民主管理程序，为村集体想办法增产增收。“政经分离”后，村党支部、村民委员会和村股份合作经济社各司其职，高效有序运作。通过实行“政经分离”，甘棠村实现了村集体“三务”和“三资”的优化管理、阳光公开，规范了村务和资产管理。

（四）巩固廉洁监督机制，打造“清”“净”农村

甘棠村在全面推行村“三务”和“三资”管理公开，完善村民主决策机制、民主管理机制的基础上，同步开展正风廉政建设工作，建立了一整套以制度管人、以制度管事的长久自治制度和机制。一是强化村民监管，充分发挥好村务监督委员会、村理财小组、党员代表、村民代表的监督作用，严格执行村理财监督制度，注重吸收在群众中威望高的、有工作责任心和一定理财知识的村民组建村理财小组，每月村务公开监督（理财）小组对村所有收支凭证审核的进度，村“两委一会”商议重大事项前均征询理财小组、党员代表、村民代表的意见，做好沟通融合后才提交村民大会或村民代表会议研究表决。二是创新信息化监督，通过电子平台公开、互联网公开、直播公开等多种信息化手段提高监督实效，充分利用“农村基层廉情预警智能防腐信息系统”，对全村“三资”进行核查登记、归档管理。三是加强党员监管，专门设立党务公开

栏，及时公开党员勤政、廉政、廉洁自律、民主测评以及党员纳新等情况，定期组织召开党员大会强调纪律，大大增强党员，特别是村干部的廉洁自律意识。

通过多年来坚持不懈实行村务公开和廉洁治村的各项制度，甘棠村民对村务工作的理解和接受度有了明显提升，对村“两委一会”班子的信任度和认可度也大大提高，现在村“两委一会”提出的决议事项基本能获得村民大会或村民代表会议的认可和通过，村民和村干部之间的关系融洽和谐，全村上下齐心协力，已经成为甘棠村“两委一会”班子突破困难、勇于创新的最大信心，农村科学民主管理和廉洁自治真真切切地照进了现实。

三、德治为根，立足未来长远发展

实现乡村德治，一定要坚持“以人民为中心”的理念，立足于实现公共利益的最大化。甘棠村深入贯彻党的十九大精神，将村风文明建设放在一切工作的首位，营造“礼、孝、廉、德、学”的良好民风，大力弘扬传统文化道德，为村民重塑淳朴、互助、友爱的精神文明家园。

（一）打造村民精神文化核心

甘棠村结合村史民风，把弘扬“甘棠德政文化”作为村风建设工作核心主题，在村内广泛宣传，做到人人皆知、深入人心。广泛开展自然村落历史人文普查工作，深挖发掘本村历史文化宝贵资源。自发编印《番禺甘棠》一书向村民免费派发，为本村历史人文发展存留资料。承办十年一届的十乡会景盛会、重启传统习俗“三苏”（指东环街的“甘棠苏”、大龙街的“罗家苏”、市桥街的“黄编苏”，即甘棠、罗家、

黄编三个村的苏姓后人）秋分时节祭祖活动，保护传承甘棠莲藕花灯的制作传统和工艺，积聚更加深厚的文化底蕴。开展传统文化教育，通过潜移默化、温情培育，逐步在村民中树立道德典范。

（二）形成互助互爱淳厚民风

成立福利会，向有能力的热心村民和社会各界人士募捐筹款，筹得款项全数用于扶贫、助学、敬老、爱残和奖励见义勇为者等慈善福利事业，所有支出及时向村民和社会各界公布，全力打造“阳光”福利。制定村干部帮扶包干责任制，加大对村内弱势困难群体的帮扶力度，真正惠及有需要的村民。每年开展新春慰问孤寡残疾、中秋敬老、年底分鱼等福利活动；每月为村内60岁以上老人发放600元“水果金”，并且每月给当月生日的老人发放慰问金300元；借款给困难户开展危房改造；开展支教助学工程，设立村优秀学生奖学金制度，每年举办学生夏令营，开展青少年道德教育和爱国爱乡教育活动，鼓励年轻学子勤学广思、积极上进，提高村民文化素质。

（三）廉洁文化深入扎根甘棠

甘棠村以增强班子凝聚力、战斗力为抓手，全面抓好村“两委一会”领导班子建设，促进形成清正廉洁、坦诚互信、富有朝气活力的农村发展领导核心。为进一步营造良好的廉政法治文化氛围，该村先后建成廉政文化公园和法治公园，设置普法宣传栏、运动器材等，打造出集廉政文化、法治宣传、休闲娱乐于一体的廉政文化宣传阵地，宣传内容贴近群众、贴近实际、贴近生活，让廉政文化深入民心。

（四）构建多姿多彩文化生活圈

全面升级改造甘棠文化活动中心，设置农家书屋、绿色网园、健身中心、文化长廊、棋牌活动室、多功能会议室、妇女儿童之家等多个文体活动场所，为村民及外来务工人员提供全天候、一站式、高质量的文体服务。完善苏氏宗祠建设，把历史文化沉淀与现代休闲生活有机结合起来，把传统宗祠打造成为集村民休闲、文化、娱乐于一体的综合中心。广泛开展多样化文化活动，例如组织村舞蹈队每晚在村内开展舞蹈教学，每月在村内放映1场电影，举办村民书法作品展等，大大丰富村民群众的文化生活。

（五）完善农村社会保障体系

依法做好民政救助款项的核实发放，做到应救尽救，不落下任何一个有需要的村民。每年投入50多万元用于为村民购买区新型农村合作医疗保险，实现村民百分百参保。设立专项资金，帮助困难户购买农村社保。重点帮扶困难家庭成员、失学青年、残疾人、刑释解教人员顺利就业，融入社会。例如，有针对性地通过安排在村内就业，推荐外出就业，借款给其改造房屋收租等办法，成功解决了9名吸毒村民的复吸问题，效果明显。

回顾改革开放40年，甘棠村遇到不少新的挑战，但也牢牢把握住每一个新的机遇，以民为本，解放思想，求新求变，奋勇争先，经济、政治、文化等各项事业都得到长足全面发展，从番禺区经济较落后村一跃成为经济较强村，村民分红较十年前翻了二十多倍。未来，甘棠村将继续乘着改革开放的春风，在广州市委、市政府和番禺区委、区政府的大力支持下，继续推进旧村更新改造、集体经济项目建设等多项工作，全心、全意、全力为村民带来更多的发展机遇，在建设和谐富强的社会主义新农村的道路上锐意向前，大步迈进！

推进城中村改造，强化社会管理

——白云区石井街马岗村

马岗村位于广州市白云区石井街道办事处东南面，距离街道办事处约1公里，相邻自然村有张村、潭村、凰岗村、庆丰村，主要山岭有狮子岭和龟头岭。马岗村从明朝弘治十一年（1498年）一直到中华人民共和国成立初期属番禺县禺北，1958年属广州市郊区，1989年属广州市白云区石井镇，2002年属广州市白云区石井街马岗社区至今。

一、社会管理：从乱到治

改革开放前，马岗村是一个地少人少的穷村庄，交通十分不便，村民主要以种田为生，种植蔬菜、瓜豆、粉葛、莲藕、慈姑、甘蔗、花生、水稻等。当时村民收入按工分计算，一个劳动力每天只有7～14分，每分相当于7分钱，1天挣不到1元钱。每逢年底，大部分村民都出现超支现象，经济十分落后。

改革开放后，马岗村周边的107国道、石潭西路、石丰路相继开通，以前交通闭塞的现象得到彻底改变，交通四通八达。正所谓“路通财通”，从此之后马岗村的经济迅速发展。经过十几年的发展，在城市化席卷下，这里吸引了大量批发市场、货运市场进驻。马岗村内分别建成了锦东布匹服装市场、广大服装商贸城、广宇（国际）商贸城、银马·马岗服装城、泰生时装城、广汽本田4S店［集整车销售（Sale）、零配件供应（Sparepart）、售后服务（Service）、信息反馈（Survey）于一体的汽车销售企业］等龙头企业。同时，马岗村也成为流动人员落脚地。2017年，在0.38平方公里的土地上，管理服务人口近1.2万，流动人口是户籍人口的17倍。

“洗脚上田”的村民面对急剧加速的城镇化和随之而来的外来人口倒挂现象，一时间无所适从。村里到处乱搭乱建，批发市场占道经营，车辆乱停乱放；村道杂乱无章，小贩当街宰羊，拉起围栏就能圈养活羊；内街内巷垃圾乱扔，“三线”（供电线、电话线、网络线）乱拉。马岗村经济发展了，人气旺盛了，但社会管理服务却远远滞后。

2015年5月，合禾太富物业管理公司（本文简称“物业公司”）成立，团队有13人。按照物业公司的设想，全村428幢出租屋全部托管给物业公司，房东每年的收益由公司支付，而且保持每年有5%的上涨幅度。物业公司托管房子之后，进行连片改造，特别是统筹整饰马岗大道两旁的楼房，将之打造成“欧陆风情街”，建设资金由物业公司支付。村民入股后，以后物业公司还能在租金的基础上给予分红。

环境整治开始后，一场社会治理攻坚战随之打响。马岗村先是在公安部门的配合下，清除了街上乱搭乱建的建筑，同时为了引导小贩入室经营，重新建造商铺满足其经营需求；接着整顿批发市场，街道与市场管理方约法三章，协助成立批发市场协会，自律经营，按章经营，杜绝了占道经营现象；最后整顿道路和卫生，将荒地改造成停车场，既满足停车需求，又避免了垃圾乱堆，同时在每条内巷都安放垃圾桶，住户下楼就可方便投放，消除垃圾围村的现象。

与此同时，安全管理得到加强。2017年，全村安装了94个视频监控摄像头，出租楼100%安装电子门禁系统，已有12 000多名住户在派出所登记身份信息，占全村总流动人口的近九成。由于门禁系统的运用，派出所对辖区内住户的情况一清二楚。

马岗村商贸发达，流动人口来自全国各地，其中有不少人属于少数民族。为切实加强针对少数民族来穗人员的服务和管理，石井街在马岗村设立少数民族社会服务管理工作站。依托少数民族社会服务管理工作站，目前马岗村同步建立了少数民族法律援助工作站和少数民族志愿者服务队，为少数民族同胞提供专业化、个性化服务。这些机构可为来穗人员提供相关政策咨询服务，协助办理相关行政审批许可事项，协助处理民事、经济、劳资纠纷，受理登记办证、利益诉求、举报申诉等事项，实现了服务管理手续便捷化、一站化。

二、建立“三大试验区”突破社会管理难题

在推进城中村改造、加强社会管理的过程中，应充分调动广大干部群众的积极性、主动性和创造性，努力实现科学发展，妥善处理各方面的利益关系，使广大人民群众共享改革发展成果。在共建中共享，在共享中共建，两者相辅相成，相得益彰。一方面，广大人民群众都支持或投身城中村改造和社会管理工作，能提升生活品质，创造更丰富的物质财富、更美好的社会环境和更浓厚的文化氛围。另一方面，在城中村改造过程中，充分体现公平、正义，让人民群众不断在公平中实现共享，有更多的获得感，让人民群众实实在在地感受到城市生活品质的提高，尤其是让处于中低收入阶层的市民的生活品质有大幅度改善。

石井街通过打造马岗村城中村改造重点工程——欧陆风情街项目，重点探索建立“三大试验区”。

（一）出租屋管理模式创新试验区

马岗村打造欧陆风情街，实现了出租屋管理社会化模式的创新。欧陆风情街项目的带头人在政府的鼓励支持下，将出租屋主组织起来成立管理公司，入股管理公司的村民将各自管理经营的自有出租屋交由公司统一经营管理。这种做法将过去政府大包大揽的管理方式逐步转变为政府引导、出租屋主自愿、社会企业参与的连片集中管理的新模式。

（二）城中村更新改造试验区

探索了一条简单易行、见效快的城中村改造新路子。过去，城中村改造的方式基本上是征地拆迁，推倒重来。欧陆风情街项目在不大拆大

建的情况下，通过对村内建筑物进行高档次的“穿衣戴帽”和内部改造，同时对村内道路、广场、绿化、景观等基础设施进行建设改造，并结合城中村安全隐患整治，综合改造村内供电线、电话线、网络线和消防、燃气、给排水设施，促进集体物业升级改善人居环境。

（三）产业转型升级试验区

吸引高端业态进驻。欧陆风情街为商家打造出一个别具特色、高端化的商业平台。区内计划建设智慧孵化园、公寓酒店等，引入高端业态，促进人口结构的高端化调整。通过吸引科技企业进驻，形成科技孵化基地。此外还吸引金融、文化创意、产品设计等企业进驻。

三、未来发展

马岗村将认真贯彻党的十九大精神，不忘初心，牢记使命。既要看到“好的开头是成功的一半”，切实坚定信心和决心，又要认识到“行百里者半九十”，切实增强紧迫感和责任感。特别要充分认识到取得的成绩能鼓舞士气，同时要提出新的更高的要求。全村上下要以学习贯彻习近平总书记重要讲话精神为新的动力，集中力量，采取措施，力争再创新辉煌，迈上新台阶。

一是坚持以人民为中心，继续推进城中村改造。以人民为中心的发展思想，要体现在经济社会发展各个方面和环节。坚持人民的主体地位，顺应人民群众对美好生活的向往，不断实现好、维护好、发展好最广大人民群众的根本利益，做到发展为了人民、发展依靠人民、发展成果由人民共享。不仅着眼于村庄与周边环境的良性互动，优势互补，进行规划和科学布局，还要着眼于用开放性的理念，吸引社会资本和社会力量参与社区规划和建设。马岗村经济社会发展及城中村改造，不仅仅是政府的事情，还是一个由政府主导、民众参与，社会各界献计献策，群策群力的系统工程，要坚持开放发展理念，充分调动各个方面的积极性，统筹兼顾，建立一个利益共享机制，形成改造的强大合力。不断吸引资本、技术、人才等各项要素，产生聚焦创新效益，在不断开放中提升发展水平、生活质量和文化层次，构建一个更加广泛的利益共同体与和谐社区。

二是进一步加快马岗村经济社会发展步伐。始终把群众的利益放在第一位，坚持依法办事、阳光操作、廉洁发展，充分发挥政府的主导作用和市场在资源配置中的决定性作用，统筹规划、协调推进、综合施策。进一步完善规划，切实增强养老等公共服务功能；集中力量抓好村容村貌改

造工程，做到依法改造、和谐改造、安全改造、按期改造；把村民利益摆在突出位置；加强招商引资，着力引入信誉度高、社会责任感强、资金实力强的大型优质企业；坚持底线思维，深入分析各种问题、矛盾，及时采取有效措施，做好各类风险的防范工作，坚决打赢城中村改造这场硬仗。以城中村改造的思路、办法、工作作风和精神状态，推动全村各项事业发展，全力推进改革发展稳定民生的各项重点工作。

改革开放对于每一个中国人的生活，对于13亿中国人的命运，对于一个古老民族的历史轨迹，都具有里程碑意义。40年前，面对挫折与困境，勤劳勇敢的中国人未曾犹豫、退缩，毅然开启了改革开放的伟大进程。今天，站在新的历史起点上，意气风发的中国人更没有理由懈怠、彷徨。

我们重温光荣与辉煌，也留下追问和思考：如何将改革开放的伟大事业继续推向前进？40年改革开放实践的宝贵经验，带给我们坚定前行的信心；已经创造发展奇迹的社会主义中国，也必将在中华民族伟大复兴的进程中再造辉煌。

党建工作结硕果，富裕文明新农村

——南沙区南沙街鹿颈村

一、鹿颈村概况

鹿颈村位于广州市南沙东南部虎门水道西岸，虎门抗英遗址大角山下，占地面积3.5平方公里，东面与东莞市虎门镇隔水相望，南面与龙穴岛隔凫洲水道相望，因村后山势延长，形如鹿颈，故得名。鹿颈村地理位置优越，直达香港的南沙客运新港、五星级的南沙大酒店、南沙科学馆、世贸大厦、南沙香港中华总商会、南沙国际邮轮母港均坐落于该村。村内还有天后宫、蒲洲花园、水乡一条街等旅游景点。截至2017年，常住户数3500户，户籍人口

1909人，常住人口约5000人。2017年，村集体年收入约960万元。鹿颈村先后获“全国创建文明村镇先进村镇”“广东省固本强基先进基层党组织”“广东省文明村”“广东省卫生村”“广州市卫生村”“广州市党风廉政先进集体”“广州市文明示范村”“广州市社会主义新农村试点村”“广州市创国家卫生城市先进村”等荣誉称号。

今天的鹿颈村，村道干净整洁，绿树成荫，家家盖起了楼房，村民生活富足安康。40年来，中国沿着中国特色社会主义道路取得了举世瞩目的建设成就，鹿颈村紧紧跟随党的步伐，一步一个脚印，由原来的贫穷村变为现在的经济实力雄厚、生活宽裕、乡风文明、村容整洁、管理民主的社会主义新农村。

二、发展历程

（一）党的十一届三中全会的春风吹到了鹿颈村

改革开放前，鹿颈村是一个贫困农村，村集体收入主要来源于农业生产，村民过着农耕生活，主要靠种植水稻、甘蔗为生，全村种植水稻1500多亩，甘蔗400多亩。全村村民努力营生，但还是只能勉强达到温饱水平。

1978年，党的十一届三中全会召开，中国进入了改革开放和社会主义现代化建设的新时期，党和国家的工作重心转移到经济建设上来。鹿颈村也迎来了开

放和谋求发展的春天，胆子开始大起来，琢磨如何提高村集体收入，如何为村民增收。开采石场，发展水上运输、渔业等，都在鹿颈村党支部的带领下开始轰轰烈烈干起来了。在搞生产、创收入的同时，鹿颈村党支部积极发展党员，1978年共有党员32名；丰富党组织生活，坚持每月召开一次支部会议，定期组织党内活动，使村民紧紧围绕在党组织周边。

（二）家庭联产承包责任制为鹿颈村注入新能量

1982年，鹿颈村积极响应国家土地家庭承包经营政策，实行家庭联产承包责任制。之后，农村的生产力和村民的生产积极性得到极大提升，农民收入连续几年持续增长。1991年村民人均收入500多元，生活大为改观，不仅解决温饱问题，还有部分家庭盖起了新房，农村经济改革取得明显成效。

（三）鹿颈村发展遭遇瓶颈

1992年，南沙经济技术开发区成立。为满足南沙经济技术开发区的发展需要，完善规划土地资源，鹿颈村土地被全征，禁止开山采石，从此告别耕种时代，村的经济因此面临新的困境。

为突破困境，村“两委”干部团结一致，抢抓机遇，招商引资，通过自筹资金，想方设法谋发展。1996年兴建了总建筑面积为1000平方米的村级农贸市场，1997年建起了占地面积100亩的鹿颈村工业园，2010年兴建了总建筑面积11 500平方米，集餐饮、商铺、办公及旅业于一体的商业大楼（众邦酒店）等物业出租。

经过十多年的耕耘，鹿颈村现有厂企十多家，外来人员约5000人，集体经济收入翻了几十倍，从1993年收入十几万元增长到2017年收入近1000万元，在全区的村集体收入排行中名列前茅。村民福利分配不断提高，人均收入32 000元。2010年鹿颈村全面实施集体股份制，是南沙街首批实施集体股份制的村。2017年股东分红支出约400万元。

（四）南沙双区的发展机遇使鹿颈村提升到更高的层次

2012年，国家级新区——广州南沙新区成立；2015年，中国（广东）自由贸易试验区南沙片区成立，为鹿颈村的发展带来了机遇，推动鹿颈村进入高速发展的道路。华师二附中、华附南沙小学及华附南沙幼儿园、地铁地4号线延长线、南沙国际邮轮母港等重点项目陆续施工，周边设施不断完善，人流量不断增加，为鹿颈村日后的发展注入了更大的能量。

三、主要发展成就

从1978年的勉强解决温饱问题，到2017年的和谐稳定、富足美丽，改革开放40年以来，鹿颈村发生了巨大变化。经济建设取得了巨大的进步，在产业结构上成功实现从第一产业向第二、第三产业的转型，村集体经济实现了持续快速增长；党员队伍不断壮大；农村基础设施明显加强，村容村貌发生了巨大变化，家家盖起了新的楼房；文化建设和社会事业发展迅速，村民生活水平和质量实现了跨越式提高。这一切都离不开鹿颈村党委的坚定领导，每当在改革发展的关口，村党委总能第一时间把握机遇，不畏艰难，为鹿颈村的发展指引前进的方向。

（一）经济发展势头良好

目前鹿颈村经济收入主要来源于工业园区的厂房出租和商业大楼出租，年租金收入724万元，其中土地租金157.3万元。2017年鹿颈村集体总收入911.4万元，村民人均收入32 000元，福利分配为每人2900元，经济发展势头良好。

（二）服务环境完善

“千好万好，群众满意就是好”，这是鹿颈村“两委”干部为群众服务的衡量标准。为解决群众办事难、难办事的现实问题，鹿颈村将政府服务平台下移到村，以便民、利民、助民为出发点开设“一站式”办事窗口，办起南沙街首间村民服务中心，每年支出70多万元，为符合条件的村民购买社会养老保险，使村民“老有所养”，参保率目前已达到100%。积极联系用工单位为村民争取就业机会，使全村就业率超过98%，对保障村民生活和社会稳定起到很大作用。

（三）科教文卫体稳步发展

积极发展教育事业，九年制义务教育率达100%。解决村民看病难、看病贵的实际问题，为所有村民购买南沙区新型农村合作医疗保险，每年投入10万元完善村级卫生保障，办起南沙街首家村民看病全免费的卫生站，做到“大病有保障，小病不出村”。深入扎实地开展计划生育工作。每逢传统节日，村委会举办各种形式的文化活动，发挥村曲艺协会的作用，活跃社区文化。

（四）社会治安秩序安定

加强社会治安管理，建立全村的治安队伍，在村的进出路口设立哨亭，在村内安装视频监控系统，对村内主要路口、卫生进行24小时监控，强化对外来务工人员和出租屋的管理，逐步形成封闭式的小区管理，使村内各类案件明显减少，连续五年荣获“无毒社区”称号。

（五）基础设施完善

完善公共服务，建有“一站式”社区综合服务中心，服务范围达3.5平方公里，内设民政和劳动保障、计划生育和外来人口管理、村容建设、经济和资产管理等4个事务窗口。另配有党员之家、社区书屋、老人活动中心、曲艺社、文艺表演舞台、健身舞广场、足球场、灯光篮球场、乒乓球场、休闲公园、青年小公园、社区卫生服务站、市民学校、数字电影院等公共服务设施，常年免费供群众使用。随着南沙新区、南沙自贸区的发展，政府在鹿颈村辖区内投入资金建设华师二附中、华附南沙小学及华附南沙幼儿园、地铁4号线延长线等一系列重点项目。2016年华附南沙小学、华附南沙幼儿园陆续招生入学，部分村民子女就读。历经4年的建设，2017年底地铁4号线延长线正式开通，位于鹿颈村的终点站——南沙客运港站，靠近南沙客运港、蒲洲花园、天后宫、南沙国际邮轮母港。地铁开通增加了人流量，从而带动了村周边经济发展。

（六）环境面貌整洁优美

村“两委”干部认真抓好村整体规划，科学合法用地，不断建设城区化的鹿颈村。鹿颈村小巷硬底化率达100%，下水道覆盖率达100%；安装环保街灯，路两旁种上花草树木，村绿化率达40%；村内建设了一条绿化长廊，两个公园，其中绿化长廊长500米，位于大角山下的鹿颈公园面积约1000平方米，位于市场旁的青年公园面积约200平方米。长廊铺砌了排污及流水渠道；开通了水、电、通信等设施。近年来，鹿颈村开展美丽乡村建设，项目包括道路改造、村运动场所改造、鹿颈公园改造、自来水改造等，不断完善鹿颈村村容村貌及配套设施。

（七）扎实开展创建文明活动

在开展创建文明村（简称“创文”）的活动中，成立村创文明工作领导组，制订文明村工作规划，明确创文目标具体措施、职责任务和考核办法，开展创文明户、文明村、文明社区活动。村委会每年投入约5万元用于“创文”工作，进行广播、张贴海报宣传，开展全民健身活动、逢节假日举办文艺晚会等，并广泛发动群众积极参与文体活动。鹿颈村连续20多年坚持开展“敬老节”活动，与广州电台、广州南沙港口开发有限公司等举办共建文明活动；与广州市公安边防支队、虎门边防派出所开展“爱民固边”、警民共建、拥军优属活动。这一系列举措使创文明活动蔚然成风，形成了浓厚的讲道德、讲文明、尊老爱幼的氛围。鹿颈村在2005年获得“广东省文明村”荣誉。

四、发展经验与启示

（一）党组织的自身建设是鹿颈村发展最大的保障

40年来，鹿颈村积极加强党组织建设。为加强党风廉政建设，在党务工作中做到公开透明，以制度管人，以制度管事。大力推行“四议两公开”（“四议”：党支部会提议、“两委”会商议、党员大会审议、村民代表会议或村民会议决议；“两公开”：决议公开、实施结果公开）工作法，做到“听民声、顺民心、解民意”。不断建立健全各项管理制度，在实践中不断完善《村规章制度汇编》和《村规民约》，并将之发放到每位党员和村民代表手中，让他们了解、理解、支持、监督村的工作，形成了以制度管人、以制度管事的民主管理模式。

从1978年的32名党员壮大到2017年的130名党员，从1978年的党支部发展成2017年的党委，鹿颈村党组织不断吸收优秀、对党忠诚、思想素质和思想觉悟高的村民加入中国共产党，壮大党组织队伍，还成立了党员之家，面积达300平方米。建立学习制度，定期组织党员集中学习，即使在20世纪70年代的艰苦岁月中，依然能够每月组织一次学习会。学习内容以政治理论和理想信念教育为主，做到学习“有时可依”，形成学习的良好氛围，不断提高党员的理论水平、政治水平和认识水平。2010年12月1日，鹿颈村响应上级的号召，加强农村基层党组织建设，提升农村基层党建工作水平，落实党的政策。通过上级指导，正式成立中共南沙区南沙街鹿颈村委员会。经2017年6月换届选举产生新一届村党委委员5人。鹿颈村党委下辖鹿韵、蒲洲和广利3个党支部。

40年来，鹿颈村不断发展壮大党组织，充分发挥党组织和党员的战斗堡垒作用和先锋模范作用，增强村“两委”班子战斗力，加强党风廉政建设，始终坚守为人民服务的宗旨，密切联系群众，提升农村基层党建工作水平，落实党的政策，为鹿颈村的发展指引方向，带领鹿颈村走向富足安康。

（二）党组织为鹿颈村的发展把舵，指引方向

40年来，鹿颈村党组织始终拥护中国共产党的领导，认真贯彻落实党的方针、路线、政策，在农村改革中是第一个“吃螃蟹”的村：每一项新的制度均在这里做试点。1997年鹿颈村大胆尝试发展工业，通过自筹资金、向银行贷款，建成占地100亩的南沙首个村级工业园——鹿颈

村工业园，积极招商引资，现有企业6家。2010年兴建总建筑面积11 500平方米，集餐饮、商铺、办公及旅业于一体的商业大楼，现出租经营一家四星级酒店，每年租金收入200万元。2009年鹿颈村走在全区前列，积极开展农村集体经济股份制改革工作。为推进改革，村“两委”干部虚心向兄弟区学习改革经验，实地考察，摸清改革的关键环节，制定符合鹿颈村村情的改革措施。通过广播、宣传栏、横幅、宣传单等渠道，广泛宣传股份制改革的目的和意义。2010年1月，鹿颈村成为南沙街第一个完成农村集体经济股份制改革工作的村，股份制改革为鹿颈村日后的稳定和谐奠定了坚实的基础。2015年建成首批农村居民议事厅，村有重大事项需要决策时，可通过村务公开栏、广播、网络、微信等平台告知村民，让居住在本村、热心村务的居民和老板可以共同研究村的重大议案，提出自己的意见和建议，规范议事制度，让村干部的决策更加准确，村民更加放心。

（三）上级党组织和政府的关怀给予了鹿颈村发展的动力和指引

历年来，各级领导非常重视鹿颈村的发展，多次到鹿颈村视察、调研各项工作的开展情况。各级领导的到访，使鹿颈村受到莫大的鼓舞，坚定信念，在社会主义发展道路上更加勇往直前。

五、未来发展设想

历经1978年党的十一届三中全会，党和国家的工作重心转移到经济建设；1982年家庭联产承包责任制实行；1992年南沙经济技术开发区成立；2012年南沙国家级新区成立——一系列重要举措和改革使今天的鹿颈村经济繁荣、设施完善、环境优美、文明和谐。未来的鹿颈村将坚持在上级党委和政府的正确领导下，继续解放思想，坚持改革开放，坚持从实际出发，进一步加强党组织在农村的核心堡垒作用，实现习近平总书记在党的十九大报告中提出的实施乡村振兴战略的总要求——“产业兴旺、生态宜居、乡风文明、治理有效、生活富裕”。配合南沙自贸区的发展规划，努力发展村集体经济，提高村的总收入，并有计划地推进自留地的“货币+物业”及旧村改造项目工作，提升村民的福利待遇及股份分红。继续落实“美丽乡村”项目，完善村容村貌及配套设施的建设。带领群众致富奔小康，在发展经济上做文章，在服务群众上下功夫，在文明建设上求创新，努力使经济建设、文明建设、和谐建设更上一层楼。

发挥党建引领作用，助推乡村管理

——白云区太和镇北村村

改革开放40年，北村村的面貌焕然一新：村容村貌环境发生了翻天覆地的变化，经济和社会发展各项工作突飞猛进，村民生活的幸福指数更是不断飙升！

北村村位于广州市白云区中北部，太和镇西北部，前有沙坑涌，后有泥坑涌自东向西流入流溪河，两涌夹角形成平坦肥沃的千亩良田。北村村交通地理位置优越：村的东面与广州民营科技园接壤，村前有北太路，村后有北二环高速公路穿村而过，西有106国道。北二环高速公路与106国道交接点有北二环高速公路的出入口。直通白云机场的地铁3号线龙归站距离村

中心只有800米，处于几大交通要道的“金三角”位置。至2017年，北村村辖区面积2.3平方公里，全村常住人口2180人，600多户村民，外来流动人员约5000人，下辖7个经济合作社，北村村党总支部有党员71人。

北村村是具有600多年历史的岭南古村庄，又是广州市的著名侨乡（旅居海外的侨胞有4000多人）。自古以来崇尚教育，以德育人，村风民风淳朴，邻里街坊和谐，文明有礼的村风民风享誉海内外。文化底蕴深厚，历史文化资源丰富，村中心有联结成片的古私塾、古书舍，有广州市仅存两座的、在古时起到行政处事机构作用的建筑——“乡约”，逐渐形成的古建筑、古祠堂、古书舍一条街。北村村最为重要的亮点是：这里是粤剧先贤兰桂师傅（徐癸酉）的故乡。粤剧作为“非遗”，粤剧的先贤在北村村，粤剧发展的根也在北村村。兰桂师傅旧居和粤剧发展前期“庆上元”童子班的练功房旧址（今北村村庆云里“显常书舍”）也在北村村。北村村粤剧历史文化和古私塾教育文化历史源远流长，岭南水乡特色鲜明，环境优美。

北村村是反映中国岭南水乡农村改革开放40年来的巨变的一面镜子，一本内容丰富的历史书，一幅值得欣赏的风景画。

一、北村村的历史沿革

北村村自改革开放初期开始，在党的坚强领导下，成为广州本土一个敢于“饮头啖汤”、开拓进取，经济较为兴旺发达的农村，也是广州著名的侨乡。旅居海外的侨胞频繁回乡省亲，带来许多先进的经济发展理念和管理经验，这对于长期处于封闭状态的广州农村而言是一个巨大的冲击。在此影响下，北村村以海外侨胞捐献回乡的两辆大型货运汽车为基础，率先办起了汽车运输业务。因为当时汽车紧缺，大型货运车更是稀有品，汽车运输生意兴隆，货运单不断，村集体（当时经济发展主体是“北村农机服务站”）尝到甜头后，相继购买了大型拖拉机、中型拖拉机、手扶拖拉机，并悉数上路跑运输，运输的规模越来越大。后来，广州北部农村都争相购买拖拉机用于跑运输和农田的机械化耕作，掀开了广州农村改革开放的序幕。

自20世纪70年代中期开始，北村村以北村农机服务站为经济主体，

大力发展乡镇企业，办起了汽车运输公司、夹纱厂、小型造纸厂、翻砂厂、榨油厂、麻绳厂、榨糖厂、碾米厂、养猪场、养鱼场、果园等企业，呈现出一派热火朝天的繁华景象。村民争相进入这些乡镇企业工作，并以此为荣。因为在村里的企业上班，工分高、收入稳定，且在开夜班时有补贴和餐食。但好景不长，改革开放后，民营企业迅速发展，其资金、经营管理和经营模式等都优于乡镇企业。北村村的乡镇企业均在20世纪80年代中期破产倒闭。至此，在各种内外环境因素的影响下，在改革开放的大潮下，北村村的经济和社会发展走上艰难的探索之路。

20世纪80年代，虽然北村村抓住发展机遇，大搞土地开发和集资房建设，但由于中国社会变革速度太快，北村人没有根据自身的区位优势和资源特点来写好改革开放这篇大文章，没能找到自己的发展定位，走了一大段弯路。全村的经济和社会发展各项工作始终没有大突破，不能勇立潮头，集体经济一度风雨飘摇。

直至2005年，党的十六届五中全会提出建设社会主义新农村的重大历史任务，提出了“生产发展、生活宽裕、乡风文明、村容整洁、管理民主”的具体要求，北村村开始根据自身的环境资源优势，以党组织为核心，以建设美丽乡村为契机，以完善村级民主议事规则为着力点，围绕“领导班子好、党员队伍好、工作机制好、工作业绩好、群众反映好”的“五个好”先进基层组织争创标准，明确共产党就是为人民谋幸福的，人民群众在什么方面感觉不幸福、不快乐、不满意，党组织就在那方面下功夫，千方百计为群众排忧解难，不断创新基层党组织建设，积极发挥基层党组织的思想引领和战斗堡垒作用，组织引导村党员干部和村民群众投身美丽乡村建设，从而使全村的经济和社会发展各项工作能依法依规有序推进。

二、发展历程和经验

改革开放40年，北村村发生了历史性变化，经济和社会发展各项工作真正取得辉煌成就，总结其发展历程和经验：一是抓党建，懂政治；二是讲团结，作风好；三是懂经济，抓发展；四是重民生，会管理。

（一）巩固党组织领导地位，发挥堡垒作用

主动适应新形势下的村级组织运行规则和发展要求，不断加强党总支部在村级组织中的领导核心作用，切实有效地增强党的凝聚力、战斗力、领导力和号召力，在群众中树立威信。一是注重抓好村党组织班子建设和后备干部培养，打造高质素农村发展人才队伍。在村级“两委”换届选举中，北村村平稳有序选出组织放心、群众满意、战斗力强的新一届村“两委”班子，顺利实现新老交接，是全镇范围内率先完成村“两委”换届选举的村。二是不断健全党的基层组织体系，以村经济社为单位设置党支部，扩大基层党组织覆盖面，注重物色优秀人才充实经济社党支部。在各经济社党支部推选出1名支部书记和2名支部委员，通过以点带面、层级管理，把经济社党支部建设成为宣传党的主张、贯彻党的决定、领导基层治理、团结动员群众、推动改革发展的坚强战斗堡垒，不断扩大党组织工作向更基层延伸，推动党的建设精细化发展。

三是扎实推动“两学一做”学习教育常态化制度化，围绕学习贯彻党的十九大精神、习近平新时代中国特色社会主义思想和各级党委工作部署要求，严格落实“三会一课”和主题党日制度，多形式、多途径，不断加强党员干部培训教育，提高党员干部政治素养。四是不断增强党员干部为民服务意识，发挥党员干部在参与村内管理、服务群众工作中的示范带动作用，开展“党员先锋工程”创建工作，成立北村党员议事参谋团，积极引导村干部和党员主动亮身份、亮承诺、做表率，设立党员责任区，对全村实行网格化管理，发动广大党员参与村全域环境治理、登革热防控等工作。五是强化党组织在村务管理上的领导作用，明确村民民主议事会议由村党组织牵头召集，由村党组织书记主持，会议议题由村党组织提议，全面统筹民主议事工作，进一步巩固和强化党组织领导地位，为全村经济和社会发展各项工作的顺利推进提供强而有力的组织保障。

（二）村务和社会管理各项工作依法依规有序推进

一是进一步加强对村社干部的素质教育，树立勤政为民的作风。在村务工作中要“问政于民、问需于民、问计于民”。二是实施阳光下的村务工作，规范地推进村务公开和民主管理工作。坚持村民自治原则，严格执行一级管理，二级核算，村账镇管，社账村管，社章（各经济社公章）共管的制度。实施“以制度管人、按规章理财、用法规处事”的工作管理原则。三是进一步加强对村“两委”干部的廉政、勤政教育，用村“两委”会制定的自我管理规定约束村干部，时刻防范和抵御社会上的利益诱惑，树立正确的执政理念和全心全意为村民服务的作风。四是实施村、社二级合署办公，一级行政管理的模式，在北村村综合服务大楼为村民、企业、外来务工人员设置各种功能的服务平台，提供“一站式”服务，大大提高了社会事务、村务的管理水平。社会管理各项工作能有序地推进，真正体现了“服务有人办理、设施有人管理、场所有人服务”的管理理念。五是扎实地推进综合维稳和治安工作。针对当前社会管理出现的新形势、新特点、新要求，对治保队伍按公安部门的管理要求严格进行大换血、大整肃、大调整。落实岗位责任制，压、破案奖惩制度，出租屋分片管治制度和治保队员百分考核制度等措施。使整个队伍能管理到位，实施常规管理和动态管理相结合的原则，并建立“群防群治、村社分治、责任到组、实施到人”的原则。全村实行小区围院式的管理模式。六是根据国家人口和计生工作的政策性变化，改变工作思路和方式方法，把重点工作放到加强服务、贴身服务上来，使人口和计生工作能紧跟国家的大政方针。

（三）探索村民自治新模式

一是实施“以制度管人、按规章理财、用法规处事”的工作管理原则，扩大民主监督。建立健全各项制度，制定《村党务工作制度》《村务工作制度》《村民自治章程》《村村股份实施办法》《村义明建设公约》等一系列规章制度和乡规民约，逐步规范党务、村务、财务管理，推动以法治村。二是由村党组织主导，积极探索和实践在村党组织领导下的，以规范村民代表议事制度为核心的村民自治新模式，并积极争取上级党委、政府支持，建设规范化、现代化、多功能民主议事厅，打造公开透明的民主议事平台。通过建立民主议事流程，大力推进“民主议事”“一事一议”，形成村党总支部提事，村联席会议议事，村民代表会议决事，村委会执事的农村基层治理体系，让村内每一件大事要事都能听民声、集民意、汇民智、顺民心，促进村内经济民生各项事业健康发展。三是充分利用好“三公开”（社党务、村务、财务的具体负责

人，报镇纪委监察室、社会事务办备案）白云模板，设立村社两级公开栏和村务微信公众号，建设阳光化村务服务，对村内“三资”交易管理、大额资金使用、党员发展等党务、村务、财务重要信息及时予以公开。对民主议事表决议题，坚持执行落实公开征集民意、公开议事内容、公开表决结果、公开执行情况“四个公开”，将议事决策的各个环节明明白白放置在阳光底下，自觉接受群众监督，防止暗箱操作，杜绝以权谋私。

（四）以经济建设为中心，实现村民致富

发挥村党组织经济发展致富带头的引领作用，进一步明确村党总支书记作为村集体经济发展的领航人地位，由村党总支书记担任北村村法人代表。在村党组织的带领下，北村村坚持以经济建设为中心，结合村情，以新农村建设为契机，不断发展壮大村集体经济，确立以物业租赁为主，以发展乡村特色休闲旅游为创新产业的发展思路，筑巢引凤，提高村民收入。各经济社党支部引导经济社因地制宜地对集体农用地、空置地进行公开流转，盘活集体资源，增加社集体经济收入。通过多年的艰苦奋斗，北村村集体经济实现从无到有、从弱到强的跨越式发展。2016年村社两级集体纯收入达2800万元，村民生活水平得到明显提高。2017年，在村党总支部牵头下，村紧密围绕太和镇物流园区的区位优

势，通过村民民主决议，对60多亩留用地实现盘活利用。引进大型汽车配件市场，预计2018年起可实现每年1300多万元收益，并可吸引2万多人到北村村就业，进一步带动村集体物业出租，促进农村集体经济跨越发展，实现村民增收致富。

（五）统筹谋划村内建设，建设美丽乡村

以建设第二批广州市美丽乡村为契机，统筹社会管理与公共服务，多方筹集资金，加快村道、公园、停车场、警务室、视频监控等基础设施建设，提升村民的生活环境和生活品质。实施村、社二级合署办公，一级行政管理的模式，在北村村综合服务大楼为村民、企业、外来务工人员设置各种功能的服务平台，实现“一站式”服务。活用村内古建筑资源，将乡约、祠堂和书舍改造为党员活动中心、妇女儿童之家、书画展览室、老人活动中心，实现古建筑群的更新利用。建成白云区首座村级历史文化展览馆，全方位展现北村村的村情历史、侨乡文化、发展变迁，将其打造成宣传弘扬北村村历史文化的教育基地和宣传阵地。

（六）坚持以人为本服务群众，践行群众路线

坚持以人为本，以解决群众最迫切问题为村党总支部的首要任务，不断加大全村民生福利项目和扶贫助困工作的投入力度。完善村规民约中的扶贫救助机制，建立了“北村爱心基金”，对村内的残疾人、年老多病者、孤寡老人、困难党员、贫困家庭进行帮扶和救助，并自2008年起对村内高中、大学在校学生实施奖学金制度。2017年，全村老人金、长寿金、老人慰问金、教育助学金和爱心基金等的财政支出达100多万元，并保持每年10%以上的增长，真正体现村集体资金取之于民、用之于民、为民造福、关注民生的理念。坚持开展党员“一帮一”活动、村民

邻里互助服务和义工志愿等服务，发挥党员模范作用。

在村党总支部的带领下，村“两委”党员干部和村民同心同德，团结协作，村级基层治理工作持续加强，村民群众认可度不断提升。北村村先后获得“广东省文明村镇”“广东省卫生村”“广东名镇名村”“广州市文明示范村”“广东省农村示范团支部”“白云区先进基层党组织”“广州市美丽乡村建设示范村”等荣誉称号。近年来无发生重大村民群众上访事件，基层党建工作促进农村社会经济发展成果显著。

时代是思想之母，实践是理论之源。下一步北村村将继续坚持党的领导，以习近平新时代中国特色社会主义思想和党的十九大提出的乡村振兴战略为指引，落实“产业兴旺、生态宜居、乡风文明、治理有效、生活富裕”的新农村发展战略。一是建设“幸福北村”。围绕“产业更升级，环境更改善”发展思路，全力推进村内各项重点项目落地生根，开花结果，完善基础设施建设，加快企业转型发展、物业升级改造，促进村民增收，环境改善。二是建设“民主北村”。继续深化农村基层民主自治，不断健全“自治、法治、德治”相结合的农村治理体系，实现村务管理更高效科学。三是建设“文化北村”。依托深厚的传统文化底蕴，整合粤剧文化、古书舍群和古私塾教育文化、农民书画文化，用三年的时间全面创建“振兴粤剧文化特色村”，打造一条集合粤剧传统文化、书舍文化、乡村观光旅游等元素的旅游线路，丰富村民精神生活，擦亮北村村传统文化品牌，从而使北村村的集体经济能稳定发展，村民的收益能逐年提高，最终使村民的幸福生活指数节节提升。

昔日小渔村，喜迎华丽蝶变

——南沙区横沥镇冯马三村

岭南水乡冯马三村，位于广东省广州市南沙区横沥镇南部片区，东邻南沙经济开发区，西邻中山市，南接万顷沙镇，临近珠江口，洪奇沥水道、番中公路经过该村，水陆交通方便，土地资源较丰富。至2017年底，全村有11个自然村，共830户，总人口2780人，是一个具有300多年悠久历史的村落，也是岭南沙田水乡文化的典型代表。水网纵横、渔船赶集、瓜果飘香、鱼跃虾跳正是冯马三村的昔日景象。随着改革开放的东风吹遍江南大地，冯马三村在改革开放大潮中不断探索发展，

昔日渔村已美丽蜕变。2016年12月，冯马三村被农业部列为中国“美丽乡村”十大创建模式之一——渔业开发型模式的典型代表，历经数百年沧桑变迁，冯马三村依旧保持了傍水而居的人文环境，小桥、流水、古树、渔村浓缩了岭南水乡休闲生活的影子，同时与现代新农村建设相融合，勾勒出了一幅独具岭南水乡韵味的美丽乡村画卷。

一、发展轨迹

改革开放前，农民仍以家庭为单位生产经营，贫下中农由于缺少农具、资金不足、劳力强弱不均等，生产遇到困难。当时，在党和政府“组织起来，互相帮助”的号召下，农民投奔大集体时代，共同参与劳动，按工种实施工分制分配劳动报酬，劳动力人口收入约40元/年。当时农业发展受限，主要生产国家收购的甘蔗、水稻，农村经济、环境非常落后，村民住茅棚、烧柴火、电通水不通，生活用水取自河涌，交通出行方式更是仅有乘船或步行，生活十分艰苦。

改革开放后的1981年，冯马三村实行包产到户，实现了由“人民公社”到“家庭联产承包责任制”的历史性变革，农户自行安排生产活动，按国家生产计划主产甘蔗、水稻。1998年，随着糖厂停业，国家大大减少了对甘蔗的收购。农民对农产品生产做调整，转种水稻、香蕉等其他作物，除向国家缴纳农业税、向集体缴纳公余粮外，其余全部归农民所有，提高了农民积极性，农村生产力得到解放。

20世纪70年代中后期，沿河而居的村民出海捕鱼谋生，渔民陆续搭建砖木结构房屋，咸水歌、水乡婚礼盛行一时。20世纪80年代村里铺起简易石粉路，村民建起混凝土双层楼房，电视机、自行车纷纷走进农业带头人的家中。20世纪90年代初各家各户接通村级自来水，1995年引进沙湾水厂自来水，村民用上了放心水。

2004年取消农业税，进一步激发了村民的生产积极性，随着生产资料的日渐丰富及国家推进一系列惠农政策，农业、渔业效益越来越高，农村面貌也焕然一新，村路全面硬底化，机耕路硬底化，修建万环西路连通外界。农民收入也不断提高，一栋栋新房拔地而起，各类家用电器、摩托车、农用车纷纷普及。物质生活日渐丰盛，但社会文化发展缓慢，村居环境仍亟待改善，人民收入、公共资源及社会综合发展水平与城市相比，差距仍非常大。2011年，冯马三村被列入广州市名村、广州市美丽乡村建设试点，迎来了村居发展的春天，村居环境和人民生活发生了巨大变化。

二、发展成就

自2014年定位打造有岭南水乡特色、宜居宜游宜业的文化名村、美丽乡村以来，冯马三村在各级政府的大力支持下，不断完善村居环境及基础设施配套，按照“生产发展、生活宽裕、乡风文明、村容整洁、管理民主”的社会主义新农村建设二十字方针，扎实推进文明村创建工作，有力地推动了村各项工作的发展。经济建设稳步发展，村民的收入、生活水平逐步提高，社会风气健康向上，村容村貌显著改善，民主管理水平不断上升。

（一）产业发展水平不断提高

一是传统农业产业得到提升。机耕路硬底化、基本农田标准化、鱼塘标准化等一批农业基础设施完善工程，为冯马三村的农业经济发展提供了强大助力，农民增产增收得到了充分保障，农民收入逐年提升。二是工业集聚调整村产业结构。过去几年，政府引进一批重大项目进驻位于冯马三村的横沥镇工业园，大大提高了产业集聚水平，带动农村第二产业起步，促进农民就业和农村经济增长。三是现代服务业孵化成长。随着越来越多厂企落户冯马三村，广大外来职工对住房出租、物流运输、餐饮、购物休闲等服务的需求促进了农村服务业的孵化发展，增加了村民的经济收入。此外，冯马三村文化资源丰富，村庄环境优美，休闲游、文化游、乡村游等观光休闲农业项目逐步成为冯马三村民致富的新的门路。

（二）公共设施日益完善

随着社会经济的发展，人民对公共休闲设施的需求日益增加。冯马三村将小学旧址升级改造成社区综合服务中心，设有健身室、农家书屋、绿色网园、乒乓球室、老年人活动中心，为社区群众提供多样化的休闲娱乐场所，公共配套日益完善。考虑到村民生活逐渐宽裕，以及观光旅游业配套设施需强化，冯马三村将村口闲置的空地升级改造成公共停车场，以满足村民日益增加的家用轿车停车需求，有效整治了车辆乱停放的现象，社区服务群众的功能不断加强。

（三）营造乡风文明良好氛围

乡风淳朴、社区文体氛围活跃。冯马三村自然生态环境良好，民风淳朴，村内农产品自助展销点沿袭既往的交易习俗，是淳朴民风的见

证；村醒狮队和篮球队等多支文体队伍定期开展活动；社区每年举办粤剧演出晚会和咸水歌文化节等活动；村级舞蹈队每晚在公园广场锻炼，在日常锻炼中进一步凝聚了村民的心气，村民的精神风貌积极向上。

扎实推进社会主义核心价值观建设，构建文明和谐乡风。村建立文明户、环境友好家庭户评比常态化机制，以文明户、环境友好家庭户评比活动促进文明社区的创建。在村居聚众区域设置多个公共宣传栏，宣传社会主义核心价值观，着力培育新农民、倡导新风尚、孕育新文化。

传颂优良美德在社会蔚然成风。冯马三村日常以“仁、义、孝、悌”为主题，在三八妇女节、国际家庭日、六一儿童节、中秋节、重阳节、敬老文化节等节日，开展好家风家训宣传、道德讲堂宣讲活动，将“家训、家规、家风”融入日常生活中，以朴实的语言、生动的事例、感人的故事，使群众了解“夫妻和睦、尊老爱幼、科学教子、健康生活、邻里互助”等中华传统家庭美德，引导群众从自身做起，推进家训促家风、家风带民风、民风扬社风。

（四）美丽乡村建设显成效

区、镇先后累计投入3000多万元进行重点打造，先后投建了冯马三村牌坊、冯马大戏台、连心桥、景观楼、冯马纪念公园等重点项目，在环境建设中注重文化融合，找准文化与环境的契合点，弘扬水乡渔业文化、复活传统冯马文化，注重社区文化、治安环境同步提升。经过多年的创建工作，冯马三村获得了广东省“民主法治村（社区）”、“广州市美丽乡村”、“广州市文明村示范”、“广州市卫生村”、“南沙区平安村”等一系列光荣称号，美丽乡村建设成效显著。

为深化巩固美丽乡村建设成果，冯马三村聘请一支河涌保洁队及村道保洁队每天对河涌、村道，特别是市场、社区综合服务中心、公园、广场等场所进行卫生保洁，确保清理无死角，卫生无黑点。按照垃圾分类要求，定制了分类垃圾桶及宣传单张派发到户，通过开展环保讲座、垃圾分类志愿服务，使村民对环保的认识转化为自觉的行动。广泛动员村民对房前屋后的环境卫生进行集中清理，并争取镇政府支持，完善了垃圾收集设施。村安排垃圾清运队伍每天收集村民生活垃圾，统一处理，让村居环境整洁有序。在村中心区路段铺设大麻石，在村主要区域栽种桃树及其他绿化植被，提升景观功能，建设村民休闲凉亭，使村民处处有休闲小憩的地方。

（五）民主管理稳步推进

为保障村民自治有据可依，保证各项村务工作的有序开展，冯马三村从实际出发，分别从公共事务管理、集体经济管理、计划生育、社会治安、户籍管理、环境卫生等方面联合制定了经济联社章程和村规民约，并由党员、村民代表表决通过实施。凡涉及本村经济、政治、文化和村民根本利益的重大事项和热点问题必经村党支部提议、村“两委”

商议、党员审议、村民代表决议，决策结果、实施结果依法公开。建立村委监督委员会，对村务公开、党务公开和财务公开进行监督，按季度及时公布，确保无违反民主管理制度和财务制度的情况出现，切实做到了民主决策、民主管理、民主监督。

三、未来发展设想

（一）实施乡村振兴战略

2018年既是改革开放40周年，也是全面贯彻落实党的十九大会议精神的开局之年和决胜全面建成小康社会的关键之年，冯马三村“两委”班子将不断提高干部的执政能力和领导水平，把组织优势转化为发展动力，领导实施乡村振兴战略，细化各项发展措施，在经济、政治、文化、社会和生态环境等方面发力，让人民从共享改革发展成果中不断加强获得感、幸福感和安全感。实施贫困人口帮扶制度，精准查找贫困人口致贫致困原因，落实医疗救助、助学、就业培训等帮扶措施，力争到2020年带领辖区内贫困人口整体脱贫，争取在基本建成小康社会的基础上充分保障人民平等参与、平等发展的权利，人民生活更为宽裕、社会治理体系更为完善，到2035年基本实现社会主义现代化。

（二）积极探索发展村集体经济

目前，冯马三村历史征地1066亩，已落实经济发展留用地指标148亩，仅有20亩以土地出租的方式进行低效开发，年收入不足以维持村集体经济开支，村民享受到的发展红利仍有限。因此，为了推动集体经济做大做强，冯马三村拟对经济发展模式进行调整，仿效南沙区其他村居开发留用地的成功经验，积极探讨“货币+物业”模式开发留用地，争取区、镇政府在招商引资、程序指引等方面的支持，拓宽民主议事渠道，完善收益分配机制，促进留用地有序开发，推进村级经济更上一个台阶，让村民更多地享受到改革开放带来的发展红利。

总之，冯马三村将继续以建设“美丽乡村”为载体，抓基础建设，提升综合配套设施，建设宜居、宜业、宜游的文明示范村居，高度凝聚农村物质文明、精神文明、政治文明和生态文明，集中聚集农村经济实力、文化活力和环境魅力，营造产业协调发展，现代文明与自然生态高度融合的局面，更好地推进社会主义新农村建设。

后　记

本书编撰工作从2017年10月开始启动，历经策划、组织、调研、选点、写作、审稿、修改等阶段，在书稿编撰过程中得到广州市白云区、黄埔区、番禺区、南沙区、花都区、增城区、从化区的大力支持，各区密切配合本书编撰工作，从协助调研、特色村选择、提供材料及数据、组稿等精心策划和组织，每个村稿件经各区、镇（街）、村有关部门严格把关。值此本书出版发行之际，特别致谢以下参与本书策划、组织、协调、提供材料及具体撰稿、审稿、审核等人员：

致谢广州市社会科学院党组书记、院长张跃国，党组副书记朱名宏对本书写作悉心指导，广州市社会科学院经济研究所所长郭艳华研究员负责策划、统筹、组织、协调等，邱志军、江彩霞、佟宇竞、周晓津、阮晓波等参与书稿设计、内容设置、议题选择、调研等，承担了大量的文字审核、润色、修改、完善、提升以及具体的编务等工作。致谢广东省社会科学院副院长刘小敏研究员、原广州市社会科学界联合会主席李明华研究员对本书提出的修稿完善建议。

致谢广州市白云区、黄埔区、番禺区、南沙区、花都区、增城区、从化区等区委、区政府有关部门及具体撰稿人员的辛勤付出，白云区农林局张巴陵、刘晚成、陈国权，北村村徐国平，槎龙村何润森，柯子岭村刘志聪，马岗村黄小玲，寮采村萧小宝，方石村曹美宏；黄埔区农林局梁德志、黄立明，玉树村龙显斌，长洲村周治文，文冲村陆剑强，禾丰村朱健华，横沙村何嘉欣；番禺区农业局刘兆佳、黎灿华，新水坑村陈荣华，沙湾北村何志宇，坑头村陈嘉明，旧水坑村毕伟坚，甘棠村苏淑芳，大岭村陈少仪；南沙区委农村工作办公室邱红、陈荟茜，大稳村梁钊英，子沙村王玉婵，鹿颈村殷冬莹，莲溪村麦浩峰，冯马三村梁泳琪；花都区委宣传部吴术球，区农林局李玲，邓静宜、冯丽华、郭利群、陈湘志、李玲、吴术球分别承担朱村、小布村、联安村、步云村、义山村、红山村撰写任务；增城区委办公室宋仕友、曹添，下围村李添华、郭镜坤，西南村黄燕青、何锡根，西境村张冬泉、周耀坤，瓜岭村钟林威，大埔围村刘庭彦、黄美诗，蒙花布村王梦丽、高小虎；从化区委办公室叶平、陈卫星，莲麻村肖文锋，西塘村夏建聪，西和村魏晓梅，米埗村何民钦，钱岗村李锋，宣星村陈敏。